Nitsch, Karl Wolfhart

Bankrecht für Betriebswirte und Wirtschaftsjuristen

Nitsch, Karl Wolfhart

Bankrecht für Betriebswirte und Wirtschaftsjuristen

ISBN: 978-3-86741-720-4
Auflage: 3
Erscheinungsjahr: 2011
Erscheinungsort: Bremen, Deutschland

© Europäischer Hochschulverlag GmbH & Co KG, Fahrenheitstr. 1, 28359 Bremen

www.eh-verlag.de

Nitsch, Karl Wolfhart
Bankrecht für Betriebswirte und Wirtschaftsjuristen

Inhaltsverzeichnis

Abkürzungsverzeichnis   IV

1. Das Bankkonto   1
- 1.1. Allgemeines – Begriff und Bedeutung des Kontos für die Geschäftsverbindung   1
- 1.2. Die Rechtsgrundlagen   2
- 1.3. Die Eröffnung des Kontos   2
- 1.4. Die Kontenfähigkeit   7
- 1.5. Der Kontovertrag und die Allgemeinen Geschäftsbedingungen   8
- 1.6. Die Kontoführung – Mitwirkungspflichten des Kunden   14
- 1.7. Kosten der Bankdienstleistungen – Entgelte, Auslagen   14
- 1.8. Die Verfügungsberechtigung   20
- 1.9. Die Beendigung der Kontoverbindung   24
- 1.10. Der unter Betreuung stehende Bankkunde   26
- 1.11. Beschwerdemanagement und Schlichtung   29
- 1.12. Das Bankgeheimnis und die Bankauskunft   30
- 1.13. Der Tod des Bankkunden   32
- 1.14. Der Schutz der Einlagen – Einlagensicherung   35

2. Die Kontoarten   43
- 2.1. Das Sparkonto   43
- 2.2. Das Kontokorrent- und Girokonto   46
- 2.3. Das Termingeldkonto   50
- 2.4. Das Gemeinschaftskonto   51
- 2.5. Das Treuhand- und Anderkonto   57

3. Zahlungsverkehr   58
- 3.1. Der Zahlungsdienstevertrag – Die Überweisung   58
- 3.2. Das Lastschriftverfahren   76
- 3.3. Der Scheck   86
- 3.4. Der Wechsel   92
- 3.5. Das Electronic Cash- Verfahren / Die ec-Karte   93
- 3.6. Die GeldKarte   99
- 3.7. Netz- oder Computergeld   100
- 3.8. Online-Banking, Electronic Banking, Finanzportale   101
- 3.9. IT-Sicherheit   108
- 3.10. Die Kreditkarte   114

4. Kredite   120
- 4.1. Kreditfähigkeit und Kreditwürdigkeit   120
- 4.2. Der Kreditvertrag   122
- 4.3. Einteilung der Kredite   122
- 4.4. Die Kreditarten   123
    - 4.4.1. Der Kontokorrentkredit/Der Dispositionskredit/ Die Überziehungsmöglichkeit   123
    - 4.4.2. Der Lombardkredit   125
    - 4.4.3. Der Diskontkredit   126
    - 4.4.4. Der Avalkredit   126
    - 4.4.5. Leasing   127

4.4.6.	Factoring	128
4.4.7.	Der Akzeptkredit	129
4.4.8.	Das Darlehen	130
4.4.9.	Das Verbraucherdarlehen	137
4.4.10.	Besonderheiten bei verbundenen Verträgen	149
4.4.11.	Der Immobiliardarlehensvertrag	152
4.4.12.	Die Verjährung	154

5. Kreditsicherheiten – Grundzüge und Unterscheidungen – Personalsicherheiten — **156**

- 5.1. Die Bürgschaft — 158
  - 5.1.1. Die Entstehung der Bürgschaft — 158
  - 5.1.2. Sittenwidrigkeit der Bürgschaft von Angehörigen — 160
  - 5.1.3. Bürgschaft und Verstoß gegen AGB-Recht — 160
  - 5.1.4. Bürgschaft, Mitschuldnerschaft, Beitritt und Mithaftung — 162
  - 5.1.5. Inanspruchnahme des Bürgen — 162
  - 5.1.6. Beendigung der Bürgschaft — 163
  - 5.1.7. Bürgschaft durch das Kreditinstitut — 164
  - 5.1.8. Besondere Formen der Bürgschaft — 164
- 5.2. Die Garantie — 164
- 5.3. Die Patronatserklärung — 165
  - 5.3.1. Rechtliche Einordnung der Patronatserklärung — 166
  - 5.3.2. Die harte Patronatserklärung — 166
  - 5.3.3. Die weiche Patronatserklärung — 166
- 5.4. Der Schuldbeitritt — 167
- 5.5. Sonderformen der Personalsicherheiten — 168

6. Realsicherheiten — **170**

- 6.1. Die Sicherungsübereignung — 170
  - 6.1.1. Der Bestimmtheitsgrundsatz — 172
  - 6.1.2. Abgrenzung zu anderen Kreditsicherheiten — 172
  - 6.1.3. Übersicherung, Freigabe von Sicherungseigentum — 173
  - 6.1.4. Das Sicherungseigentum in der Insolvenz — 175
- 6.2. Die Sicherungsabtretung — 176
  - 6.2.1. Wesen der Abtretung — 176
  - 6.2.2. Bestimmbarkeit und Individualisierung — 178
  - 6.2.3. Verbot der Übersicherung, Freigabeverpflichtung — 178
  - 6.2.4. Verwertung — 179
- 6.3. Die Mantelzession — 180
- 6.4. Globalzession — 180
- 6.5. Die Verpfändung und AGB-Pfandrechte — 182
- 6.6. Die Grundpfandrechte — 184
  - 6.6.1. Die Hypothek — 185
    - 6.6.1.1. Entstehung — 186
    - 6.6.1.2. Übertragung der Hypothek — 186
    - 6.6.1.3. Einreden des Eigentümers — 187
    - 6.6.1.4. Zahlung bei Hypothek — 188
    - 6.6.1.5. Verwertung — 188
  - 6.6.2. Die Grundschuld — 189

6.6.2.1.	Entstehen der Grundschuld	190
6.6.2.2.	Einwendungen und Einreden gegen die Grundschuld	191
6.6.2.3.	Haftungsverband bei der Grundschuld	191
6.6.2.4.	Die Sicherungszweckerklärung	192
6.6.2.5.	Zahlung auf die Grundschuld	193
6.6.2.6.	Zahlung auf die Forderung bei der Grundschuld	194
6.6.2.7.	Der Rückgewähranspruch	194
6.6.2.8.	Die Kündigung der Grundschuld	195
6.6.2.9.	Die Verwertung der Grundschuld	195

Zur Vertiefung empfohlene Literatur **197**

Abkürzungsverzeichnis

Abs.	Absatz
AG	Aktiengesellschaft
AGB	Allgemeine Geschäftsbedingungen
AO	Abgabenordnung
Art.	Artikel
Aufl.	Auflage
BaFin	Bundesanstalt für Finanzdienstleistungsaufsicht
BCS	Banking Communication Standard
BdB	Bundesverband deutscher Banken e.V.
BDSG	Bundesdatenschutzgesetz
BGB	Bürgerliches Gesetzbuch
BGB-InfoV	BGB-Informationspflichten-Verordnung
BIC	Bank Identifier Code
BSE	belegloser Scheckeinzug
BTX	Bildschirmtextdienst
BVR	Bundesverband Deutscher Volksbanken und Raiffeisenbanken
bzw.	beziehungsweise
d. h.	das heißt
DIN	Deutsches Institut für Normung
DNS	Domain Name System
DSGV	Deutscher Sparkassen- und Giroverband e.V.
DTAUS	Datenträgeraustauschverfahren
DTAZV	Datenträgeraustausch Auslandszahlungsverfahren
EAEG	Einlagensicherungs- und Anlagenschädigungsgesetz
EBICS	Electronic Banking Internet Communication Standard
ECBS	European Committee for Banking Standards = Europäisches Normierungsgremium
EdB	Entschädigungseinrichtung deutscher Banken
EdÖ	Entschädigungseinrichtung Öffentlicher Banken Deutschland GmbH
EdW	Entschädigungseinrichtung der Wertpapierhandelsunternehmen
e.G.	eingetragene Genossenschaft

EGBGB	Einführungsgesetz zum Bürgerlichen Gesetzbuche
einschl.	einschließlich
ENISA	Europäische Agentur für Netz- und Informationssicherheit
ErbStG	Erbschaftssteuer- und Schenkungssteuergesetz
etc.	et cetera (und so weiter)
EU	Europäische Union
evtl.	eventuell
EWR	Europäischer Wirtschaftsraum
ff.	fortfolgende
FinTS	Financial Transaction Services
FTAM	Financial Transfer, Access and Management
FTP	File Transfer Protocol
ggf.	gegebenenfalls
GmbH	Gesellschaft mit beschränkter Haftung
GwG	Geldwäschegesetz
HBCI	Homebanking Computer Interface
HGB	Handelsgesetzbuch
HTTP	Hypertext Transfer Protocol
HTTPS	Hypertext Transfer Protocol Secure
IBAN	International Bank Account Number
i.d.R.	in der Regel
IP	Internet Protocol
ISDN	Integrated Services Digital Network
iTAN	indiziertes TAN-Verfahren
InsO	Insolvenzordnung
i.S.d.	im Sinne des (der)
ISO	International Organization for Standardization
i.S.v.	im Sinne von
i.V.m.	in Verbindung mit
KG	Kommanditgesellschaft
KGaA	Kommanditgesellschaft auf Aktien
KWG	Kreditwesengesetz
LZB	Landeszentralbanken
Mio.	Millionen

Nr.	Nummer
o.Ä.	oder Ähnliches
OHG	Offene Handelsgesellschaft
OSI	Open System Interconnection
PAngV	Preisangabenverordnung
PfandBG	Pfandbriefgesetz
PIN	persönliche Identifikationsnummer
PKI	Public Key Infrastructure
POS	Points of Sales
PTT	Post, Telefon, Telegrafie (Schweizerische Post)
RechKredV	Rechnungslegungsverordnung für Kreditinstitute
S.	Satz
ScheckG	Scheckgesetz
SCHUFA	Schutzgemeinschaft für allgemeine Kreditsicherung
SEPA	Single Euro Payments Area
SSL	Secure Sockets Layer
Std.	Stunden
SWIFT	Society for Worldwide Interbank Financial Telecommunication
TAN	Transaktionsnummer
TeSIT	Technisches Servicezentrum Informations- und Kommunikationstechnologien
TLS	Transport Layer Security
u.a.	unter anderem
u.a.m.	und anderes mehr
usw.	und so weiter
VerbrKrG	Verbraucherkreditgesetz
vgl.	vergleiche
VÖB	Bundesverband Öffentlicher Banken Deutschlands
WEG	Wohnungseigentumsgesetz
WG	Wechselgesetz
WM	Wertpapiermitteilungen Zeitschrift für Wirtschafts- und Bankrecht (Zeitschrift)
www	world wide web
XML	Extensible Markup Language

ZaRD	Zentralstelle für anlassunabhängige Recherchen in Datennetzen
z. B.	zum Beispiel
Ziff.	Ziffer
ZKA	Zentraler Kreditausschuss
ZPO	Zivilprozessordnung
ZVG	Gesetz über die Zwangsversteigerung und die Zwangsverwaltung

1. Das Bankkonto

Dem Bankkonto kommt in der heutigen Gesellschaft eine besondere Bedeutung zu. Daher soll im folgenden Abschnitt zunächst auf den Begriff, die Wichtigkeit und die rechtlichen Grundlagen des Kontos eingegangen werden. In diesem Rahmen werden insbesondere die Rechte und Pflichten des Kunden und des Kreditinstituts aufgezeigt. Im Anschluss wird der Weg der Kontoeröffnung dargestellt. Schließlich wird auch dargelegt, wie eine Kontoverbindung beendet wird.

1.1. Allgemeines – Begriff und Bedeutung des Kontos für die Geschäftsverbindung

Der Begriff „Konto" stammt aus dem Italienischen (Ursprung: Lombardei – contare = zählen) und bedeutet eine Rechnung bzw. Aufstellung über Forderungen und Schulden. Allgemein wird darunter die Forderung des Bankkunden gegen ein Kreditinstitut verstanden, das Konto kann jedoch umgekehrt auch die Ansprüche des Kreditinstituts gegenüber seinem Kunden meinen. Ein aktives Konto des Bankkunden stellt somit eine Forderung des Kunden nach § 488 des Bürgerlichen Gesetzbuchs (BGB) bzw. § 700 BGB gegenüber seiner Bank dar. Demgegenüber handelt es sich bei einem passiven Konto um eine Darlehensverbindlichkeit des Kunden bei seinem Kreditinstitut nach § 488 BGB.

In der Wirtschaft ist es heute nicht mehr denkbar, dass Geschäfte ganz ohne ein Konto abgewickelt werden. Das Bankkonto ist das Hauptelement des Bankverkehrs und damit für alle Teilnehmer am Geschäftsverkehr unverzichtbar. Nahezu alle Rechtsbeziehungen zwischen der Bank und dem Kunden oder den Kunden untereinander finden auf einem Konto statt. Hierbei ist es wesentlich, dass zwischen dem Bankkonto des Bankrechts und dem Konto des Rechnungslegungsrechts unterschieden wird:

Das Konto des Rechnungslegungsrechts richtet sich nach den Vorschriften der §§ 238 ff. des Handelsgesetzbuchs (HGB) und dient allein dem Zweck, alle Geschäftsvorfälle der gleichen Art zusammenzuschreiben und in eine sachliche Ordnung zu bringen. Daraus ist abzuleiten, dass die Konten des Rechnungslegungsrechts der Erstaufschreibung aller Geschäftsvorfälle dienen und keinen Aufschluss darüber geben, ob die verzeichneten Geschäftsvorfälle ein Kreditinstitut betreffen.

Das Bankkonto ist nicht an den Kaufmannsbegriff des HGB gebunden, womit deutlich wird, dass auch viele Nichtkaufleute ein Bankkonto besitzen. Insbesondere für diese ist das Konto die Bezeichnung der Rechtsstellung des Kunden gegenüber der Bank, bei einem Sparkonto z. B. die Inhaberschaft eines Forderungsrechts des Sparers gegenüber der Bank. Aus der Sicht des Kreditinstituts ist das Konto wiederum anders zu definieren: Für das Kreditinstitut sind die Kunden, die bei einer Bank Konten auf Guthabenbasis unterhalten, Einleger.

Mithilfe des Kontos besteht die Möglichkeit, bargeldlose Zahlungen schnell, sicher und bequem vorzunehmen. Dabei ist zu beachten, dass diese die Voraussetzung für die Durchführung des Massenzahlungsverkehrs sind. Das sogenannte Buchgeld (auch: Giralgeld) bedarf eines Kontos. Buchgeld kann nur auf einem Konto mit dafür vorgesehenen Instrumenten wie Überweisung, Scheck oder Lastschrift bewegt werden. Lediglich auf dem Konto kann Buchgeld verfügt und aufbewahrt werden, da es sich nur dort als Geld konkretisiert. Der zeitliche Druck laufender Geschäftsverbindungen macht es häufig notwendig, dass Daueraufträge oder Einzugsverfahren zur Anwendung kommen.

Durch die Nutzung eines oder mehrerer Geschäftskonten kann der Bargeldbestand in einem Unternehmen auf ein Minimum reduziert und der tägliche Zahlungsverkehr rationell abgewickelt werden. Diese praktische Seite täglicher Geschäftsvorfälle ist jedoch nicht der einzige Vorteil eines Kontos. Mithilfe des Kontos kann beispielsweise ein Unternehmen auch die eigene Finanzierung steuern. Nur wenn ein Konto vorhanden ist, besteht die Möglichkeit, von Kreditangeboten Gebrauch zu machen; eine Fremdfinanzierung hat demnach das Konto als zwingende Voraussetzung.

1.2. Die Rechtsgrundlagen

In Deutschland bestehen für das Konto, also seine Eröffnung, seine Führung und seine Beendigung, keine allgemeinen gesetzlichen Vorschriften. Mithin muss zur Gewährleistung der Rechtssicherheit und zur Steuerung der Abläufe auf die Vorschriften des BGB, insbesondere die gesetzlichen Regelungen der Allgemeinen Geschäftsbedingungen (AGB) gemäß §§ 305 ff. BGB, und ergänzend auf das Gewohnheits- und das Richterrecht zurückgegriffen werden.

1.3. Die Eröffnung des Kontos

Zur Errichtung eines Kontos bei einer Bank bedarf es eines Antrages. Üblicherweise werden für diesen Vorgang seitens der Bank Vordrucke zur Verfügung gestellt. Nimmt die Bank den Antrag auf Kontoeröffnung an, kommt ein Girovertrag, der als Kontokorrent im Sinne von §§ 355 –

357 HGB geführt wird, zustande. Wird dagegen der Antrag von der Bank abgelehnt, hat dies gemäß § 362 Abs. 1 HGB unverzüglich zu erfolgen.

Wird der Vertrag zwischen den Parteien geschlossen, verpflichtet sich die Bank dazu, Einlagen des Kunden entgegenzunehmen, Überweisungen und andere Gutschriften für den Kunden in Empfang zu nehmen und im Rahmen des vom Kunden geschaffenen Guthabens oder einer ihm zur Verfügung gestellten Kreditlinie Zahlungen und Ausgänge zu verbuchen. Ein Kontokorrent ist die gegenseitige Verrechnung von Ansprüchen und Leistungen zweier Partner. Charakteristisch für den Kontokorrentvertrag ist, dass die aus Ein- und Auszahlungen entstehenden wechselseitigen Ansprüche miteinander verrechnet werden. Nach deutschem Handelsrecht (§ 355 HGB) muss bei einer Kontokorrentbeziehung mindestens ein Vertragspartner Kaufmann sein. Das Kreditinstitut ist regelmäßig Kaufmann nach § 1 Abs. 1 HGB, da es als Unternehmen nach Art oder Umfang einen in kaufmännischer Weise eingerichteten Geschäftsbetrieb erfordert. Weiterhin soll der Saldo des Kontokorrents mindestens einmal pro Jahr festgestellt werden. Beim Kontokorrent entsteht also eine eigenständige Forderung.

Ein Kontokorrentvertrag kann zwar auch ohne Kontokorrentabrede geschlossen werden. Darauf wird aber üblicherweise weder beim Girovertrag noch bei der Errichtung von Sparkonten verzichtet. Mit Abschluss des Bankvertrages werden auch die Allgemeinen Geschäftsbedingungen (AGB) des Kreditinstituts Bestandteil des Vertrages.

Der Abschluss des Bankvertrages und damit auch die Errichtung eines Kontos liegen im freien Ermessen der Parteien und bedürfen keiner Genehmigung von staatlicher Seite. Ebenso besteht grundsätzlich zunächst keine Anzeigepflicht, wenn ein Konto eröffnet wird.

Kontoinhaber ist derjenige, auf dessen Namen das Konto eröffnet wurde. Er ist in der Regel auch der Verfügungsberechtigte. Der Kontoinhaber ist damit entweder Gläubiger oder Schuldner der in den Kontounterlagen näher bezeichneten Forderung. Hierbei kommt es grundsätzlich nicht darauf an, wer als Kontoinhaber bezeichnet ist oder aus welchen Mitteln die eingezahlten Gelder stammen. Entscheidend ist vielmehr, wer bei der Kontoerrichtung als Kontoinhaber aufgetreten oder als Kontoinhaber beschrieben wurde. Daher ist unter besonderer Berücksichtigung des Einzelfalls zu prüfen, wer nach dem erkennbaren Willen des Einzahlenden der Gläubiger der Einlage gegenüber dem Kreditinstitut werden soll. Sofern dieser Wille indessen nicht erkennbar wird, ist auf die Kontobezeichnung als besonderes Indiz für die Feststellung der Kontoinhaberschaft zurückzugreifen.

Bei der Kontoeröffnung ist vom Kreditinstitut eine Identitätskontrolle vorzunehmen, die dazu dient, in zivilrechtlicher Hinsicht einen Missbrauch durch die Verwendung eines Kontos, beispielsweise durch Fälschungen im Überweisungsverkehr, zu vermeiden. Sofern der Bankkunde bei seinem Kreditinstitut nicht persönlich bekannt und bereits legitimiert ist, muss er sich durch einen amtlichen Ausweis mit Lichtbild legitimieren.

Der in § 154 Abs. 1 der Abgabenordnung (AO) festgelegte Grundsatz der Kontenwahrheit im Sinne einer öffentlich-rechtlichen Prüfungspflicht verlangt darüber hinaus, dass Konten bei der Eröffnung so bezeichnet werden, dass über den wahren Kontoinhaber kein Zweifel besteht. Das Kreditinstitut muss sich hierzu über die Person des Kontoeröffnenden vergewissern – § 154 Abs. 2 S. 1 AO.

Bei Eröffnung eines Kontos durch einen Stellvertreter muss neben der Identität des Vertreters auch die Identität des Vertretenen anhand eines Lichtbildausweises geprüft werden. Bei einer Kontoeröffnung für eine Firma im Sinne des Handelsgesetzbuchs (vgl. § 17 HGB) ist grundsätzlich die Überprüfung der Firmenidentität und der Zeichnungsberechtigung durch Vorlage eines Handelsregisterauszuges notwendig. Bei der Kontoerrichtung durch einen Ausländer müssen sämtliche Legitimationsunterlagen geprüft werden, die Gewissheit über die Person des Kontoinhabers schaffen können.

Zu beachten sind wegen weiterer Einzelheiten zur Kontoeröffnung die Bestimmungen des Gesetzes über das Aufspüren von Gewinnen aus schweren Straftaten („Geldwäschegesetz" – GwG) und des Gesetzes über das Kreditwesen („Kreditwesengesetz" – KWG):

Nach § 2 Abs. 1 GwG besteht für Kreditinstitute bei Abschluss einer auf Dauer angelegten Geschäftsverbindung, mithin der Führung eines Kontos, eine Identifizierungspflicht.

§ 1 Abs. 1 GwG verlangt eine Identifizierung des Antragstellers anhand eines Personalausweises oder Reisepasses.

Gemäß § 1 Abs. 5 GwG sind neben dem Namen, dem Geburtsdatum, der Anschrift sowie Art, Nummer und ausstellender Behörde des amtlichen Ausweises bei der Identifizierung von natürlichen Personen auch der Geburtsort und die Staatsangehörigkeit festzustellen und nach § 9 GwG aufzuzeichnen. Für die Identifizierung sind ausschließlich gültige Ausweisdokumente heranzuziehen.

Kreditinstitute werden ferner gemäß § 24 c KWG verpflichtet, eine Datei zu führen, in welcher kundenbezogene Daten – Kontonummer, Tag der Kontoeröffnung und Auflösung, Name und Geburtsdatum des Kontoinhabers, eines Verfügungsberechtigten sowie Name und Anschrift eines abweichenden wirtschaftlich Berechtigten (§ 8 GwG) – gespeichert werden.

Die Bundesanstalt für Finanzdienstleistungsaufsicht (BaFin) darf einzelne Daten aus diesen Dateien abrufen, soweit dies zur Erfüllung ihrer Aufgaben nach dem KWG oder dem GwG erforderlich ist – insbesondere im Hinblick auf unerlaubte Bankgeschäfte oder Finanzdienstleistungen oder den Missbrauch der Institute durch Geldwäsche oder betrügerische Handlungen zulasten der Institute – und im Einzelfall eine besondere Eilbedürftigkeit vorliegt. Die Kreditinstitute müssen gewährleisten, dass die BaFin die von ihr benötigten Daten bei den Kreditinstituten in einem automatisierten Verfahren abrufen kann.

Die BaFin erteilt zudem anderen staatlichen Stellen auf deren Ersuchen hin Auskunft aus den Dateien. Zu diesen Stellen gehören u.a. die für die Strafverfolgung zuständigen Behörden und Gerichte. Ein Kontenabruf kommt jedoch nur im Rahmen eines konkreten Ermittlungs- oder Rechtshilfeverfahrens in Betracht. Es soll sichergestellt werden, dass die betroffene Bank nicht von dem Abruf erfährt, wodurch der Bankkunde davor geschützt werden soll, dass die Banken Abrufe zum Anlass eigener Untersuchungen – etwa im Hinblick auf die Kreditwürdigkeit ihrer Kunden – vornehmen.

Abrufe nach § 24 c KWG erlauben zwar die Feststellung der Existenz von Konten und Depots und die Verknüpfung mit dem Inhaber, Verfügungsberechtigten oder wirtschaftlich Berechtigten. Dagegen besteht kein Zugriff auf die Inhalte der Konten oder Depots: Weitere Informationen, die im Rahmen der jeweiligen Ermittlungen benötigt werden, etwa über Kontostand oder Kontobewegungen, können die Behörden sich nur auf der Grundlage anderer ihnen zustehender Ermittlungsbefugnisse beschaffen.

Für die Beteiligung am Wirtschaftsleben ist die Ermöglichung eines Zugangs zum bargeldlosen Zahlungsverkehr für jedermann wichtig. Ein Girokonto ist daher äußerst wichtig, da bargeldlose Zahlungen mehr und mehr als Regelfall zu betrachten sind. Problematisch ist jedoch, ob jede Bank für jedermann ein Konto eröffnen muss oder dies in ihr Belieben gestellt werden darf. Lange Zeit waren private Banken vom sogenannten Kontrahierungszwang befreit, hatten also insofern die Freiheit, sich ihre Kunden auszusuchen. Für Sparkassen bestand lediglich bei Sparkonten eine Verpflichtung zur Kontoeröffnung für jedermann, nicht aber bei Girokonten.

Die Weigerung einer Bank zur Eröffnung eines Girokontos kann mit gravierenden Nachteilen für den antragstellenden Kunden verbunden sein.

Dies hat zu Bestrebungen geführt, das Recht auf ein Girokonto – auf Guthabenbasis – gesetzlich festzulegen. Zu einer diesbezüglichen einheitlichen gesetzlichen Regelung ist es indessen noch nicht gekommen, da es vor dem Hintergrund der Vertragsfreiheit den Banken grundsätzlich überlassen bleiben muss, ob sie eine Kontoeröffnung vornehmen oder nicht.

Allerdings halten aufgrund einer entsprechenden Empfehlung des Zentralen Kreditausschusses (ZKA) zum „Girokonto für jedermann" in der Praxis heute alle Kreditinstitute, die Girokonten für alle Bevölkerungsgruppen führen, für jede/n Bürgerin/Bürger in ihrem Geschäftsgebiet auf Wunsch ein Girokonto bereit.

Für Sparkassen sehen darüber hinaus Sparkassenverordnungen bzw. Sparkassengesetze der Bundesländer eine Verpflichtung zur Führung von Girokonten auf Guthabenbasis vor. Viele Sparkassen haben diese Selbstverpflichtung in ihre Sparkassensatzung aufgenommen.

Ein solches Konto ist im ausschließlichen Guthabenbereich zu führen – Überziehungen braucht das Kreditinstitut nicht zuzulassen – und bietet den Kunden die Möglichkeit zur Teilnahme am bargeldlosen Zahlungsverkehr, also zur Entgegennahme von Gutschriften, zur Vornahme von Barein- und auszahlungen und zur Teilnahme am Überweisungsverkehr.

Das Kreditinstitut ist jedoch nicht verpflichtet, ein Girokonto für den Antragsteller zu führen, wenn dies „unzumutbar" ist. Dann darf auch ein bereits bestehendes Konto gekündigt werden. Dies ist z. B. der Fall, wenn der Kunde die Leistungen des Kreditinstituts missbraucht, insbesondere für gesetzwidrige Transaktionen wie Betrug, Geldwäsche o.Ä., wenn der Kunde Falschangaben macht, wenn er Mitarbeiter oder Kunden grob belästigt oder gefährdet, wenn das Konto durch Vollstreckungsmaßnahmen blockiert oder ein Jahr lang umsatzlos geführt wird, die Entgeltzahlung an die Bank nicht gesichert ist oder wenn der Kunde die vertraglichen Vereinbarungen nicht einhält.

Der Pflicht zur Eröffnung eines Kontos steht die Pflicht zur Ablehnung einer Kontoeröffnung gegenüber. Der Zwang zur Ablehnung der Kontoeröffnung durch das Kreditinstitut wird dann angenommen, wenn erkennbar ist, dass über dieses Konto missbräuchliche Vorgänge abgewickelt werden sollen.

1.4. Die Kontenfähigkeit

Kontenfähigkeit zu besitzen bedeutet, die Berechtigung zur Eröffnung eines Kontos zu haben. Inhaber von Konten können Privatpersonen, juristische Personen sowie Handelsgesellschaften sein.

Kontenfähig sind damit zunächst alle natürlichen Personen, wobei insoweit auch Nichtgeschäftsfähige und Minderjährige eingeschlossen sind. Hierbei ist zu beachten, dass natürliche Personen unter 7 Jahren nach § 104 Ziff. 1 BGB geschäftsunfähig sind. Folglich können diese zwar Inhaber eines Kontos sein, bedürfen aber zur Kontoeröffnung stets der Mitwirkung ihrer gesetzlichen Vertreter, d. h. in der Regel ihrer Eltern. Gemäß § 105 Abs. 1 BGB sind bankrechtliche Verfügungen eines Geschäftsunfähigen nichtig. Demnach bedürfen Geschäftsunfähige auch für bankrechtliche Verfügungen der Handlung gesetzlicher Vertreter.

Der Spielraum für bankrechtliche Betätigungen erweitert sich mit dem Erreichen des 7. Lebensjahres. Zwischen 7 und 18 Jahren gelten Personen gemäß §§ 106 – 111 BGB als beschränkt geschäftsfähig, was zur Folge hat, dass sie mit Einwilligung oder Genehmigung der gesetzlichen Vertreter ein Konto eröffnen können. Der Grund ist darin zu sehen, dass Kontoeröffnung und Kontoführung nicht lediglich rechtlich vorteilhaft im Sinne von § 107 BGB für den beschränkt Geschäftsfähigen sind, da z. B. in der Regel die Kontoführung Geld kostet, das der Kontoinhaber schuldet.

Obgleich das minderjährige Kind Kontoinhaber und damit Gläubiger der Einlage ist, sind nach § 1629 Abs. 1 BGB ausschließlich die (miteinander verheirateten) Eltern kraft gesetzlicher Vertretung über das Konto gemeinschaftlich verfügungsberechtigt. Allerdings ist das Verfügungsrecht der Eltern in bestimmten Fällen eingeschränkt oder aufgehoben, wie beispielsweise bei der fehlenden Berechtigung der Eltern, zulasten des Kontoguthabens des Kindes Sicherheiten zu bestellen, wofür eine familiengerichtliche Genehmigung gemäß §§ 1643 Abs. 1, 1821, 1822 Nr. 1, 3, 5, 8 bis 11 BGB erforderlich wäre.

Nach §§ 1687 Abs. 1 BGB und 1687 a BGB steht bei getrennt lebenden Ehegatten bei gemeinschaftlicher Sorgeberechtigung demjenigen Elternteil, bei welchem das minderjährige Kind seinen gewöhnlichen Aufenthalt hat, ein Alleinentscheidungsrecht in Angelegenheiten des „täglichen Lebens" (z. B. Taschengeld, kleinere Geldgeschenke, evtl. auch Kontoeröffnung und Verfügungen über Konten eines Minderjährigen) zu.

Nicht verheiratete Ehegatten können das Kind gemeinsam vertreten, wenn sie erklären, dass sie gemäß § 1626 a Abs. 1 Nr. 1 BGB die Sorge gemeinsam übernehmen wollen. Bei Fehlen einer solchen Erklärung hat die Mutter nach § 1626 a Abs. 2 BGB das alleinige Vertretungsrecht.

Bei partieller Geschäftsfähigkeit können Minderjährige gemäß § 113 Abs. 1 BGB über Guthaben auf dem Konto verfügen, wenn die Kontoverfügung mit einem Arbeits- oder Dienstvertrag zusammenhängt.

Juristische Personen des privaten Rechts (GmbH, KGaA, AG, e.G.) und des öffentlichen Rechts (Gebietskörperschaften – Bund, Länder, Gemeinden, Kreise – und Personalkörperschaften – z. B. Kammern, Innungen, Universitäten) und Anstalten des öffentlichen Rechts (z. B. Deutsche Bundesbank, Deutsche Rentenversicherung, Landesbanken, Schulen), Genossenschaften und Stiftungen sind ebenfalls kontenfähig.

Bei sonstigen Personenzusammenschlüssen wie z. B. Personenhandelsgesellschaften, nicht rechtsfähigen Vereinen gemäß § 54 BGB, Vorgesellschaften zur GmbH und AG und Gesellschaften bürgerlichen Rechts gemäß § 705 ff. BGB ist zwar nach jüngerer Rechtsprechung auch die Kontenfähigkeit gegeben, in der Praxis der Kreditinstitute wird jedoch die Kontoeröffnung nach wie vor auf die Namen der Mitglieder bzw. Gesellschafter vorgenommen und lediglich ein entsprechender Hinweis auf die Gesellschaft angebracht.

1.5. Der Kontovertrag und die Allgemeinen Geschäftsbedingungen

Zweifelhaft ist, ob sich aus der bloßen Geschäftsbeziehung zwischen Bank und Kunden ein „Allgemeiner Bankvertrag" als Rahmenvertrag herleiten lässt, der die Grundlage für besondere Verhaltens- und Sorgfaltspflichten bilden würde. Der Bundesgerichtshof (BGH) hatte im Jahre 2002 die Annahme eines derartigen allgemeinen Bankvertrages abgelehnt.

Das Bankrecht und die in diesem Zusammenhang begründeten Geschäftsbeziehungen bestehen nach höchstrichterlicher Auffassung vielmehr in der Regel aus einzelnen Schuldverhältnissen im Sinne des Bürgerlichen Gesetzbuchs (BGB). Das Grundprinzip der Vertragsfreiheit findet damit auch Anwendung im Bankrecht. Jedoch erstreckt sich die Freiheit nur auf die freie Vertragsgestaltung, nicht auf das Aushandeln aller bankrechtlichen Bedingungen jedes einzelnen Bankgeschäfts. Die Vertragsfreiheit ist im Laufe der Entwicklung aus Kundensicht darauf reduziert worden, mit welchem Kreditinstitut er den Bankvertrag abschließen möchte. Hier wird also nur von einer Abschlussfreiheit ausgegangen.

Die allgemeinen Grundsätze des BGB finden also im Bankrecht Anwendung. Insbesondere den Vorschriften des Besonderen Teils des Schuldrechts kommt für den Kontovertrag Bedeutung zu. Im Besicherungsrecht besitzt hingegen das Sachenrecht erhebliche Wichtigkeit.

Wie jeder Vertrag erfordert auch der Kontovertrag zwei korrespondierende übereinstimmende Willenserklärungen gemäß §§ 145 ff. BGB. Kreditinstitute verlangen daher grundsätzlich schriftliche Anträge zur Kontoeröffnung. Sie verwenden hierfür Formblätter, sogenannte Antragsformulare. So besteht die Möglichkeit, Einzelheiten der Kontovereinbarung jederzeit nachweisen zu können. Die Schriftform ist zwar nicht zwingend vorgesehen, dem schriftlichen Antrag auf Kontoeröffnung kommt jedoch eine Beweisfunktion zu. Ferner dient die Schriftform auch einer Warnfunktion für den Kunden. Der Kunde kann so Konsequenzen der vertraglichen Vereinbarung überschauen und ist vor übereilten Entscheidungen geschützt.

Der Antrag des Kunden auf Kontoeröffnung enthält üblicherweise folgende Daten:

- Genaue Bezeichnung des Kontos;
- Angaben zur Person des Kontoinhabers und zur Verfügungsberechtigung;
- Genaue Bezeichnung der Kontoart;
- Anerkennung der Allgemeinen Geschäftsbedingungen und besonderen Bedingungen für bestimmte Geschäfte;
- Sondervereinbarungen für einzelne Kontoarten;
- Unterschrift des Antragstellers;
- Prüfvermerke des Kreditinstituts.

Eine wesentliche Grundlage für die Geschäftsbeziehung zwischen Kreditinstituten und ihren Kunden bilden die Allgemeinen Geschäftsbedingungen der Banken und Sparkassen (AGB). Täglich werden Millionen von Bankgeschäften vorgenommen, und eine einzelvertragliche Regelung im individuellen Fall ist daher schon aus Zeitgründen nicht möglich. Die AGB gehören mithin zu den wichtigsten Rechtsquellen des Bankrechts.

Man unterscheidet in die AGB der Banken und die AGB der Sparkassen, die trotz einiger inhaltlicher Unterschiede ähnlich sind. Die AGB sind von den Spitzenverbänden der Kreditwirtschaft vorgeschrieben und werden in der Regel von den einzelnen Kreditinstituten auch unverändert übernommen.

Die AGB sind weder staatliches Recht noch Gewohnheitsrecht, sondern vielmehr – privates – Vertragsrecht. Sie werden in der Praxis des Bankgeschäfts regelmäßig durch eine gesonderte schriftliche Erklärung des Kunden Vertragsbestandteil des Bankvertrages.

Ohne umfassende Kenntnisse der Allgemeinen Geschäftsbedingungen des Kreditgewerbes und der ergänzenden Sonderbedingungen ist mithin eine rechtliche Beurteilung von Bankgeschäften oftmals gar nicht möglich.

Einen Charakter als Allgemeine Geschäftsbedingungen besitzen alle kundenbezogenen rechtsgeschäftlichen Regelungen, die nicht nur für einen bestimmten Kunden, sondern generell für das Kundengeschäft entwickelt wurden. Die Allgemeinen Geschäftsbedingungen der Banken und Sparkassen lassen sich in vier Arten unterteilen:

Die sogenannten Grund-AGB werden gemeint, wenn von den Allgemeinen Geschäftsbedingungen der Banken und Sparkassen gesprochen wird. Sie regeln vor allem die grundsätzlichen Rechte und Pflichten des Kreditinstituts bzw. der Kunden.

Ergänzend dazu finden Sonderbedingungen Anwendung. Diese gelten zumeist für spezielle Geschäftsbereiche. Sonderbedingungen wurden beispielsweise für den Überweisungsverkehr, für Zahlungen mittels Lastschrift im Einziehungsermächtigungs- und Abbuchungsauftragsverfahren, für das Kreditkartengeschäft, für Sparkonten oder für das Online-Banking eingeführt. Die Sonderbedingungen enthalten Ergänzungen oder auch Abweichungen zu den Grund-AGB und werden beim Vertragsabschluss (etwa bei der Kontoeröffnung) oder bei der Erteilung von Aufträgen mit dem Kunden vereinbart.

Als dritte Art sind die Bankformulare mit den jeweils relevanten Regelungen der einzelnen Rechtsbeziehungen zu nennen. Rationalisierungsmaßnahmen erfordern nämlich eine weitgehende Formularisierung der Bankgeschäfte. Vorformulierte kundenbezogene Klauseln auf Bankformularen werden daher gegenüber allen Kunden verwendet.

Darüber hinaus gehören im weitesten Sinne auch Klauseln zu den Allgemeinen Geschäftsbedingungen der Banken und Sparkassen, die entwickelt wurden, um im Einzelfall mit dem Kunden vereinbart zu werden, wenn also ein konkreter Bedarf hierfür besteht. Dies ist beispielsweise dann der Fall, wenn ein Bevollmächtigter zu einer unbeschränkten Kreditaufnahme zulasten des Vollmachtgebers ermächtigt wird.

In Nr. 1 der AGB-Sparkassen sind die Grundlagen der Geschäftsbeziehung zwischen der Sparkasse und ihren Kunden geregelt. Diese Geschäftsbeziehung ist durch die Besonderheiten des Bankgeschäfts gekennzeichnet und durch ein Vertrauensverhältnis geprägt. Der Kunde soll sich darauf verlassen können, dass die Bank seine Aufträge mit der Sorgfalt eines ordentlichen Kaufmanns ausführt und das Bankgeheimnis wahrt.

Änderungen der Allgemeinen Geschäftsbedingungen oder der besonderen Bedingungen oder die Einführung zusätzlicher Bedingungen werden gemäß Nr. 2 der AGB-Sparkassen und der AGB-Banken dem Kunden spätestens zwei Monate vor dem vorgeschlagenen Zeitpunkt ihres Wirksamwerdens in der jeweils gesetzlich zugelassenen Form (Textform gemäß § 126 b BGB) angeboten. Die Zustimmung des Kunden zum Angebot des Kreditinstituts gilt als erteilt, wenn er seine Ablehnung nicht vor dem vorgeschlagenen Zeitpunkt des Wirksamwerdens der Änderungen angezeigt hat. Auf diese Genehmigungswirkung muss ihn das Kreditinstitut in seinem Angebot besonders hinweisen. Die Bank legt dann die geänderte Fassung der Allgemeinen Geschäftsbedingungen, die geänderten besonderen Bedingungen bzw. die zusätzlich eingeführten Bedingungen der weiteren Geschäftsbeziehung zugrunde.

Es besteht jedoch ein Sonderkündigungsrecht bei Änderungen von Bedingungen zu Zahlungsdiensten (dazu weiter unten). Werden dem Kunden Änderungen von Bedingungen zu Zahlungsdiensten (z. B. Überweisungsbedingungen) angeboten, kann er den von den Änderungen betroffenen Zahlungsdiensterahmenvertrag (auch dazu weiter unten) vor dem vorgeschlagenen Zeitpunkt des Wirksamwerdens der Änderungen auch fristlos und kostenfrei kündigen. Auf dieses Kündigungsrecht muss ihn die Bank bzw. Sparkasse in ihrem Angebot besonders hinweisen.

Das beschriebene Änderungsverfahren findet keine Anwendung, soweit abweichende Vereinbarungen getroffen sind und gilt nicht für Änderungen von Bedingungen zu Zahlungsdiensten.

Der Aufbau der Allgemeinen Geschäftsbedingungen entspricht – hier verdeutlicht am Beispiel der AGB-Sparkassen – dem nachstehenden Schema:

Allgemeines

Nr. 1 Grundlagen der Geschäftsbeziehung

Nr. 2 Änderungen der Geschäftsbedingungen

Nr. 3 Bankauskünfte

Nr. 4 Vertretungs- und Verfügungsbefugnisse

Nr. 5 Legitimationsurkunden

Nr. 6 Rechtswahl, Gerichtsstand, Erfüllungsort

Kontokorrentkonten und andere Geschäfte

Nr. 7 Kontokorrent, Rechnungsabschluss

Nr. 8 Korrektur fehlerhafter Gutschriften

Nr. 9 Gutschriften und Einlösung von Einzugspapieren

Nr. 10 Auftragsbestätigung vor Ausführung

Nr. 11 Aufrechnung und Verrechnung

Nr. 12 Konten in ausländischer Währung

Nr. 13 Leistungsbefreiung bei Geschäften in ausländischer Währung

Nr. 14 Geldeingang in ausländischer Währung

Nr. 15 Wechselkurs

Nr. 16 Einlagengeschäft

Entgelte und Auslagen

Nr. 17 Zinsen und Entgelte

Nr. 18 Auslagen

Pflichten und Haftung von Sparkasse und Kunde

Nr. 19 Haftung der Sparkasse

Nr. 20 Mitwirkungs- und Sorgfaltspflichten des Kunden

AGB-Pfandrecht, Nachsicherung, Sicherheitenfreigabe

Nr. 21 Pfandrecht, Sicherungsabtretung

Nr. 22 Nachsicherung und Freigabe

Einzugspapiere

Nr. 23 Inkasso im Einzugsgeschäft

Nr. 24 Vorlegungsfrist, Eilmittel

Nr. 25 Sicherungsrechte im Einzugsgeschäft

Auflösung der Geschäftsbeziehung

Nr. 26 Kündigungsrecht

Nr. 27 Weitergeltung der Allgemeinen Geschäftsbedingungen

Nr. 28 Schutz der Einlagen durch Institutssicherung

Die AGB der Banken ähneln inhaltlich diesem Aufbauschema.

Die AGB der Banken und Sparkassen sowie auch die Sonderbedingungen werden gegenüber nicht kaufmännischen Kunden nur wirksam, sofern sie gemäß § 305 Abs. 2 BGB Vertragsbestandteil geworden sind. Dazu ist es erforderlich, dass der Verwender ausdrücklich auf sie hinweist oder am Ort des Vertragsschlusses durch Aushang deutlich auf sie hingewiesen wird. Der Vertragspartner muss also vom Inhalt Kenntnis nehmen können und mit ihrer Geltung einverstanden sein. In der Bankpraxis werden die Allgemeinen Geschäftsbedingungen regelmäßig bei Kontoeröffnungen ausgehändigt bzw. es wird auf den Kontoeröffnungsformularen auf die Allgemeinen Geschäftsbedingungen hingewiesen, sodass sie wirksam einbezogen werden. Die AGB können des Weiteren auch jederzeit in der Bank oder Sparkasse eingesehen werden. Sie sind ferner auch auf den Internetseiten der Kreditinstitute abrufbar.

Auch wenn die AGB der Banken und Sparkassen Vertragsbestandteil geworden sind, können gemäß § 305 c Abs. 2 BGB einzelne Klauseln ausgeschlossen sein, weil sie überraschend sind. Bestimmungen in Allgemeinen Geschäftsbedingungen, die nach den Umständen, insbesondere nach dem äußeren Erscheinungsbild des Vertrags, so ungewöhnlich sind, dass der Vertragspartner des Verwenders mit ihnen nicht zu rechnen braucht, werden nämlich nicht Vertragsbestandteil. Das ist dann der Fall, wenn sie davon abweichen, was der Vertragspartner bei Verträgen dieser Art üblicherweise erwarten kann.

Darüber hinaus erfolgt die Kontrolle des Inhalts der Allgemeinen Geschäftsbedingungen als Vertragsbedingungen (sogenannte „Inhaltskontrolle") gemäß §§ 307 Abs. 1 und 2, 308 und 309 BGB. Bestimmungen in Allgemeinen Geschäftsbedingungen sind unwirksam, wenn sie den Vertragspartner des Verwenders entgegen den Geboten von Treu und Glauben unangemessen benachteiligen.

Eine unangemessene Benachteiligung ist im Zweifel dann anzunehmen, wenn eine Bestimmung mit wesentlichen Grundgedanken der gesetzlichen Regelung, von der abgewichen wird, nicht zu vereinbaren ist oder wesentliche Rechte oder Pflichten, die sich aus der Natur des Vertrags ergeben, so einschränkt, dass die Erreichung des Vertragszwecks gefährdet ist. Eine unangemessene Benachteiligung kann sich auch daraus ergeben, dass die Bestimmung nicht klar und verständlich ist.

1.6. Die Kontoführung – Mitwirkungspflichten des Kunden

Nicht nur dem Kreditinstitut, sondern auch dem Kunden obliegen gewisse Pflichten. Die Mitwirkungspflichten des Kunden zum reibungslosen Geschäftsverkehr mit dem Kreditinstitut sind in den Allgemeinen Geschäftsbedingungen der Banken und der Sparkassen geregelt. Teils handelt es sich dabei um Handlungspflichten des Kunden, die der Bank die ordnungsgemäße Ausführung des Auftrags erst ermöglichen oder Schaden verhindern, teils um Obliegenheiten zur Vermeidung von Eigenschäden, bei denen aber die Geltendmachung von Schadensersatzansprüchen gegenüber der Bank nicht ausgeschlossen ist.

Verletzt der Kunde eine oder mehrere seiner Pflichten, so kann die Bank dem Kunden dennoch ihre Aufwendungen samt Entgelten in Rechnung stellen. Dies kann z. B. dann der Fall sein, wenn die Ausführung eines Überweisungsauftrages aufgrund des fehlerhaften Ausfüllens des Überweisungsbeleges durch den Kunden nicht ausgeführt werden kann.

Verletzt er hingegen Obliegenheiten, so ist in den Allgemeinen Geschäftsbedingungen der Kreditinstitute geregelt, dass Ersatzansprüche des Kunden gegenüber der Bank ausgeschlossen sind. Sofern die Bank auch ein (Mit-) Verschulden trifft, richtet sich die anteilige Schadenstragung entsprechend § 254 BGB nach dem Grad des Mitverschuldens der Bank bzw. Sparkasse (vgl. Nr. 3 (1) AGB-Banken bzw. Nr. 20 (2) AGB-Sparkassen).

1.7. Kosten der Bankdienstleistungen – Entgelte, Auslagen

Auch im Bereich der Banken, einem charakteristischen Dienstleistungssektor in Deutschland, fallen Kosten an. Kosten sind der durch die betriebliche Leistungserstellung und -verwertung verursachte, mit den Faktorpreisen bewertete Verzehr bzw. Verbrauch an Produktionsfaktoren. Hier muss unterschieden werden zwischen den Grundkosten, welche aus dem betriebsbedingten und betriebsgewöhnlichen wertmäßigen Verzehr an Gütern und Leistungen resultieren und den kalkulatorischen Kosten. Kalkulatorische Kosten sind z. B. kalkulatorische Zinsen auf Eigenkapital oder kalkulatorische Mieten für eigene Gebäude. Damit wird deutlich, dass den Banken und Sparkassen allein durch das Zurverfügungstellen ihrer Leistungen an ihre Kunden Kosten entstehen.

Im Privatkundengeschäft werden Kosten z. B. durch umfangreichen Service am Kunden mittels fachgerechter Betreuung verursacht. In diesem Bereich fallen daher vergleichsweise hohe Personalkosten durch qualifizierte Bankkaufleute an. In den vergangenen Jahren wurden umfangreiche Kostensenkungsmaßnahmen durchgeführt. Kundenterminals und Servicestationen sind nur zwei Beispiele. Erhebliche Kosten resultieren aber auch aus der Betreuung der Privat- und Geschäftskunden. Kostenintensive Börsengänge und ein umfassendes Fondsmanagement erfordern Fachpersonal und verursachen einen großen Zeitaufwand. Weitere Kosten entstehen z. B. auch durch die Entwicklung neuer Produkte im Bankbereich. Diese Produktentwicklungen sind andererseits jedoch unerlässlich, um Marktpositionen zu erhalten und auszubauen. Im Bereich der Produktentwicklung sind kaum Kostensenkungsmaßnahmen möglich. Auch das eigene Management der Banken verursacht nicht unerhebliche Kosten, die ebenfalls gedeckt werden müssen.

Die Bank hat hierfür verschiedene Möglichkeiten, die parallel genutzt werden. Ein Teil der Kosten aus dem Privatkundengeschäft kann mit der Erhebung von sogenannten Kontoführungsgebühren beglichen werden. Werden allerdings die vergleichsweise geringen Sätze mit den hohen Kosten verglichen, wird deutlich, dass die Kontoführungsgebühren nur einen gewissen Anteil an der erforderlichen Kostendeckung ausmachen. Das Investmentbanking bietet daher eine gute Möglichkeit für die Banken, in diesem Segment Gewinne zu erzielen. Investmentbanking ist der Teil des Bankgeschäfts, der sich mit Instrumenten zur Kapitalmarktfinanzierung von Unternehmen beschäftigt. Mithilfe von Firmengeschäften, Avalen, Aktien oder Optionsscheinen, aber auch mit Geschäften auf dem Rentenmarkt und Cashgeschäften, kann die Bank mit den erzielten Margen auch eigene Kosten decken.

Darüber hinaus verdient die Bank das Geld zur Deckung der Kosten seit jeher im Kreditgeschäft. Zu einem niedrigeren Zinssatz erworbene Refinanzierungsmittel werden hier mit einem entsprechend erhöhtem Zinssatz an den Kunden weiter gegeben.

In jüngster Zeit haben auch die Erträge der Kreditinstitute aus dem Provisionsgeschäft (z. B. im Wertpapierhandel oder im Vermittlungsgeschäft) einen hohen Stellenwert erreicht.

Die Allgemeinen Geschäftsbedingungen der Banken und Sparkassen enthalten in diesem Zusammenhang neu gefasste Bestimmungen über Grund und Höhe von Zinsen, Entgelten und Auslagen der Bank.

Nummer 12 der AGB-Banken lautet:

12. Zinsen, Entgelte und Auslagen

(1) Zinsen und Entgelte im Privatkundengeschäft

Die Höhe der Zinsen und Entgelte für die im Privatkundengeschäft üblichen Kredite und Leistungen ergibt sich aus dem „Preisaushang – Regelsätze im standardisierten Privatkundengeschäft" und ergänzend aus dem Preis- und Leistungsverzeichnis. Wenn ein Kunde einen dort aufgeführten Kredit oder eine dort aufgeführte Leistung in Anspruch nimmt und dabei keine abweichende Vereinbarung getroffen wurde, gelten die zu diesem Zeitpunkt im Preisaushang oder Preis- und Leistungsverzeichnis angegebenen Zinsen und Entgelte. Für die Vergütung der darin nicht aufgeführten Leistungen, die im Auftrag des Kunden oder in dessen mutmaßlichem Interesse erbracht werden und die, nach den Umständen zu urteilen, nur gegen eine Vergütung zu erwarten sind, gelten, soweit keine andere Vereinbarung getroffen wurde, die gesetzlichen Vorschriften.

(2) Zinsen und Entgelte außerhalb des Privatkundengeschäfts

Außerhalb des Privatkundengeschäfts bestimmt die Bank, sofern keine andere Vereinbarung getroffen wurde und gesetzliche Bestimmungen dem nicht entgegenstehen, die Höhe von Zinsen und Entgelten nach billigem Ermessen (§ 315 des Bürgerlichen Gesetzbuches).

(3) Nicht entgeltfähige Leistung

Für eine Leistung, zu deren Erbringung die Bank kraft Gesetzes oder aufgrund einer vertraglichen Nebenpflicht verpflichtet ist oder die sie im eigenen Interesse wahrnimmt, wird die Bank kein Entgelt berechnen, es sei denn, es ist gesetzlich zulässig und wird nach Maßgabe der gesetzlichen Regelung erhoben.

(4) Änderung von Zinsen; Kündigungsrecht des Kunden bei Erhöhung

Die Änderung der Zinsen bei Krediten mit einem veränderlichen Zinssatz erfolgt aufgrund der jeweiligen Kreditvereinbarungen mit dem Kunden. Die Bank wird dem Kunden Änderungen von Zinsen mitteilen. Bei einer Erhöhung kann der Kunde, sofern nichts anderes vereinbart ist, die davon betroffene Kreditvereinbarung innerhalb von sechs Wochen nach der Bekanntgabe der Änderung mit sofortiger Wirkung kündigen. Kündigt der Kunde, so werden die erhöhten Zinsen für die gekündigte Kreditvereinbarung nicht zugrunde gelegt. Die Bank wird zur Abwicklung eine angemessene Frist einräumen.

(5) Änderung von Entgelten bei typischerweise dauerhaft in Anspruch genommenen Leistungen

Änderungen von Entgelten für solche Leistungen, die vom Kunden im Rahmen der Geschäftsverbindung typischerweise dauerhaft in Anspruch genommen werden (zum Beispiel Konto- und Depotführung), werden dem Kunden spätestens zwei Monate vor dem vorgeschlagenen Zeitpunkt ihres Wirksamwerdens in Textform angeboten. Hat der Kunde mit der Bank im Rahmen der Geschäftsbeziehung einen elektronischen Kommunikationsweg vereinbart (z. B. das Online-Banking), können die Änderungen auch auf diesem Wege angeboten werden. Die Zustimmung des Kunden gilt als erteilt, wenn er seine Ablehnung nicht vor dem vorgeschlagenen Zeitpunkt des Wirksamwerdens der Änderung angezeigt hat. Auf diese Genehmigungswirkung wird ihn die Bank in ihrem Angebot besonders hinweisen. Werden dem Kunden die Änderungen angeboten, kann er den von der Änderung betroffenen Vertrag vor dem vorgeschlagenen Zeitpunkt des Wirksamwerdens der Änderungen auch fristlos und kostenfrei kündigen. Auf dieses Kündigungsrecht wird ihn die Bank in ihrem Angebot besonders hinweisen. Kündigt der Kunde, wird das geänderte Entgelt für die gekündigte Geschäftsbeziehung nicht zugrunde gelegt.

(6) Auslagen

Die Bank ist berechtigt, dem Kunden Auslagen in Rechnung zu stellen, die anfallen, wenn die Bank in seinem Auftrag oder seinem mutmaßlichen Interesse tätig wird (insbesondere für Ferngespräche, Porti) oder wenn Sicherheiten bestellt, verwaltet, freigegeben oder verwertet werden (insbesondere Notarkosten, Lagergelder, Kosten der Bewachung von Sicherungsgut).

Nummer 17 der AGB-Sparkassen formuliert hierzu:

Nr. 17 Zinsen und Entgelte

(1) Zinsen und Entgelte im Geschäftsverkehr mit Verbrauchern

Die Höhe der Zinsen und Entgelte für die im Geschäftsverkehr mit Verbrauchern üblichen Kredite und Leistungen ergibt sich aus dem Preisaushang und ergänzend aus dem Preis- und Leistungsverzeichnis. Wenn ein Verbraucher einen dort aufgeführten Kredit oder eine dort aufgeführte Leistung in Anspruch nimmt und dabei keine abweichende Vereinbarung getroffen wurde, gelten die zu diesem Zeitpunkt im Preisaushang oder Preis- und Leistungsverzeichnis angegebenen Zinsen und Entgelte.

(2) Zinsen und Entgelte außerhalb des Geschäftsverkehrs mit Verbrauchern

Außerhalb des Geschäftsverkehrs mit Verbrauchern bestimmen sich die Zinsen und Entgelte für in Anspruch genommene Kredite und Leistungen nach der getroffenen Vereinbarung, ergänzend nach dem Preis- und Leistungsverzeichnis in der zum Zeitpunkt der Inanspruchnahme geltenden Fassung.

(3) Entgelte für sonstige Leistungen

Für Leistungen, die nicht Gegenstand einer Vereinbarung oder im Preisaushang bzw. im Preis- und Leistungsverzeichnis aufgeführt sind und die im Auftrag des Kunden oder in dessen mutmaßlichem Interesse erbracht werden und die, nach den Umständen zu urteilen, nur gegen eine Vergütung zu erwarten sind, kann die Sparkasse ein nach Maßgabe der gesetzlichen Bestimmungen angemessenes Entgelt verlangen.

(4) Nicht entgeltpflichtige Tätigkeiten

Für Tätigkeiten, zu deren Erbringung die Sparkasse bereits gesetzlich oder aufgrund einer vertraglichen Nebenpflicht verpflichtet ist oder die sie im eigenen Interesse erbringt, wird die Sparkasse kein Entgelt berechnen, es sei denn, es ist gesetzlich zulässig und wird nach Maßgabe der gesetzlichen Regelungen erhoben.

(5) Änderung von Zinsen, Kündigungsrecht des Kunden bei Erhöhung

Die Änderung der Zinsen bei Krediten mit einem veränderlichen Zinssatz erfolgt aufgrund der jeweiligen Kreditvereinbarungen mit dem Kunden. Die Sparkasse wird dem Kunden Änderungen von Zinsen mitteilen. Bei einer Erhöhung kann der Kunde, sofern nichts anderes vereinbart ist, die davon betroffene Kreditvereinbarung innerhalb von sechs Wochen nach der Bekanntgabe der Änderung mit sofortiger Wirkung kündigen. Kündigt der Kunde, so werden die erhöhten Zinsen für die gekündigte Kreditvereinbarung nicht zugrunde gelegt. Eine Kündigung des Kunden gilt als nicht erfolgt, wenn er den geschuldeten Betrag nicht binnen zweier Wochen nach Wirksamwerden der Kündigung zurückzahlt.

(6) Änderung von Entgelten bei typischerweise dauerhaft in Anspruch genommenen Leistungen

Änderungen von Entgelten für solche Leistungen, die vom Kunden im Rahmen der Geschäftsverbindung typischerweise dauerhaft in Anspruch genommen werden (z. B. Depotführung), werden dem Kunden spätestens zwei Monate vor dem vorgeschlagenen Zeitpunkt ihres Wirksamwerdens in Textform angeboten. Hat der Kunde mit der Sparkasse im Rahmen der Geschäftsbeziehung einen elektronischen Kommunikationsweg vereinbart (z. B. das Online Banking), können die Änderungen auch auf diesem Wege angeboten werden. Die Zustimmung des Kunden gilt als erteilt, wenn er seine Ablehnung nicht vor dem vorgeschlagenen Zeitpunkt des Wirksamwerdens der Änderungen angezeigt hat. Auf diese Genehmigungswirkung wird ihn die Sparkasse in ihrem Angebot besonders hinweisen. Werden dem Kunden Änderungen angeboten, kann er den von den Änderungen betroffenen Vertrag vor dem vorgeschlagenen Zeitpunkt des Wirksamwerdens der Änderungen auch fristlos und kostenfrei kündigen. Auf dieses Kündigungsrecht wird ihn die Sparkasse in ihrem Angebot besonders hinweisen. Kündigt der Kunde, wird das geänderte Entgelt für die gekündigte Geschäftsbeziehung nicht zugrunde gelegt.

(7) Besonderheiten bei Verbraucherdarlehensverträgen

Bei Verbraucherdarlehensverträgen richten sich die Zinsen und Entgelte nach den jeweiligen vertraglichen Vereinbarungen sowie ergänzend nach den gesetzlichen Vorschriften.

(8) Besonderheiten bei Zahlungsdiensteverträgen mit Verbrauchern

Bei Zahlungsdiensteverträgen mit Verbrauchern richten sich die Entgelte nach den jeweiligen vertraglichen Vereinbarungen und besonderen Bedingungen. Soweit dort keine Regelung getroffen ist, gelten die Absätze 1 und 4 sowie – für die Änderung jeglicher Entgelte bei Zahlungsdiensterahmenverträgen (z. B. Girovertrag) – Absatz 6.

Nr. 18 Auslagen

Die Sparkasse ist berechtigt, dem Kunden Auslagen in Rechnung zu stellen, die anfallen, wenn die Sparkasse in seinem Auftrag oder seinem mutmaßlichen Interesse tätig wird (insbesondere für Ferngespräche, Porti) oder wenn Sicherheiten bestellt, verwaltet, freigegeben oder verwertet werden (insbesondere Notarkosten, Lagergelder, Kosten der Bewachung von Sicherungsgut).

Nach § 307 Abs. 3 BGB unterliegen Klauseln, die von Rechtsvorschriften abweichen oder diese ergänzen, der Inhaltskontrolle nach §§ 308, 309 BGB. Daher unterliegen AGB-Klauseln, die Art und Umfang der vertraglichen *Haupt*leistungspflicht und den dafür zu zahlenden Preis unmittelbar regeln, nicht der Inhaltskontrolle. Demgegenüber sind (Preis-) *Neben*abreden kontrollfähig im Sinne der §§ 307 Abs. 1 und 2, 308 und 309 BGB. Preisnebenabreden sind dadurch gekennzeichnet, dass im Falle ihrer Unwirksamkeit an deren Stelle eine entsprechende gesetzliche Regelung treten kann.

Nach der Rechtsprechung des Bundesgerichtshofs liegt eine unzulässige Preisnebenabrede vor, wenn es sich um folgende Fallgruppen handelt:

- Erhebung eines Entgelts für die Erfüllung einer gesetzlichen Verpflichtung gegenüber dem Kunden (z. B. Erteilung einer Löschungsbewilligung nach § 1144 BGB unter Hinweis darauf, dass gemäß § 362 BGB der Schuldner für die Erteilung einer Quittung kein Entgelt verlangen darf; Bearbeitung von Pfändungs- und Überweisungsbeschlüssen unter Hinweis auf § 840 der Zivilprozessordnung – ZPO);

- Bepreisung allgemeiner Betriebskosten (z. B. Barauszahlungen am Bankschalter unter Hinweis auf die bestehende gesetzliche Verpflichtung des Schuldners gemäß § 270 Abs. 1 BGB, dem Gläubiger Geld auf eigene Kosten zu übermitteln) – zulässig ist eine Entgelterhebung jedoch bei Barauszahlungen am Geldautomaten, die als zusätzliche entgeltfähige Sonderleistung des Kreditinstituts angesehen werden;
- Doppelte Bepreisung der gleichen Leistung, d. h. bei Fehlen einer klaren und transparent gestalteten Zuordnung der einzelnen Entgelte zu den jeweiligen Leistungen;
- Entgelt für eine Tätigkeit ausschließlich „im eigenen Interesse" der Bank (wenn das Eigeninteresse des Kreditinstituts so im Vordergrund steht, dass der Dienstleistungscharakter für den Kunden nicht mehr feststellbar ist – problematisch bei sogenannten „doppelfunktionalen Tätigkeiten", wenn also neben Tätigkeiten im Eigeninteresse der Bank auch Dienstleistungen für den Kunden erbracht werden).

1.8. Die Verfügungsberechtigung

Ist der Kontoinhaber voll geschäftsfähig, so kann er uneingeschränkt über das Konto verfügen. Beschränkt Geschäftsfähige bedürfen zur Verfügung über das Konto der Einwilligung der gesetzlichen Vertreter. Handelt es sich bei dem Kontoinhaber um eine Einzelfirma im Sinne von § 17 des Handelsgesetzbuchs (HGB), so verfügt der Firmeninhaber unter dem Firmennamen über das Konto.

Eltern sind gemäß § 1629 BGB gemeinschaftlich gesetzliche Vertreter des Kontoinhabers. Der Vater und die Mutter haben das Recht und die Pflicht, für das minderjährige Kind zu sorgen. Hierbei umfasst die elterliche Sorge u.a.

- die Vertretung des Kindes;
- die Sorge für die Person des Kindes;
- die Sorge für das Vermögen des Kindes (Vermögensvorsorge).

Die Vermögensvorsorge gemäß §§ 1638 ff. BGB umfasst den Grundsatz, dass die Eltern das Vermögen des Kindes so zu verwalten haben, dass dem Kind keine Nachteile daraus entstehen und die Geldanlage einer wirtschaftlichen Vermögensverwaltung entspricht.

Als gesetzliche Vertreter fungieren ferner:

- der Vormund, § 1773 BGB;
- der Betreuer, §§ 1902 BGB;
- die Organe juristischer Personen (Vorstand der AG, Geschäftsführer der GmbH);
- der persönlich haftende Inhaber von Personenhandelsgesellschaften nach dem Handelsgesetzbuch, also der Offenen Handelsgesellschaft (§§ 105 ff. HGB) und der Kommanditgesellschaft (§§ 161 ff. HGB).

Gesetzliche Vertreter:

Art der Person / Gesellschaft	Gesetzlicher Vertreter	Art der Vertretung (Änderung der gesetzlichen Regelung durch Satzung möglich)
Eingetragener Verein	Vorstand (§ 26 BGB)	Gesamtvertretung
Rechtsfähige Stiftung	Vorstand (§ 86 i.v.m. § 26 BGB)	Gesamtvertretung
GmbH	Geschäftsführer (§ 35 GmbHG)	Gesamtvertretung
AG	Vorstand (§ 78 AktG)	Gesamtvertretung
KGaA	Persönlich haftender Gesellschafter (§ 278 AktG i.v.m. §§ 161 Abs. 2 und 125 HGB)	Einzelvertretung
Eingetragene Genossenschaft	Vorstand (§ 35 GenG)	Gesamtvertretung
Offene Handelsgesellschaft	Persönlich haftende Gesellschafter (§ 125 HGB)	Einzelvertretung
Kommanditgesellschaft	Persönlich haftende Gesellschafter (§§ 161 und 125 HGB)	Einzelvertretung
GmbH & Co. KG	Geschäftsführer der persönlich haftenden GmbH	Anwendung des GmbH Rechts
BGB – Gesellschaft	Gesellschafter (§§ 709, 710 und 714 BGB)	Gesamtvertretung

Erlangt jemand aufgrund eines Rechtsgeschäfts Verfügungsmacht über ein Konto, spricht man vom rechtsgeschäftlichen Vertreter. Im Rahmen der rechtsgeschäftlichen Vollmacht lassen sich Vollmachten nach dem BGB sowie nach dem HGB unterscheiden.

Zu den Vollmachten nach BGB (§§ 164 ff. BGB) gehören die Bankvollmacht, die Kontovollmacht sowie die Generalvollmacht. Die Vollmachtgeber können hierbei sowohl Privat- als auch Firmenkunden (Unternehmenskunden) sein.

Vollmachten nach HGB sind die Prokura (§§ 48 ff. HGB) sowie die Handlungsvollmacht (§ 54 HGB). Vollmachtgeber sind hierbei Firmenkunden, soweit sie Kaufleute nach HGB (§§ 1 ff. HGB) sind.

Bei Ehegattenkonten finden bezüglich der Erteilung einer Vollmacht an den Ehepartner die Regeln über die rechtsgeschäftliche Vertretung gemäß §§ 164 ff. BGB Anwendung. Der Umfang der Vollmacht ergibt sich aus dem Inhalt der Kontovollmacht. Regelmäßig darf der Bevollmächtigte

- über das jeweilige Guthaben verfügen,
- eingeräumte Kredite beanspruchen,
- von der Möglichkeit vorübergehender Kontoüberziehungen im üblichen Rahmen Gebrauch machen,
- Wertpapiere an- und verkaufen sowie die Ausführung an sich verlangen,
- Abrechnungen, Kontoauszüge usw. entgegennehmen und anerkennen.

Die Vollmacht berechtigt nicht

- zum Abschluss von Börsentermingeschäften,
- zur Beantragung von Kreditkarten,
- zur Bestellung und Rücknahme von Sicherheiten,
- zur Entgegennahme von Konto- und Kreditkündigungen,
- zur Auflösung des Kontos/Depots,
- zur Erteilung von Untervollmachten.

Vollmachten bleiben bis zum Eingang des schriftlichen Widerrufs grundsätzlich auch über den Tod hinaus bestehen (vgl. Nr. 4 (1) AGB-Sparkassen), auch wenn sie nicht ausdrücklich als „Vollmacht über den Tod hinaus" bezeichnet werden (vgl. § 130 Abs. 2 BGB).

Eine dem Kreditinstitut erteilte Kontovollmacht kann grundsätzlich jederzeit widerrufen werden, wodurch sie erlischt. Zum Widerruf sind sowohl der Kontoinhaber als Vollmachtgeber als auch dessen Rechtsnachfolger (Erben) berechtigt. Der Widerruf eines von mehreren Erben bei einer Erbengemeinschaft nach § 2032 BGB lässt die Vollmacht lediglich im Verhältnis zu dem Widerrufenden erlöschen, sodass der betroffene Bevollmächtigte von seiner Vollmacht dann nur noch zusammen mit dem Widerrufenden Gebrauch machen kann.

Der Kontoinhaber trägt grundsätzlich das Risiko eines Missbrauchs der Vollmacht, da der von einem berechtigten Kontobevollmächtigten als Vertreter abgeschlossene Vertrag grundsätzlich wirksam ist. Eine Willenserklärung, die jemand innerhalb der ihm zustehenden Vertretungsmacht im Namen des Vertretenen abgibt, wirkt gemäß § 164 BGB unmittelbar für und gegen den Vertretenen. Eine Ausnahme gilt jedoch dann, wenn der Vertreter seine Vertretungsbefugnis überschreitet (vgl. § 179

BGB) und von ihr in ersichtlich verdächtiger Weise Gebrauch macht. Dies wäre z. B. der Fall, wenn ein Missbrauch offensichtlich erkennbar wäre, d. h. wenn massive Verdachtsmomente eine Nachfrage beim Kontoinhaber erforderlich machen würden. Dies wäre beispielsweise dann gegeben, wenn der Kontobevollmächtigte erkennbar eigennützig von seiner Vollmacht Gebrauch machen würde, z. B. wenn die Bank von der Auflösung einer ehelichen Lebensgemeinschaft weiß und sich ihr dadurch der Verdacht aufdrängen muss, dass der im Innenverhältnis vermutlich nicht mehr berechtigte Ehegatte die im Außenverhältnis noch gültige Vollmacht in eigennütziger und damit missbräuchlicher Weise zu seinen Gunsten benutzt. Für die Befreiung des Vertretenen von den Rechtsfolgen des missbräuchlich abgeschlossenen Geschäfts ist es daher erforderlich, dass der Vertreter bewusst zum Nachteil des Vertretenen gehandelt hat und dass dies dem Kreditinstitut bekannt war oder sich ihm geradezu aufdrängen musste. Derartige Verdachtsmomente ergäben sich beispielsweise dann, wenn der Vertreter Vermögenswerte des Vertretenen als Kreditsicherheiten für einen eigenen Kredit verwendet.

Das Kreditinstitut trägt im Hinblick auf etwaige Fälschungen von Bankvollmachten indessen das volle Fälschungsrisiko und muss in diesem Zusammenhang für entstandene Schäden aufkommen.

1.9. Die Beendigung der Kontoverbindung

Die Beendigung der Kontoverbindung kann auf verschiedenen Wegen erfolgen. In der Praxis spielen folgende Auflösungsformen die größte Rolle:

- einvernehmliche Auflösung;
- einseitige Kündigung;
- Insolvenz von Bank und / oder Kunde.

Die einvernehmliche Auflösung der Bankverbindung ist die wohl häufigste Form der Beendigung einer Kontoverbindung. Hierbei einigen sich Kreditinstitut und Kunde über die Auflösung durch Abgabe entsprechender Willenserklärungen. Ist die Bank noch im Besitz von Unterlagen, die dem Kunden zustehen, so kann der Kunde diese herausverlangen. Die Verrechnung von Zinsansprüchen und -forderungen sowie deren Ausgleich stellt im Wesentlichen die „Abschlusstätigkeit" dar.

Sowohl Kunden als auch die Bank oder Sparkasse können die gesamte Geschäftsverbindung oder einzelne Geschäftsbeziehungen, für die weder eine Laufzeit noch eine Kündigungsregelung vereinbart ist, jederzeit ohne

Einhaltung einer Kündigungsfrist kündigen (vgl. Nr. 26 (1) S. 1 AGB-Sparkassen).

Das gleiche Recht steht auch einem Bankkunden zu (vgl. Nr. 18 (1) AGB-Banken)

Banken können die Geschäftsverbindung insgesamt oder einzelne Geschäftsbeziehungen unter Einhaltung einer angemessenen Kündigungsfrist auflösen (vgl. Nr. 19 (1) S. 1 AGB-Banken). Bei der Kündigungsfrist nimmt die Bank jedoch auf die berechtigten Belange des Kunden Rücksicht (vgl. Nr. 19 (1) S. 2 AGB-Banken). Die Kündigungsfrist beträgt z. B. bei laufenden Konten, Kartenverträgen und Depots mindestens zwei Monate (vgl. Nr. 19 (1) S. 3 AGB-Banken).

Die Sparkassen haben in ihren AGB zusätzlich geregelt, dass eine Kündigung nicht zur Unzeit erfolgen darf und dass berechtigte Belange des betroffenen Kunden berücksichtigt werden müssen (vgl. Nr. 26 (1) S. 2 AGB-Sparkassen).

Eine Kündigung ist aber auch ohne die Einhaltung einer Kündigungsfrist – also fristlos – möglich. Die außerordentliche Kündigung spielt in der Praxis der Kreditinstitute eine große Rolle. Ist die Fortsetzung der Geschäftsbeziehung für einen Vertragspartner nicht mehr zumutbar, so kann dieser die Geschäftsverbindung außerordentlich kündigen. Jedoch sind auch hier, wie bei der ordentlichen Kündigung, die Belange des Kunden angemessen zu berücksichtigen (vgl. Nr. 26 (2) S. 2 AGB-Sparkassen).

Als Gründe für eine außerordentliche Kündigung kommen u.a. infrage (vgl. Nr. 19 (3) AGB-Banken bzw. Nr. 26 (2) AGB-Sparkassen):

- Eintritt einer wesentlichen Verschlechterung der Vermögensverhältnisse des Kunden oder der Werthaltigkeit einer Sicherheit;
- der Kunde kommt der Verpflichtung zur Stellung oder Verstärkung von Sicherheiten nicht nach;
- der Kunde macht unrichtige Angaben über seine Vermögensverhältnisse;
- Einleitung einer Zwangsvollstreckung gegen den Kunden.

In den §§ 115, 116 der Insolvenzordnung (InsO) ist geregelt, dass die Eröffnung des Insolvenzverfahrens das Ende der bankgeschäftlichen Beziehungen, also auch des Kontovertrages (und des Kontokorrentvertrages), darstellt. Mit dem Verlust der Verfügungsbefugnis des Schuldners erlöschen auch Kontovollmachten (§ 117 InsO). Wenn der Insolvenzverwalter hingegen vorhandene Konten weiter nutzt, entsteht mit ihm ein neuer Kontovertrag.

Die Bank darf ab Verfahrenseröffnung keine Schuldzinsen mehr berechnen, die anfallenden Zinsen sind lediglich nachrangig zu berücksichtigen (vgl. § 39 Abs. 1 Nr. 1 InsO).

Mit der Auflösung der Geschäftsverbindung werden die auf den betroffenen Konten geschuldeten Beträge sofort fällig. Der Kunde ist daher verpflichtet, seine Verbindlichkeiten unverzüglich zu begleichen.

Hat das Kreditinstitut für den Kunden Haftungsverpflichtungen, z. B. im Sinne einer Bürgschaft, übernommen, so ist es berechtigt, diese ebenfalls zu kündigen.

Auch nach der Beendigung des Kontovertrages gelten die vereinbarten AGB weiter.

Der Kontovertrag endet nicht mit dem Tod des Kontoinhabers. Er wird in diesem Falle mit den Rechtsnachfolgern des Kunden, den Erben, fortgesetzt. Die Auflösung der Geschäftsverbindung kann dann durch die Erben erfolgen.

1.10. Der unter Betreuung stehende Bankkunde

Wenn ein volljähriger Bankkunde aufgrund einer Krankheit oder einer körperlichen, geistigen oder seelischen Behinderung nicht in der Lage ist, seine Angelegenheiten ganz oder teilweise selbstständig zu erledigen, wird ihm ein Betreuer zur Seite gestellt (§ 1896 Abs. 1 S. 1 BGB). Nach seiner Bestellung durch das Betreuungsgericht gemäß § 1896 Abs. 1 BGB vertritt der Betreuer gemäß § 1902 BGB den Betreuten innerhalb des vom Gericht festgelegten Aufgabenkreises sowohl gerichtlich als auch außergerichtlich. Die Befugnisse des Betreuers werden dabei vom Betreuungsgericht nach den jeweiligen Erfordernissen des Einzelfalles festgelegt. Als Beispiele können aufgeführt werden: Regelung der Vermögenssorge oder von Wohnungs- und Heimangelegenheiten.

Regelmäßig wird vom Betreuungsgericht eine geeignete natürliche Person als Betreuer bestellt (§ 1897 BGB). Es kommen hierfür aber auch mehrere natürliche Personen (§ 1899 BGB), ein Betreuungsverein oder eine Behörde in Betracht (§ 1900 BGB).

Kontoinhaber und mithin Gläubiger bzw. Schuldner eines Betreuungskontos ist stets der Betreute, niemals der Betreuer, der insoweit lediglich der gesetzliche Vertreter des Betreuten ist. Durch die Anordnung der Betreuung wird die Geschäftsfähigkeit des Betreuten nicht berührt. Im Hinblick auf die Verfügungsmöglichkeit über das Konto des Betreuten durch ihn selbst gilt, dass Willenserklärungen des Betreuten und damit von ihm veranlasste Verfügungen auch ohne Einwilligung seines Betreuers wirksam sind, sogar wenn sie etwaigen Erklärungen des Betreuers widersprechen. Etwas anderes gilt nur dann, wenn vom Betreuungsgericht ein sogenannter „Einwilligungsvorbehalt" angeordnet wurde: Soweit dies zur Abwendung einer erheblichen Gefahr für die Person oder das Vermögen des Betreuten erforderlich ist, ordnet das Betreuungsgericht gemäß § 1903 BGB an, dass der Betreute zu einer Willenserklärung, die den Aufgabenkreis des Betreuers betrifft, dessen Einwilligung bedarf (Einwilligungsvorbehalt). Hier gilt, dass Willenserklärungen und damit Verfügungen des Betreuten dann nur bei einer Einwilligung des Betreuers wirksam sind.

Als Legitimationsnachweise dienen hinsichtlich des Nachweises der Bestellung des Betreuers durch das Betreuungsgericht eine Bestallungsurkunde sowie im Übrigen bei natürlichen Personen der Personalausweis. Durch die vom Betreuungsgericht erteilte Bestallungsurkunde wird ein Rechtsschein im Hinblick auf die Wirksamkeit der Bestellung oder deren Fortbestehen nicht entfaltet, sodass insoweit kein Gutglaubensschutz besteht. Sofern mithin Zweifel an der Anordnung der Betreuung oder an deren Fortbestand bestehen, wird die Bank – um Risiken zu vermeiden – daher stets beim Betreuungsgericht Nachfrage halten, da das Amt des Betreuers auch unabhängig von der Rückgabe der Bestallungsurkunde endet.

Eine Betreuung endet automatisch mit dem Tod des Betreuten, wodurch der Betreuer das Recht verliert, über die Konten des Betreuten zu verfügen. Der Betreuer ist dann auch nicht mehr berechtigt, Auskünfte über die Konten des verstorbenen Betreuten zu verlangen. Er ist gemäß §§ 1908 i, 1893, 1698 BGB lediglich noch zur Fortführung unaufschiebbarer Geschäfte berechtigt.

Geld des Betreuten ist gemäß §§ 1908 i, 1806 BGB grundsätzlich verzinslich anzulegen. Einzelheiten der vorgesehenen mündelsicheren Anlagen ergeben sich aus dem Katalog des § 1807 BGB, und zwar:

1.

in Forderungen, für die eine sichere Hypothek an einem inländischen Grundstück besteht, oder in sicheren Grundschulden oder Rentenschulden an inländischen Grundstücken;

2.

in verbrieften Forderungen gegen den Bund oder ein Land sowie in Forderungen, die in das Bundesschuldbuch oder Landesschuldbuch eines Landes eingetragen sind;

3.

in verbrieften Forderungen, deren Verzinsung vom Bund oder einem Land gewährleistet ist;

4.

in Wertpapieren, insbesondere Pfandbriefen, sowie in verbrieften Forderungen jeder Art gegen eine inländische kommunale Körperschaft oder die Kreditanstalt einer solchen Körperschaft, sofern die Wertpapiere oder die Forderungen von der Bundesregierung mit Zustimmung des Bundesrates zur Anlegung von Mündelgeld für geeignet erklärt sind;

5.

bei einer inländischen öffentlichen Sparkasse, wenn sie von der zuständigen Behörde des Landes, in welchem sie ihren Sitz hat, zur Anlegung von Mündelgeld für geeignet erklärt ist, oder bei einem anderen Kreditinstitut, das einer für die Anlage ausreichenden Sicherungseinrichtung angehört.

Das Betreuungsgericht kann dem Betreuer nach § 1811 BGB aber auch eine andere Anlage des betreuten Vermögens gestatten, wobei die Erlaubnis für eine derartige andere Anlage nur verweigert werden soll, wenn diese im Einzelfall den Grundsätzen einer wirtschaftlichen Vermögensverwaltung zuwiderlaufen würde.

Über Betreutengeld kann der Betreuer nach §§ 1908 i, 1813 Abs. 1 Nr. 2 BGB ohne betreuungsgerichtliche Genehmigung verfügen,

- wenn der Gegenstand der Leistung nicht in Geld oder Wertpapieren besteht,
- wenn der Anspruch nicht mehr als 3.000 Euro beträgt,
- wenn der Anspruch das Guthaben auf einem Giro- oder Kontokorrentkonto zum Gegenstand hat oder Geld zurückgezahlt wird, das der Vormund angelegt hat,
- wenn der Anspruch zu den Nutzungen des Mündelvermögens gehört,
- wenn der Anspruch auf Erstattung von Kosten der Kündigung oder der Rechtsverfolgung oder auf sonstige Nebenleistungen gerichtet ist.

1.11. Beschwerdemanagement und Schlichtung

Sowohl die privaten Banken als auch die öffentlichen Banken (z. B. Landesbanken), die Sparkassen und die Genossenschaftsbanken (Volks- und Raiffeisenbanken) haben ein Beschwerdemanagement und ein außergerichtliches Schlichtungsverfahren geregelt. Der Ombudsmann der privaten Banken ist für die Banken zuständig, die dem Bundesverband deutscher Banken angehören und sich dem dort geregelten Verfahren angeschlossen haben. Beschwerden, die Sparkassen, öffentliche Banken (z. B. Landesbanken) oder Genossenschaftsbanken betreffen, werden von den Schlichtern bei den regionalen Schlichtungsstellen der Sparkassen- und Giroverbände, vom Ombudsmann bei der Kundenbeschwerdestelle der öffentlichen Banken (VÖB) und für die Genossenschaftsbanken vom Ombudsmann bei der Kundenbeschwerdestelle beim Bundesverband der Deutschen Volksbanken und Raiffeisenbanken (BVR) bearbeitet.

Der Ablauf in den einzelnen Institutsgruppen ist ähnlich: Die Kundenbeschwerdestelle prüft alle eingegangenen Beschwerden auf Zulässigkeit und Zuständigkeit. Sind diese Kriterien erfüllt, sichtet sie die Unterlagen auf Vollständigkeit. Sollte diese nicht gegeben sein, setzt sich die Kundenbeschwerdestelle mit dem Beschwerdeführer in Verbindung und fordert die noch fehlenden Informationen an. Sobald die Unterlagen von Kundenseite vollständig sind, leitet sie die Beschwerde an die Geschäftsleitung der betroffenen Bank weiter. Die Bank hat binnen eines Monats zur Beschwerde Stellung zu nehmen. Gibt die Bank dem Beschwerdeführer recht und regelt die Meinungsverschiedenheit im Sinne des Kunden, ist das Schlichtungsverfahren erledigt. Anderenfalls wird der Beschwerdeführer von der ablehnenden Äußerung der Bank unterrichtet und auf die Möglichkeit verwiesen, sich innerhalb eines Monats nochmals zu äußern. Danach wird der Vorgang dem Ombudsmann zur Entscheidung vorgelegt. Reichen diesem die bisher vorgelegten Stellungnahmen oder Unterlagen für einen Schlichtungsspruch nicht aus, kann er von den Parteien weitere Informationen einholen. Der Ombudsmann leitet seine Entscheidung den Parteien unmittelbar zu. Damit ist das Schlichtungsverfahren beendet. Ein Rechtsmittel gegen den Schlichtungsspruch gibt es nicht.

Ist der Beschwerdeführer mit dem Schlichterspruch nicht zufrieden, kann er jederzeit den Streit vor einem ordentlichen Gericht austragen. Das Schlichtungsverfahren ist für Bankkunden kostenlos und ohne Risiko. Hat die Beschwerde Erfolg, kommt der Bankkunde schnell und einfach zu seinem Recht. Rechtsnachteile, etwa durch Verjährung, können während des Schlichtungsverfahrens nicht eintreten.

Die privaten Banken haben sich verpflichtet, Ombudsmannsprüche bis zu einem Beschwerdegegenstand von 5.000 Euro zu akzeptieren. In der Praxis akzeptieren die privaten Banken jedoch zumeist auch die gegen sie ergangenen unverbindlichen Schlichtungssprüche mit einem Streitwert, der über 5.000 Euro liegt.

Vergleichbare Regelungen im Hinblick auf die Verbindlichkeit von Schlichtersprüchen sind bei den öffentlichen Banken sowie den Volks- und Raiffeisenbanken und den Sparkassen nicht vorhanden. Der Schlichtungsvorschlag ist dort weder für den Kunden noch für die Bank bzw. Sparkasse bindend. Beiden Parteien steht vielmehr der Weg zu den ordentlichen Gerichten offen.

Ein Weg zu besseren Ergebnissen führt über ein wirksames Beschwerdemanagement. Eine gelebte Beschwerdekultur gibt den Kreditinstituten die Möglichkeit, mit vergleichsweise einfachen Mitteln eine breite Außenwirkung zu erzielen. Darüber hinaus bietet ein ausgereiftes Beschwerdemanagement auch Potenzial für die Weiterentwicklung des eigenen Unternehmens. Finanzdienstleister können durch eine zielgerichtete Auswertung der eingegangenen Kundenwünsche eigene Schwächen erkennen und beheben.

1.12. Das Bankgeheimnis und die Bankauskunft

Die Geschäftsbeziehungen zwischen Bank und Kunden beruhen auf einem gegenseitigen besonderen Vertrauensverhältnis. Im Rahmen der Geschäftsabwicklung erlangt das Kreditinstitut zahlreiche Informationen über die persönlichen und finanziellen Verhältnisse des Kunden, sodass er sich darauf verlassen können muss, dass diese nicht unbefugt an Dritte weitergegeben werden. In diesem Zusammenhang spricht man vom Bankgeheimnis als dem Berufs- und Geschäftsgeheimnis im Kreditgewerbe.

Nach Nr. 2 (1) der AGB-Banken ist die Bank zur Verschwiegenheit über alle kundenbezogenen Tatsachen und Wertungen verpflichtet, von denen sie Kenntnis erlangt (Bankgeheimnis). Informationen über den Kunden darf die Bank nur weitergehen, wenn gesetzliche Bestimmungen dies gebieten oder der Kunde eingewilligt hat oder die Bank zur Erteilung einer Bankauskunft befugt ist. Nr. 1 der AGB-Sparkassen formuliert:

Geschäftsbeziehung als Vertrauensverhältnis
Die Geschäftsbeziehung zwischen dem Kunden und der Sparkasse ist durch die Besonderheiten des Bankgeschäfts und ein besonderes Vertrauensverhältnis geprägt. Der Kunde kann sich darauf verlassen, dass die Sparkasse

seine Aufträge mit der Sorgfalt eines ordentlichen Kaufmanns ausführt und das Bankgeheimnis wahrt.

Das Bankgeheimnis besteht damit zum einen in einer Verschwiegenheitspflicht, d. h. in der Pflicht des Kreditinstituts, Verschwiegenheit über seine Kunden und deren persönliche, wirtschaftliche und finanzielle Verhältnisse zu wahren. Demzufolge besteht ein Auskunftsverweigerungsrecht des Kreditinstituts in der Weise, Auskünfte über seine Kunden und deren persönliche, wirtschaftliche und finanzielle Verhältnisse zu verweigern.

Eine gesetzliche Verankerung des Bankgeheimnisses ist nicht vorhanden. Nach der Rechtsprechung wird die Verpflichtung des Kreditinstituts zur Beachtung des Bankgeheimnisses daher in den vertraglichen Rechtsbeziehungen mit dem Kunden als Nebenpflicht aus den jeweiligen Einzelverträgen zwischen Bank und Kunden gesehen.

Die Verletzung der Verschwiegenheitspflicht des Kreditinstituts ist ein Vertragsbruch, aufgrund dessen ein Kunde berechtigt ist, die Geschäftsverbindung fristlos zu kündigen und ggf. Schadensersatzansprüche geltend zu machen.

Das Bankgeheimnis wird durch den Kunden selbst aufgehoben, wenn er entweder als Geschäftskunde seine Bankverbindung als Referenz angibt und keine anderslautende Weisung vorliegt, sofern sich die Anfrage auf seine geschäftliche Tätigkeit bezieht, oder aber wenn er als Privatkunde das Kreditinstitut ausdrücklich im Einzelfall oder generell zur Erteilung von Bankauskünften ermächtigt. Die näheren Einzelheiten sind in Nr. 2 (2) und (3) der AGB-Banken bzw. Nr. 3 der AGB-Sparkassen geregelt: Bankauskünfte enthalten danach allgemein gehaltene Feststellungen und Bemerkungen über die wirtschaftlichen Verhältnisse eines Kunden, über seine Kreditwürdigkeit und über seine Zahlungsfähigkeit. Sie umfassen hingegen keine betragsmäßigen Angaben über Kontostände, Depotguthaben oder sonstige dem Kreditinstitut anvertraute Vermögenswerte sowie über die Höhe von Kreditinanspruchnahmen. Sie werden nur an eigene Kunden und an andere Kreditinstitute für deren eigene Zwecke oder für Zwecke ihrer Kunden erteilt. Der Anfragende muss dabei ein berechtigtes Interesse an der gewünschten Auskunft glaubhaft darlegen.

Das Bankgeheimnis besteht nicht uneingeschränkt, sondern wird vielmehr begrenzt durch gesetzliche Vorschriften, die eine Auskunftspflicht des Kreditinstituts begründen. Im Zivilprozess besitzen Kreditinstitute ein Auskunftsverweigerungsrecht, da das Bankgeheimnis ein Berufsgeheimnis im Sinne von §§ 383 Abs. 1 Nr. 6, Abs. 3, 384 Nr. 3 der Zivilprozessordnung (ZPO) ist.

Gesetzliche Ausnahmen von der Verschwiegenheitspflicht bestehen auch bei Auskünften an Strafverfolgungsbehörden sowie im Ordnungswidrigkeitsverfahren: Gegenüber dem Richter und der Staatsanwaltschaft – nicht jedoch gegenüber Polizeibeamten – besteht eine Pflicht zur Aussage.

Gegenüber Finanzbehörden besteht im allgemeinen Besteuerungsverfahren und im Steuerfahndungsverfahren eine bedingte Auskunftspflicht, wonach Einzelauskunftsersuchen zulässig sind, wenn Auskunftsersuchen an den Steuerpflichtigen selbst nicht zum Ziel geführt haben oder keinen Erfolg versprechen. Im Steuerstrafverfahren haben die Finanzbehörden die gleichen Rechte und Pflichten wie die Staatsanwaltschaft in Strafermittlungsverfahren.

Die bereits oben erwähnten Dateien nach § 24 c KWG stehen auch für Abrufersuchen der Finanzbehörden und weiterer Stellen, insbesondere der Sozialbehörden, der BAföG-Behörden sowie der Wohngeldbehörden, zur Verfügung. Dieser Kontenabruf nach § 93 Abs. 7, 8 AO darf jedoch nur anlassbezogen und zielgerichtet erfolgen; er muss im Einzelfall erforderlich sein und sich auf eine eindeutig bestimmte Person beziehen. Vor dem Kontenabruf soll dem Beteiligten Gelegenheit gegeben werden, selbst Auskunft zu erteilen, wenn nicht der Ermittlungszweck dadurch gefährdet werden würde. Hat sich durch den Kontenabruf herausgestellt, dass Konten oder Depots vorhanden sind, die der Beteiligte auf Nachfrage nicht angegeben hat, ist er über das Ergebnis des Kontenabrufs zu informieren. Der Beteiligte wird darauf hingewiesen, dass die Behörde das betroffene Kreditinstitut nach § 93 AO um Auskunft ersuchen kann. Wurden die Angaben des Beteiligten durch einen Kontenabruf bestätigt, ist der Beteiligte darüber zu informieren.

Gesetzliche Auskunftsansprüche bestehen ferner für den Insolvenzverwalter nach Eröffnung eines Insolvenzverfahrens, für den Nachlasspfleger hinsichtlich der Erbangelegenheiten unbekannter Erben, für den Nachlassverwalter nach Anordnung einer Nachlassverwaltung, für den Pfändungsgläubiger im Rahmen einer Drittschuldnererklärung, für den Schecknehmer im Hinblick auf die Wahrscheinlichkeit einer Deckung eingereichter Schecks und für den Bürgen über den Hauptschuldner.

1.13. Der Tod des Bankkunden

Die Abwicklung eines Erbfalls beim Tod eines Bankkunden stellt in der Praxis der Kreditinstitute in vielen Fällen ein Problem dar. Einer der Gründe liegt darin, dass es der Erblasser zu seinen Lebzeiten häufig versäumt hat, seine Interessen rechtzeitig und sorgfältig in seinem und im Sinne seiner Nachkommen zu regeln. Daher fällt es häufig dem Kreditinstitut zu, den oder die Erben sowohl rechtlich als auch steuerlich zu beraten. Nachfolgend soll daher ein grober Überblick über dieses Problemfeld gegeben sowie versucht werden, einige Gestaltungsmöglichkeiten aufzuzeigen.

Nach § 1922 Abs. 1 BGB gehen mit Eintritt des Erbfalls sämtliche vermögenswerten Rechtspositionen – soweit sie nicht höchstpersönlicher Natur sind – auf den oder die Erben über. Damit tritt der Erbe bzw. treten die Erben unmittelbar in die bisherige Geschäftsbeziehung des Erblassers zu seinem Kreditinstitut ein.

Sofern mehrere Erben vorhanden sind, entsteht eine Erbengemeinschaft gemäß §§ 2032 ff. BGB, in welcher nach dem zivilrechtlichen Gesamthandsprinzip eine einvernehmliche Verwaltung des Nachlasses im Zusammenwirken aller Erben erfolgt, § 2038 Abs. 1 BGB. Wenn ein Erblasser von mehreren Personen beerbt wird, mithin eine Erbengemeinschaft entsteht, wird ein vorheriges Einzelkonto durch den Erbfall automatisch zu einem Gemeinschaftskonto. Eine Sperrung des Kontos ist hiermit jedoch nicht verbunden, sodass bisherige Bevollmächtigte auch nach Eintritt des Erbfalls verfügungsberechtigt bleiben.

Wenn die Bank vom Tode ihres Kunden zuverlässige Kenntnis erlangt – beispielsweise durch Vorlage einer Sterbeurkunde – werden sämtliche Konten und Depots des Erblassers zunächst auf den Nachlass umgeschrieben. In der Praxis erfolgt dies dadurch, dass der bisherigen Kontobezeichnung ein Zusatz „Nachlass" oder „Erben" hinzugefügt wird.

Mit dem Tod des Bankkunden wird ein vormaliges Erblassereinzelkonto im Falle des Entstehens eine Erbengemeinschaft automatisch zu einem sogenannten „Und-Konto" – vgl. hierzu weiter unten die Ausführungen zu „Und- und Oder-Konten". Dies bedeutet, dass sämtliche Mitkontoinhaber nur noch gemeinschaftlich über das Konto verfügen dürfen. Sofern der Erblasser allerdings zuvor Mitkontoinhaber eines „Oder-Kontos" war, tritt die entstandene Erbengemeinschaft für den verstorbenen Erblasser in die Kontoverbindung ein, wobei der zu Lebzeiten bereits vorhandene bisherige Mitkontoinhaber einzelverfügungsberechtigt bleibt.

Um den Erben, die nach § 1968 BGB verpflichtet sind, die Beerdigungskosten für den Erblasser zu tragen, die Möglichkeit zu geben, trotz Verzögerung ihrer erbrechtlichen Legitimation den Erblasser bestatten zu können, bevorschussen Kreditinstitute die Bestattungskosten entweder gegen Vorlage einer entsprechenden Rechnung oder auch zulasten des Erblasserkontos. Die Bank ist zu einer derartigen Handhabung zwar nicht verpflichtet, handelt aber üblicherweise wie dargestellt auf eigenes Risiko. Möglich ist hier auch die Hereinnahme einer sogenannten Haftungserklärung des Zahlungsempfängers für den Fall, dass dieser nicht Erbe geworden ist.

Der bzw. die Rechtsnachfolger des Erblassers müssen sich gegenüber dem Kreditinstitut als Erben legitimieren. Nach Nr. 5 der AGB-Banken bzw. Nr. 5 (1) der AGB-Sparkassen sind Kreditinstitute dazu berechtigt, von dem Anspruchsteller eine erbrechtliche Legitimation zu verlangen, und zwar entweder in Gestalt eines Erbscheins (§§ 2353 ff. BGB) oder durch Vorlage einer Ausfertigung bzw. einer beglaubigten Abschrift eines Testaments nebst gerichtlichem Eröffnungsprotokoll. Diese Eröffnungsniederschrift ist deswegen wichtig, weil hierdurch zu erkennen ist, dass an der Eröffnung des in Rede stehenden Testaments keine Zweifel bestehen. Bei dem Testament kann es sich sowohl um ein privatschriftliches Testament des Erblassers als auch um ein notarielles Testament handeln. Bei Durchführung einer erbrechtlichen Legitimation im Zusammenhang mit einem Testament wird die Bank unterscheiden, ob ihr eine notarielle oder eine privatschriftliche Verfügung von Todes wegen vorgelegt wird, da in der Praxis nur bei den erstgenannten Testamenten von rechtlich einwandfreien Formulierungen und klaren erbrechtlichen Regelungen ausgegangen werden kann. Auch die Vorlage eines Erbvertrages kann im Einzelfall möglich sein.

Bei einem Erbschein oder einem Testamentsvollstreckerzeugnis liegt eine erbrechtliche Legitimation vor, wenn der Betreffende dort als Erbe, Miterbe oder Testamentsvollstrecker bezeichnet ist. Der Erbschein wird ebenso wie das Testamentsvollstreckerzeugnis auf Antrag des/der Erben nach Maßgabe der §§ 2353 ff., 2368 Abs. 3 BGB vom Nachlassgericht erteilt.

Der Erbschein ist ebenso wie das Testamentsvollstreckerzeugnis mit sogenanntem „Öffentlichen Glauben" versehen, was bedeutet, dass die Bank an den Vorlegenden mit schuldbefreiender Wirkung leisten kann, ohne befürchten zu müssen, bei einer etwaigen späteren Einziehung oder Kraftloserklärung erneut leisten zu müssen (vgl. §§ 2367, 2368 Abs. 3, 2365 BGB). Anzumerken ist in diesem Zusammenhang, dass ein Testamentsvollstreckerzeugnis mit Beendigung des Testamentsvollstreckeramtes kraftlos wird (§ 2368 Abs. 3, 2. Halbsatz BGB).

Eine Auszahlung unter Vorlage eines eröffneten Testaments nebst Eröffnungsprotokoll genießt demgegenüber keinen Gutglaubensschutz. Eine solche Leistung des Kreditinstituts kann jedoch auch eine befreiende Wirkung haben, da sie für die Erben als neue Kontoinhaber nach dem Erbfall gemäß Nr. 5 S. 2 der AGB-Banken verbindlich geworden ist.

Neben der erbrechtlichen Legitimation ist bei der Bearbeitung eines Erbfalls auch die bankrechtliche Legitimation der Erben zu beachten. Nach § 154 Abs. 1 AO ist entsprechend dem Grundsatz der Kontenwahrheit zu beachten, dass zumindest Ablichtungen des Personalausweises vorgelegt werden müssen, um die Identität des jeweiligen Miterben überprüfen zu können.

Jeder legitimierte Erbe bzw. Miterbe ist gegenüber dem Kreditinstitut auskunftsberechtigt, woraus sich die entsprechende Auskunftsverpflichtung der Bank ergibt. Ein Miterbe kann mithin jederzeit von der Bankauskunft auch über vor dem Todeszeitpunkt liegende Kontobewegungen verlangen. Bei Erbengemeinschaften handelt es sich nach § 2039 BGB um einen der gesamthänderischen Erbengemeinschaft zustehenden Anspruch, den jeder einzelne Miterbe zwar gegenüber der Bank geltendmachen kann, den das Kreditinstitut wiederum gegenüber sämtlichen Miterben durch Erteilung einer Auskunft an alle Miterben erfüllen muss.

Kreditinstitute sind als Vermögensverwalter verpflichtet, sämtliche für den Erblasser von ihm verwahrten Vermögenswerte und die Existenz von Schließfächern spätestens einen Monat nach Kenntnis vom Erbfall dem für die Erhebung der Erbschaftsteuer zuständigen Finanzamt anzuzeigen, §§ 33, 35 Abs. 1 Erbschaftsteuer- und Schenkungsgesetz (ErbStG), § 1 Erbschaftsteuer-Durchführungsverordnung (ErbStDV). Die Anzeigepflicht entfällt, wenn der Gesamtwert der verwahrten Gegenstände einen Betrag von 2.500 Euro nicht übersteigt.

1.14. Der Schutz der Einlagen – Einlagensicherung

Die Einlagensicherung in Deutschland ruht auf zwei Säulen:

der gesetzlichen Einlagensicherung, der jedes private Kreditinstitut oder Wertpapierhandelsunternehmen angehören muss, und

den darüber hinaus gehenden freiwilligen Einlagensicherungseinrichtungen der Verbände der Kreditwirtschaft.

In der Europäischen Union besteht die Pflicht, ein Mindestmaß an Absicherung für Kontoguthaben zu unterhalten, an dem sich grundsätzlich alle Banken beteiligen müssen. Die Mindesteinlagensicherung ist EU-weit einheitlich so geregelt, dass die Einlagen bis zu einem Betrag von maximal 100.000 Euro zu 100 % gesetzlich abgesichert sind.

Die gesetzliche Einlagensicherung in Deutschland ist durch das Einlagensicherungs- und Anlegerentschädigungsgesetz (EAEG) geregelt. Gewährleistet wird dieser Schutz durch die Entschädigungseinrichtung deutscher Banken GmbH (EdB), der jede Bank mit Hauptsitz in Deutschland angehören muss – vgl. § 2 EAEG.

Den Umfang des Entschädigungsanspruchs regelt für Deutschland die Bestimmung des § 4 Abs. 1 EAEG in der vorgenannten Höhe des Gegenwertes der Einlagen von 100.000 Euro unter Einschluss eventueller Zinsansprüche.

Darüber hinaus sind nach dieser Vorschrift 90 % der Verbindlichkeiten aus Wertpapiergeschäften bis zu einem Gegenwert von höchstens 20.000 Euro geschützt. Verbindlichkeiten aus Wertpapiergeschäften eines Instituts gelten als Einlagen, sofern sich die Verbindlichkeiten auf die Verpflichtung des Instituts beziehen, den Kunden Besitz oder Eigentum an Geldern zu verschaffen. Wertpapiere selbst – also Wertpapierdepots von Kunden – fallen jedoch nicht unter die Einlagensicherung der Banken und sind damit nicht zu verwechseln. Eine Entschädigung aus einem Wertpapiergeschäft kommt insbesondere dann in Betracht, wenn Wertpapiere abhandengekommen sind und das Institut nicht in der Lage ist, die im Eigentum des Kunden befindlichen und für ihn verwahrten Wertpapiere an ihn zurückzugeben.

Die gesetzliche Einlagensicherung schützt vorrangig private Anleger (u. a. Privatpersonen, Gesellschaften bürgerlichen Rechts, eingetragene Vereine, Stiftungen, Wohnungseigentümergemeinschaften) und kleinere Unternehmen. Eine Auflistung der vom Schutz ausgeschlossenen – zumeist institutionellen – Anleger findet sich in § 3 Abs. 2 EAEG.

Die Einlagensicherung erstreckt sich dabei auf Sichteinlagen (Girokonten), Termingelder (z. B. Festgeld), Tagesgelder und Spareinlagen (damit auch Guthaben in Bausparverträgen von Nichtbanken (Privatpersonen, Unternehmen und öffentlichen Einrichtungen). Verbindlichkeiten, über die eine Bank Inhaberpapiere ausgestellt hat (z. B. Inhaberschuldverschreibungen oder Inhabereinlagenzertifikate), sind dagegen nicht geschützt.

Wertpapierdepots unterfallen – wie bereits erwähnt – nicht der Einlagensicherung. Da ein Wertpapierdepot von der Bank nur verwaltet wird und die Wertpapiere sich im Eigentum des Bankkunden befinden, ist die Sicherung eines Depots kein Bestandteil der Einlagensicherung. Bei einer Bankenpleite kann der Bankkunde die Wertpapiere von seiner Bank verlangen oder das Wertpapierdepot auf ein anderes Institut übertragen lassen. Die Insolvenz einer Bank hat auf den Wert von Aktien in der Regel keinen Einfluss – es sei denn, es handelt sich um die Aktie der Bank selbst. Dann greift jedoch kein Einlagensicherungsschutz, da das Kapitalmarktrisiko, das jedem Investment in Wertpapiere anhaftet, nicht gesichert wird.

Bei Gemeinschaftskonten – beispielsweise von Ehepartnern – hat jeder Kontoinhaber einen separaten Anspruch bis zu einer Höhe von 100.000 EUR.

Die BaFin hat einen Entschädigungsfall unverzüglich festzustellen, spätestens jedoch innerhalb von fünf Arbeitstagen, nachdem sie davon Kenntnis erlangt hat, dass ein Institut nicht in der Lage ist, Einlagen zurückzuzahlen, und spätestens innerhalb von 21 Tagen, nachdem sie davon Kenntnis erlangt hat, dass ein Institut nicht in der Lage ist, Verbindlichkeiten aus Wertpapiergeschäften zu erfüllen.

Der Entschädigungsanspruch ist schriftlich binnen eines Jahres nach Unterrichtung über den Entschädigungsfall bei der Entschädigungseinrichtung anzumelden. Nach Ablauf dieser Frist ist der Entschädigungsanspruch ausgeschlossen, es sei denn, die Fristversäumnis ist vom Berechtigten nicht zu vertreten.

Die gesetzliche Entschädigungseinrichtung für die Einlagenkreditinstitute in privater Rechtsform ist die Entschädigungseinrichtung deutscher Banken GmbH (EdB). Daneben gibt es für die öffentlich-rechtlichen Institute die Entschädigungseinrichtung des Bundesverbandes Öffentlicher Banken Deutschlands GmbH (EdÖ) und für sonstige Finanzdienstleister die Entschädigungseinrichtung der Wertpapierhandelsunternehmen (EdW).

Die Entschädigungseinrichtung hat die angemeldeten Ansprüche unverzüglich zu prüfen. Ordnungsgemäß geprüfte Ansprüche, die auf die Entschädigung von Einlagen gerichtet sind, hat die Entschädigungseinrichtung spätestens 20 Arbeitstage nach der Feststellung des Entschädigungsfalls durch die BaFin zu erfüllen. In besonderen Fällen kann die Frist mit Zustimmung der BaFin auf bis zu 30 Arbeitstage verlängert werden.

Ansprüche, die auf die Entschädigung von Verbindlichkeiten des Instituts aus Wertpapiergeschäften gerichtet sind, hat die Entschädigungseinrichtung spätestens drei Monate, nachdem sie die Berechtigung und die Höhe der Ansprüche festgestellt hat, zu erfüllen. In besonderen Fällen kann diese Frist mit Zustimmung der BaFin um bis zu drei Monate verlängert werden.

Die Entschädigungspflicht besteht nur für Einlagen in Euro und sonstige Währungen der EU-Mitgliedstaaten. Nicht geschützt sind somit beispielsweise US-Dollar-Konten oder Einlagen in Schweizer Franken.

Die Mitgliedschaft in einer gesetzlichen Entschädigungseinrichtung ist Voraussetzung dafür, dass ein Institut überhaupt zum Geschäftsbetrieb zugelassen wird. § 12 Abs. 1 EAEG sieht aber vor, dass Institute, die den Sicherungseinrichtungen der regionalen Sparkassen- und Giroverbände oder der Sicherungseinrichtung des Bundesverbandes der Deutschen Volksbanken und Raiffeisenbanken angeschlossen sind, keiner Entschädigungseinrichtung angehören müssen, also von der Pflichtmitgliedschaft in einer gesetzlichen Entschädigungseinrichtung befreit sind, solange diese Sicherungseinrichtungen aufgrund ihrer Satzungen die angeschlossenen Institute selbst schützen, insbesondere deren Liquidität und Solvenz gewährleisten, und über die dazu erforderlichen Mittel verfügen (institutssichernde Einrichtungen).

Die Sparkassen, Landesbanken, die Öffentlichen Banken, Landesbausparkassen und Genossenschaftsbanken gehören derartigen institutssichernden Einrichtungen an. Ziel dieser Einrichtungen ist es, die ihnen angeschlossenen Institute vor Insolvenz und Liquidation zu bewahren. Deren Kunden werden hierdurch mittelbar vor dem Verlust ihrer Einlagen geschützt. In diesen Fällen springen Sicherungsfonds ein, die durch Stützungsgelder eine drohende Insolvenz vermeiden.

Gleichwohl unterliegen auch die institutssichernden Einrichtungen der Aufsicht und Prüfung durch die BaFin.

Neben dem System der gesetzlichen Einlagensicherung existiert das System der freiwilligen Sicherungseinrichtungen verschiedener Bankengruppen. Die freiwilligen Sicherungseinrichtungen werden von den Spitzenverbänden der Kreditwirtschaft getragen und durch Umlage bzw. Einzahlungen ihrer Mitgliedsinstitute finanziert. Die Leistungen der freiwilligen Einlagensicherungsfonds sind für die Kunden jedoch nicht gesetzlich garantiert. Bei den freiwilligen Sicherungseinrichtungen gilt der Schutz ebenfalls vornehmlich den Privatanlegern und Wirtschaftsunternehmen. Detaillierte Angaben über den geschützten Anlegerkreis enthalten die jeweiligen Satzungen bzw. Statuten der freiwilligen Sicherungseinrichtungen, die von den verschiedenen Bankenverbänden angefordert bzw. den entsprechenden Internetseiten entnehmen werden können. Hier gibt es zum einen institutssichernde Systeme, d. h. Einrichtungen, die den Erhalt der Institute selbst sichern, zum anderen bestehen Systeme, die die Einlagen der Kunden sichern, also Einlagen sichernde Systeme.

Im Sicherungssystem der Sparkassen wird ein kriselndes Institut von anderen Sparkassen beispielsweise durch Zuschüsse oder Darlehen geschützt. Reichen diese nicht aus, greift ein Fonds der Landesbanken und Girozentralen ein, bei denen eine sog. Sicherungsreserve vorgehalten wird. Sind auch diese Reserven erschöpft, tritt ein überregionaler Ausgleich aller Sparkassenstützungsfonds ein. Für Ansprüche, die noch vor dem 18.07.2005 entstanden sind, gilt darüber hinaus bei den Sparkassen und Landesbanken die frühere Gewährträgerhaftung durch die öffentlichen Gebietskörperschaften wie Länder, Landkreise und Städte. Es handelt sich hier also um eine institutssichernde Einrichtung.

Für öffentliche Banken besteht der freiwillige Einlagensicherungsfonds des Bundesverbandes Öffentlicher Banken Deutschlands (VÖB), durch den die Kundengelder bei den jeweils angeschlossenen Instituten unbegrenzt zu 100 % geschützt sind. Auch dieser Fonds ist eine institutssichernde Einrichtung.

Die Mehrheit der Bausparkassen gehört dem Bausparkassen-Einlagensicherungsfonds e. V. – ebenfalls eine institutssichernde Einrichtung – an. Dieser schützt Bauspareinlagen plus Zinsen in unbegrenzter Höhe.

Die Sicherungseinrichtung des Bundesverbandes der Deutschen Volksbanken und Raiffeisenbanken (BVR) schützt als eine institutssichernde Einrichtung bei den ihr angeschlossenen genossenschaftlichen Banken die Einlagen und Inhaberschuldverschreibungen der Kunden ebenfalls zu 100 % und ohne betragliche Begrenzung.

Bei den privaten Banken steht demgegenüber nicht die Insolvenzvermeidung im Vordergrund. Während die Einlagensicherungssysteme der Sparkassen und Kreditgenossenschaften das Ziel der Institutssicherung verfolgen, sichert der Einlagensicherungsfonds privater Banken direkt die Einlagen der Gläubiger, d. h. der Kunden. Hier sind im Insolvenzfall auch sehr hohe Kundeneinlagen geschützt: Durch den Einlagensicherungsfonds des Bundesverbandes deutscher Banken sind die Guthaben jedes einzelnen Kunden bei den privaten Banken bis zur Höhe von 30 % des maßgeblichen haftenden Eigenkapitals der jeweiligen Bank zum Zeitpunkt des letzten veröffentlichten Jahresabschlusses voll gesichert.

Dem Einlagensicherungsfonds des Bundesverbandes deutscher Banken gehören zahlreiche deutsche Privatbanken an. Obgleich die Mitgliedschaft nicht verpflichtend ist, nehmen viele Banken diese Möglichkeit gern in Anspruch, zumal eine gute Einlagensicherung auch im Zusammenhang mit der Werbung für die eigenen Anlageprodukte genutzt werden kann. Der Einlagensicherungsfonds sichert die Guthaben jedes einzelnen Kunden – also die Guthaben von Privatpersonen, Wirtschaftsunternehmen und öffentlichen Stellen. Bei den geschützten Einlagen handelt es sich im Wesentlichen um Sicht-, Termin- und Spareinlagen und auf den Namen lautende Sparbriefe. Verbindlichkeiten, über die eine Bank Inhaberpapiere ausgestellt hat – wie z. B. Inhaberschuldverschreibungen und Inhabereinlagenzertifikate — werden dagegen nicht geschützt.

Die Grenze der Einlagensicherung bemisst sich an der Eigenkapitalausstattung der jeweiligen Bank. Die Sicherungsgrenze für Einlagen pro Einzelkunde liegt derzeit z. B. bei der Deutsche Bank Privat- und Geschäftskunden AG bei über 850 Mio. EUR und bei der Deutsche Bank AG bei weit über 1 Mrd. EUR. Das Mindesteigenkapital einer privaten Bank liegt in Deutschland derzeit bei 5 Mio. Euro. In diesem Fall wären also pro Anleger 1,5 Mio. Euro geschützt.

Die Sicherungsgrenze wird dem Kunden von der Bank auf Verlangen bekannt gegeben. Sie kann auch im Internet unter www.bankenverband.de abgefragt werden.

Geschützt werden hier Kundeneinlagen und Kundenforderungen aus der Bilanzposition „Verbindlichkeiten gegenüber Kunden". Hierzu zählen Sicht-, Termin- und Spareinlagen einschließlich der auf den Namen lautenden Sparbriefe.

Verbindlichkeiten, über die eine Bank Inhaberpapiere ausgestellt hat, wie z. B. Inhaberschuldverschreibungen und Inhabereinlagenzertifikate, werden dagegen nicht geschützt.

Bei ausländischen Banken gilt: Wenn die Banken ihren Sitz in der Europäischen Union haben, ist eine Einlagensicherung in Höhe der vorbeschriebenen gesetzlichen Regelung gewährleistet. EU-Banken, die in Deutschland eine Zweigniederlassung betreiben, haben einen Anspruch auf Einbeziehung in das deutsche Sicherungssystem, soweit die Sicherung des Heimatlandes unter der Grenze des EdB bleibt. Das heißt, dass Anlagen bei ausländischen Banken mit Hauptsitz in der EU in jedem Fall bis zu 100.000 Euro gesichert sind.

Zuweilen muss die Finanzaufsicht über ein Kreditinstitut ein Moratorium verhängen. Dies ist oft der Schlusspunkt einer längeren Entwicklung. Üblicherweise haben die Bankaufseher zuvor versucht, mit weniger einschneidenden Eingriffen auszukommen und der Geschäftsleitung die Möglichkeit gegeben, Wege aus der Unternehmensmisere zu finden. Wenn dem Institut allerdings Zahlungsunfähigkeit oder Überschuldung drohen, zieht die Finanzaufsicht die Reißleine.

Was sich unter dem Begriff Moratorium eingebürgert hat, ist ein Paket von Maßnahmen, die das Kreditwesengesetz (KWG) „bei Gefahr", im Speziellen „bei Insolvenzgefahr", vorsieht. Droht diese, so kann die BaFin dem Institut etwa verbieten, Zahlungen zu leisten — also beispielsweise

Einlagen oder zugesagte Kredite auszuzahlen – oder Vermögensgegenstände zu veräußern.

Außerdem kann die Aufsicht dafür sorgen, dass die Bank keine Zahlungen mehr entgegennimmt – es sei denn, diese sind zur Tilgung von Schulden ihr gegenüber bestimmt (§ 46 a Abs. 1 KWG).

Das Moratorium ändert indessen nichts an den Verpflichtungen, welche die Kunden gegenüber ihrer in Not geratenen Bank haben. So müssen sie Kredite auch ohne Aufforderung weiter wie gewohnt bedienen. Haben Kunden der Bank Vermögenswerte als Kreditsicherheiten übereignet, so können diese erst freigegeben werden, wenn der damit besicherte Kredit abgelöst worden ist.

Ausnahmen vom oben beschriebenen Veräußerungs- und Zahlungsverbot sieht das Gesetz nur vor, wenn es darum geht, das Institut selbst zu verwalten – also etwa die Gehälter der Bankmitarbeiter zu bezahlen, Strom- und Telefonrechnungen der Bank zu begleichen. Der Grund hiefür ist: Das Moratorium soll die Vermögenswerte, welche die Kunden ihrer Bank anvertraut haben, schützen und dafür sorgen, dass die Gläubiger des strauchelnden Instituts im Entschädigungsfall gleichmäßig befriedigt werden. Wenn eine Bank in Schwierigkeiten gerät, soll nicht der Startschuss gefallen sein für ein Gläubiger-Wettrennen, bei dem der Schnellere abräumt und der Langsamere leer ausgeht.

Der Sieger des Wettlaufs zum Bankschalter stünde ohnehin vor verschlossenen Türen. Neben dem Veräußerungs- und Zahlungsverbot und dem Verbot, Zahlungen entgegen zu nehmen, ordnet die BaFin regelmäßig an, dass das Bankgebäude für den Kundenverkehr geschlossen wird. Auch Mieter von Schließfächern stehen damit zunächst vor praktischen Problemen. Ihnen kann aber geholfen werden: Dem Schließfachmieter steht nämlich im Falle der Insolvenz seines Instituts ein sogenanntes Aussonderungsrecht an den Gegenständen in seinem Safe zu. Es besteht also nicht die Gefahr, dass andere Gläubiger benachteiligt werden, wenn die Bank dem Kunden die Gegenstände aus seinem Safe herausgibt. Das unter Moratorium stehende Institut kann darum bei der BaFin beantragen, die Schließfächer für seine Kunden öffnen zu dürfen. Dem wird die Aufsicht auch in der Regel entsprechen.

Ähnliches gilt für Wertpapierdepots von Kunden: Die Wertpapiere stehen im Eigentum des Kunden, die Bank hat nur die Verwahrung übernommen. In dieser Konstellation droht den Interessen der anderen Gläubiger keine Gefahr, wenn die Bank die Papiere an den Eigentümer herausgibt. Wenn ein Kunde möchte, dass sein Depot auf eine andere Bank übertragen wird, kann darum auch ein mit Verfügungsverbot belegtes Institut diesem

Wunsch entsprechen. Die Übertragung des Kundendepots ist und bleibt jedoch eine Verfügung und es gilt, dass jede Verfügung des unter Moratorium stehenden Bankhauses der Zustimmung der BaFin bedarf.

Zweck eines Moratoriums ist, das Institut soweit zu stabilisieren, dass es seinen Betrieb wieder aufnehmen kann. Gleichwohl kommt es nach einem Moratorium oftmals zur anschließenden Insolvenz des Instituts, wobei die BaFin ein „Insolvenzantragsmonopol" hat. Wenn ein Moratorium länger als sechs Wochen dauert, stellt die BaFin den Entschädigungsfall fest. Den Entschädigungsfall kann die Aufsicht allerdings auch schon früher feststellen, wenn sich herausstellt, dass das Institut Einlagen nicht mehr zurückzahlen oder Schulden aus dem Wertpapiergeschäft nicht mehr begleichen kann.

2. Die Kontoarten

Das Kreditinstitut und seine Kunden haben diverse Möglichkeiten, ihre Geschäftsbeziehungen zu gestalten. Aus diesem Grunde bestehen Alternativen in der Wahl des Kontos. So können die Wünsche zur Gestaltung der Geschäftsbeziehung und auch die Voraussetzungen des Kunden Berücksichtigung finden. Im folgenden Abschnitt werden die Kontoarten und ihre Besonderheiten dargestellt.

2.1. Das Sparkonto

Sparkonten sind ein typisches Instrument zur privaten Ersparnisbildung und somit die Grundlage für die inflationsneutrale Investitions- und Staatsfinanzierung. Die Definition von Spareinlagen erfolgt in § 21 Abs. 4 der Rechnungslegungsverordnung für Kreditinstitute (RechKredV): Hiernach sind Spareinlagen unbefristet angenommene Einlagen, die nicht für den Zahlungsverkehr bestimmt sind. Das Sparbuch weist die Geldbewegungen (Einzahlungen, Auszahlungen, Zinsen usw.) eines Sparkontos aus. Für jede Spareinlage wird ein Sparkonto geführt. Von einer Sparkasse ausgegebene Sparurkunden tragen in der Regel die Bezeichnung „Sparkassenbuch". Bauspareinlagen gelten nicht als Spareinlagen.

Sparkonten dienen mithin der Verbuchung von Spareinlagen, d. h. unbefristeter Gelder, die folgende Voraussetzungen erfüllen müssen:

1. Ausfertigung einer Urkunde, insbesondere eines Sparbuchs

Es gibt zwei Arten von Sparbüchern. Einerseits kann das Sparbuch mit fest eingebundenen Blättern, andererseits in Loseblattform ausgestellt werden. Zunehmend wird das Sparbuch auch durch sogenannte Sparcards ersetzt. Sparpläne werden oft als Loseblattsparbücher geführt. In jedem Fall ist das Sparbuch eine Schuldurkunde, in der das Kreditinstitut dem Sparer bestätigt, ihm den ersichtlichen Betrag aus der Spareinlage zuschulden. Aus dem Sparbuch muss der Name des Kontoinhabers hervorgehen. Auch die Höhe der Spareinlage muss verzeichnet sein.

2. Sparkonten dienen der Ansammlung und/oder Anlage von Vermögen

Der größte Teil der Ersparnisse der Bevölkerung fließt noch immer auf Sparkonten und kann somit der Refinanzierung durch Banken und Sparkassen für Kredite an ihre Kunden dienen. Spareinlagen gelten als risikoarme Anlageform und sind mündelsicher, d. h., Wertverluste sind praktisch ausgeschlossen, weil die Geldanlage davor geschützt ist, dass durch Insolvenz des kontoführenden Instituts ein Verlustrisiko eintritt. Rückzahlung und die Zahlung der vereinbarten Zinsen sind mithin garantiert.

3. Sparkonten dienen nicht dem Zahlungsverkehr

Das Sparbuch ist ein Präsentationspapier. Als qualifiziertes Legitimationspapier gemäß § 808 BGB ist daher das Sparbuch vorzulegen, wenn Abhebungen vom Sparkonto erfolgen sollen. Wichtig ist hierbei, dass das Sparbuch ein sogenanntes „hinkendes Inhaberpapier" ist. Dies bedeutet, dass das Sparbuch kein abstraktes Schuldversprechen nach § 780 BGB, sondern lediglich ein sogenanntes qualifiziertes Legitimationspapier ist, und die Bank nicht an jeden Vorleger des Sparbuches zahlen *muss*. Andererseits *kann* die Bank jedoch mit schuldbefreiender Wirkung an den jeweiligen Inhaber und Vorleger des Sparbuchs zahlen, ohne eine darüber hinaus gehende Berechtigung zu prüfen. Das Eigentum am Sparbuch geht immer auf den Inhaber der Forderung, die mittels Abtretung nach § 398 BGB übertragen wird, über (§ 952 BGB).

Kreditinstitute können jedoch dem Kunden das Recht einräumen, über einen Betrag von maximal 2.000 Euro je Kalendermonat ohne Kündigung zu verfügen. Dies ist in der Bankpraxis regelmäßig der Fall. Wenn Kreditinstitute im Einzelfall eine Verfügung über einen höheren als den vereinbarten Betrag zulassen, werden Vorschusszinsen berechnet.

Verfügungen über Spareinlagen sind grundsätzlich nur gegen Vorlage der Sparurkunde möglich. Ausnahmen hiervon sind:

- Daueraufträge zugunsten eines anderen Sparkontos des Sparers bei demselben Kreditinstitut;
- Belastungen durch das Kreditinstitut, z. B. für Tilgungsraten, Wertpapierkäufe, Depotgebühren;
- Überweisungen an den Sparer selbst, wenn er nicht zu seinem Kreditinstitut kommen kann (z. B. bei Krankheit);
- nach Verlust der Sparurkunde. Bei Verlust der Sparurkunde kann die Bank aufgrund einer Verlusterklärung eine Ersatzurkunde ausstellen. Dies wird sie aus Haftungsgründen aber nur bei geringen Beträgen tun. Bei größeren Beträgen muss die Urkunde im Aufgebotsverfahren gerichtlich für ungültig erklärt werden.

4. Gläubigereigenschaft am Sparguthaben

Nur natürliche Personen, Personenzusammenschlüsse, gemeinnützige, mildtätige, kirchliche Einrichtungen und juristische Personen des öffentlichen Rechts dürfen Gläubiger von Spareinlagen sein. Spareinlagen werden nicht von Kapitalgesellschaften, Genossenschaften, wirtschaftlichen Vereinen, Personenhandelsgesellschaften oder von Unternehmen mit Sitz im Ausland mit vergleichbarer Rechtsform angenommen, es sei denn, diese Unternehmen dienen gemeinnützigen, mildtätigen oder kirchlichen Zwecken oder es handelt sich bei den von diesen Unternehmen angenommenen Geldern um Mietkautionen.

Für die Frage der Gläubigerstellung kommt es darauf an, wer nach dem erkennbaren Willen des die Kontoeröffnung beantragenden Kunden Gläubiger des Sparguthabens gegenüber der Bank werden soll.

Wenn ein Dritter ohne jeden Vorbehalt auf ein Sparkonto, das ein anderer in seiner Gegenwart bei einem Geldinstitut eröffnet hat, eine Einzahlung vornimmt, ist der Kontoinhaber hinsichtlich der Spareinlage Gläubiger des Geldinstituts und als solcher auch Eigentümer des für das Konto ausgestellten Sparbuchs. Ist ein Sparkonto eröffnet worden, stellt der Besitz am Sparbuch ein besonderes Indiz für die Bestimmung des Kontoinhabers dar, welches Vorrang vor der Kontobezeichnung besitzt. Dies führt zu der Betrachtung, dass derjenige, der ein Sparkonto auf den Namen eines Dritten errichtet, sich aber den Besitz am Sparbuch vorbehält, als Kontoinhaber anzusehen ist. Der Besitz am Sparbuch ist damit ein wichtiges und entscheidendes Indiz für die Bestimmung des Kontoinhabers. Bei der Errichtung eines Sparkontos für ein minderjähriges Kind unter Einbehaltung des Sparbuches besteht mithin eine Vermutung der Kontoinhaberschaft zugunsten des Errichtenden.

Bei Verlust der Sparurkunde kann die Bank aufgrund einer Verlusterklärung eine Ersatzurkunde ausstellen. Dies wird sie aus Haftungsgründen jedoch nur bei geringen Beträgen tun. Bei größeren Beträgen muss die Urkunde hingegen in einem Aufgebotsverfahren gerichtlich für ungültig erklärt werden.

5. Die Kündigungsfrist beträgt wenigstens drei Monate

Die regelmäßige Kündigungsfrist beim Sparkonto beträgt mindestens drei Monate und ist damit eine vergleichsweise lange Kündigungsfrist. Darin spiegelt sich auch der Charakter dieser Kontoart wider. Im Rahmen der Kündigung eines Sparkontos ist der ansonsten gültige Grundsatz, dass ein Konto nicht zur Unzeit gekündigt werden darf, also unbeachtlich. Alles dies zeigt, dass es beim Sparkonto um ein langfristiges Anlagegeschäft geht. Der Zinssatz ist in der Regel variabel, kann aber durch Vereinbarung zwischen Kunde und Kreditinstitut durchaus auch für einen bestimmten Zeitraum festgeschrieben werden. Während dieser Zeit ist in der Regel dann keine Verfügung durch den Gläubiger möglich.

2.2. Das Kontokorrent- und Girokonto

Das Girokonto basiert auf einem Girovertrag, der in den §§ 675 c ff. BGB geregelt ist, dort wird er als Zahlungsdienstevertrag bezeichnet.

Das Girokonto (von ital. il giro: der Kreis, wegen der Möglichkeit, das Geld „kreisen" zu lassen) ist ein Bankkonto zur Abwicklung des bargeldlosen Zahlungsverkehrs und damit zur Inanspruchnahme von Zahlungsdienstleistungen. Vor der flächendeckenden Einführung des Girokontos wurden Löhne und Gehälter bar ausbezahlt. Auch Mieten und sonstige Kosten wurden mittels Bargeldes beglichen. Ab 1906 bot die PTT (Schweizerische Post) in der Schweiz erstmals Girokonten unter der Bezeichnung Postscheckdienst an. Noch in den 1950er Jahren gab es die Lohntüte. Heute erfolgen die Auszahlung der Gehälter sowie der weit überwiegende Teil aller Zahlungen über Girokonten.

Ein Girokonto ist stets auch ein Kontokorrentkonto, also ein Konto in laufender Rechnung nach § 355 HGB, bei dem täglich ein Saldo, der einer der beiden beteiligten Parteien zusteht, ermittelt wird.

Das Kontokorrent- und Girokonto dient der Abwicklung des täglichen Zahlungsverkehrs, also insbesondere der Verbuchung von Sichteinlagen (das Guthaben ist „auf Sicht" fällig) und unterscheidet sich daher grundsätzlich vom Sparkonto. Der Inhaber eines Girokontos bzw. Kontokorrentkontos nutzt dieses regelmäßig nicht zu Sparzwecken.

Das Instrument des Girokontos wurde mit der Forcierung der Massengeschäfte und der hauptsächlichen Erfüllung von Schuldverhältnissen durch unbare Zahlungen notwendig. Das „Girokonto" wird daher im Sprachgebrauch oft auch mit dem „Bankkonto" allgemein gleich gesetzt.

Die Bank führt ein Konto zur Abwicklung des laufenden Geschäfts- und Zahlungsverkehrs als Kontokorrent im Sinne des § 355 HGB (Konto in laufender Rechnung) – vgl. Nr. 7 (1) AGB-Sparkassen. Die Bezeichnung „Kontokorrentkonto" wird auf die rechtliche Ausgestaltung durch §§ 355 – 357 HGB zurückgeführt. Ein Kontokorrent im Sinne von § 355 HGB ist die gegenseitige Verrechnung von Ansprüchen und Leistungen zweier Partner. Beim Kontokorrent steht ein Kaufmann mit einem anderen Kaufmann oder einem Nichtkaufmann in ständiger Geschäftsverbindung. Sie verrechnen ihre gegenseitigen Ansprüche nicht sofort nach Fälligkeit, sondern in einer periodischen Abrechnung mittels laufender Rechnung. Mit dem dadurch errechneten Saldo, der durch Rechtsgeschäft anerkannt werden muss, entsteht insoweit eine neue eigenständige Forderung.

Erforderlich sind also ein zumindest einseitiges Handelsgeschäft, eine ständige Geschäftsverbindung sowie eine Kontokorrentabrede, deren wichtigster Inhalt die Festlegung einer Rechnungsperiode ist. Die Kontokorrentabrede begründet das Kontokorrent. Ihr Inhalt ist im Kern die Abrede, in bestimmten, regelmäßigen Zeitabschnitten zu verrechnen und den Saldo festzustellen.

Zwar ändert sich die Rechtsnatur der einzelnen Forderungen nicht, ihre Geltendmachung ist aber einzeln nicht mehr möglich – sie sind „gelähmt". Dementsprechend können sie einzeln auch nicht mehr Gegenstand einer Abtretung, Verpfändung oder Aufrechnung sein. Mit Abschluss des neuen Vertrages erlöschen die bisher existenten Forderungen (Novation), und an ihre Stelle tritt der abstrakte Saldoanspruch, der aufgrund ausdrücklicher Anordnung des § 355 Abs. 1 HGB verzinslich ist. Er ist sowohl übertragbar als auch pfändbar (§ 357 HGB).

Im allgemeinen Sprachgebrauch wird die Bezeichnung „Girokonto" im Privatkundengeschäft verwendet. Im Firmenkundengeschäft wird demgegenüber vom „Kontokorrentkonto" gesprochen. Eine rechtliche Unterscheidung besteht jedoch nicht.

Das Kontokorrentkonto weist bestimmte wirtschaftliche Merkmale auf. So hat der Kunde das Recht, eine Gutschrift zurückzuweisen. Mit einer derartigen Anweisung an die Bank besteht so eine Einflussnahme des Kunden auf die Verrechnung mit einem eventuellen Debetsaldo. Neben der Verarbeitung von Geldbewegungen ist im Girovertrag eine Kontokorrentabrede enthalten. Auf dieser Grundlage besteht die Möglichkeit, wechselseitige Verrechnungen gegenseitiger Ansprüche in festgelegten Rechnungsperioden vorzunehmen. Die Vereinheitlichungs- und Vereinfachungsfunktion führt zum Ergebnis, dass viele Einzelansprüche zu einem einzigen Anspruch verdichtet werden. Diese Verrechnung und der jeweilige Rechnungsabschluss sind zwingende Voraussetzung für die Teilnahme am bargeldlosen Zahlungsverkehr.

Der Sparkassenkunde ist verpflichtet, Einwendungen gegen Rechnungsabschlüsse unverzüglich zu erheben – vgl. Nr. 20 (1) g) AGB-Sparkassen. Nach Nr. 7 (2) AGB-Banken bzw. Nr. 7 (3) AGB-Sparkassen muss der Bank- bzw. Sparkassenkunde gegen Rechnungsabschlüsse binnen sechs Wochen nach deren Zugang schriftlich, in Textform (§ 126 b BGB) oder, wenn im Rahmen der Geschäftsbeziehung der elektronische Kommunikationsweg vereinbart wurde (z. B. Online-Banking), auf diesem Weg, Einwendungen wegen Unrichtigkeit oder Unvollständigkeit erheben. Zur Wahrung der Frist genügt die rechtzeitige Absendung. Die Bank bzw.

Sparkasse muss den Kunden bei Erteilung des Rechnungsabschlusses auf diese Folgen besonders hinweisen.

Stellt sich nachträglich die Unrichtigkeit heraus, so können sowohl der Kunde als auch die Sparkasse eine Richtigstellung aufgrund gesetzlicher Ansprüche verlangen (vgl. Nr. 7 (3) AGB-Sparkassen). Der Kunde kann also auch noch nach Fristablauf eine Berichtigung des Rechnungsabschlusses verlangen, muss dann aber beweisen, dass sein Konto zu Unrecht belastet oder eine ihm zustehende Gutschrift nicht erteilt wurde – vgl. Nr. 7 (2) AGB Banken.

Nach Nr. 8 (1) der AGB-Banken bzw. AGB-Sparkassen ist eine Korrektur fehlerhafter Gutschriften und damit verbunden eine Stornobuchung *vor* Rechnungsabschluss möglich. Gutschriften, die ohne einen verpflichtenden Auftrag gebucht werden (z. B. wegen Irrtums, Schreibfehlers), darf das Kreditinstitut bis zum nächsten Rechnungsabschluss durch einfache Buchung rückgängig machen (Stornobuchung), soweit ihm ein Rückforderungsanspruch gegen den Kunden zusteht.

Aber auch eine Korrekturbuchung *nach* Rechnungsabschluss ist gemäß Nr. 8 (2) der AGB-Banken bzw. AGB-Sparkassen vorgesehen: Die Bank bzw. Sparkasse kann einen Rückforderungsanspruch auch noch nach Rechnungsabschluss durch eine Korrekturbuchung geltend machen, wenn sie die fehlerhafte Gutschrift nicht mehr rechtzeitig vor diesem Zeitpunkt festgestellt hat. Bei einem Widerspruch des Kunden muss die Bank die Korrekturbuchung rückgängig und ihren Anspruch anderweitig geltend machen.

Über durchgeführte Storno- und Berichtigungsbuchungen muss die Bank den Kunden unverzüglich unterrichten. Die Buchungen nimmt die Bank hinsichtlich der Zinsberechnung rückwirkend zu dem Tag vor, an dem die fehlerhafte Buchung durchgeführt wurde (vgl. Nr. 8 (3) AGB-Banken).

Auf die in den jeweiligen Rechnungsabschlüssen enthaltenen Zinsbeträge dürfen – ebenso wie auf die bis dahin angefallenen Gebühren – gemäß § 355 Abs. 1 HGB abweichend von § 248 BGB Zinsen berechnet werden.

Hinzuweisen ist in diesem Zusammenhang auf den Unterschied zwischen dem Kontoauszug und dem Rechnungsabschluss. Die Bank ist verpflichtet, dem Kunden Kontoauszüge zur Verfügung zu stellen. Dies erfolgt heute meistens über Kontoauszugsdrucker. Seltener erhält der Kunde Auszüge per Post. Zunehmend wird der Kontoauszug auch elektronisch bereitgestellt. Der Kontoauszug weist hierbei lediglich den jeweiligen Tagessaldo des Kontos aus und ist daher nicht mit dem Rechnungsabschluss zu verwechseln. Beim Bankkonto führt die elektronische Datenverarbeitung zu einer Sofortverrechnung jedes einzelnen Postens. Die Schaffung des neuen Saldos erfolgt trotz der Zwischenschaltung von Tagesauszügen also stets erst mit der periodischen Anerkennung eines Rechnungsabschlusses. Dies folgt aus der Kontokorrentabrede, die eine antizipierte Verrechnungsabrede zum Ende der Rechnungsperiode festschreibt.

Der Rechnungsabschluss erfolgt bei Privatkunden von Banken und Sparkassen in der Regel vierteljährlich.

Nr. 7 (2) der AGB-Sparkassen lautet:

Soweit nichts anderes vereinbart ist, erteilt die Sparkasse jeweils zum Ende eines Kalenderquartals einen Rechnungsabschluss. Bei Vorliegen eines berechtigten Interesses einer der Vertragsparteien wird der Rechnungsabschluss auch zu sonstigen Terminen erteilt.

Bei Geschäftskunden erfolgt der Rechnungsabschluss in der Regel monatlich.

Der Kunde kann jederzeit über sein Guthaben verfügen, das jedoch dafür regelmäßig keiner Verzinsung unterliegt. Dem Girokonto kommt daher ohne besondere Vereinbarung keine Kreditgewährungsfunktion zu, es stellt mithin kein Kreditgeschäft dar.

Etwas anderes gilt jedoch dann, wenn dem Kunden auf einem Girokonto ein Kredit gewährt wird oder ihm – stillschweigend oder ausdrücklich – die Möglichkeit eingeräumt wird, das Konto zu „überziehen". Vom Überziehen des Kontos spricht man, wenn das Guthaben für die Verfügungen nicht ausreicht, die Bank also einen Kredit gewährt. Zu den diesbezüglichen Regelungen über die „eingeräumte Überziehungsmöglichkeit" und die „geduldete Überziehung" wird an dieser Stelle auf die die näheren Erläuterungen weiter unten im Abschnitt „ Kredite – Die Kreditarten" verwiesen.

Das Kontokorrentverhältnis erlischt nicht durch den Ablauf einer Rechnungsperiode. Vielmehr liegt eine Unabhängigkeit zwischen den Rechnungsperioden und der Vertragslaufzeit vor. Der Kontokorrentvertrag verlängert sich von Periode zu Periode, sofern er nicht gekündigt wird. Auch durch Unterlassen weiterer Einzahlungen auf das Kontokorrentkonto durch den Kunden wird das Vertragsverhältnis nicht beendet.

Das Kontokorrentverhältnis kann durch folgende Gründe beendet werden:

- Insolvenzeröffnung über das Vermögen des Kunden;
- Kündigung seitens des Kunden oder der Bank;

- einvernehmliche Auflösung der Geschäftsbeziehung.

Mit der Aufhebung des Girovertrages endet auch die Kontokorrentabrede. Die Beendigung der Bankbeziehung ist ohne Einhaltung von Form und Frist auch während der Rechnungsperiode möglich. Seitens der Bank ist jedoch zu beachten, dass eine Kündigung zur Unzeit nicht rechtmäßig ist. Somit ist dem Kunden ausreichend Zeit einzuräumen, einen zukünftigen Geschäftspartner, eine neue Bank oder Sparkasse, zu finden.

2.3. Das Termingeldkonto

Termingeldkonten dienen der Kapitalüberlassung auf Zeit und damit der Verbuchung von Termineinlagen. Das Termingeld wird den Kreditinstituten von den Kunden in der Regel für eine bestimmte Laufzeit zur Verfügung gestellt, die üblicherweise mindestens 30, 60, 90 oder 180 Tage beträgt. Für diese Überlassung erhält der Kunde Zinsen, deren Höhe sich nach dem Betrag, der Laufzeit und der Marktlage richtet. Für die Fristberechnung kommt § 187 BGB zur Anwendung. Die Bedeutung von Termingeldern ist stark zurückgegangen.

Es werden zwei Typen unterschieden:

- Festgelder mit einer festen Laufzeit, an deren Ende der Laufzeit sie entweder als Sichteinlage weitergeführt werden oder aber prolongiert (verlängert) werden können. Bei Prolongation gilt meist der aktuelle Zinssatz. Die Zinsen werden am Ende der Laufzeit gutgeschrieben.

- Kündigungsgelder mit einer festgelegten Kündigungsfrist. Eine Verfügung der Gelder ist hier erst nach Kündigung und Ablauf der Kündigungsfrist möglich. Der Zinssatz ist – sofern vertraglich nicht anders festgelegt – grundsätzlich variabel. Die Zinsen werden nach Kündigung oder Fälligkeit gutgeschrieben. Auch beim Kündigungsgeld bestimmt sich die Höhe der Zinsen nach der Betragshöhe, der Kündigungsfrist und der Marktlage. Charakteristisch ist jedoch üblicherweise, dass die Zinsen für die gesamte Laufzeit fest vereinbart werden.

Eine vorzeitige Verfügung über Termineinlagen ist in der Regel nicht möglich. Allerdings können die Einlagen beliehen werden. Viele Banken lassen jedoch aus Kulanzgründen eine vorzeitige Verfügung gegen Zahlung von Vorschusszinsen zu. Bei Nichtverfügung einer Termineinlage am Ende der Laufzeit wird diese zu einer Sichteinlage oder aber zum aktuellen Zinssatz prolongiert. Die Einlage des Kündigungsgeldes endet mit der ordentlichen Kündigung, die formlos von beiden Vertragsparteien ausgesprochen werden kann.

Tagesgeldkonten, die mittlerweile von verschiedenen Geldinstituten angeboten werden, gelten nicht als Termingeldkonten, sondern sind rechtlich betrachtet Kontokorrentkonten, was zur täglichen Verfügbarkeit über das jeweilige Kontoguthaben führt. Beispiele für diese Tagesgeldkonten sind das „1822direct-CashSkyline-Konto" der 1822direct – einer Vertriebsgesellschaft der Frankfurter Sparkasse, das „SpardaCash-Konto" der Sparda-Banken oder das „Extra-Konto" der ING-DiBa.

2.4. Das Gemeinschaftskonto

Das Gemeinschaftskonto ist zwischen dem Eigen- und dem Fremdkonto angesiedelt und besteht in der Praxis in zwei Formen. Diese beiden Formen werden als „Und-Konto" und als „Oder-Konto" (insbesondere bei sogenannten „Ehegatten-Oder-Konten") bezeichnet.

Auch beim Gemeinschaftskonto kommt der Grundsatz der formalen Kontenwahrheit gemäß § 154 Abs. 1 AO zur Anwendung, was bedeutet, dass das Konto auf den wahren Namen einer existierenden Person geführt werden muss.

Das Gemeinschaftskonto wird, wie jedes andere Konto auch, durch einen Vertrag zwischen dem Kreditinstitut und den Bankkunden als gemeinsamen Konteninhabern eröffnet. Die Banken verwenden auch hierfür gesonderte Kontoeröffnungsformulare.

Beim „Oder-Konto" besitzt jeder einzelne der zwei (oder mehr) Kontoinhaber eine Einzelverfügungsbefugnis. Die Kontoinhaber vereinbaren mit der Bank oder Sparkasse, dass sie unabhängig voneinander über das Konto verfügen dürfen. Jeder Kontoinhaber kann also allein über das gesamte Guthaben verfügen und auch Vollmachten erteilen.

Ein „Oder-Konto" wird gewöhnlich von Ehegatten eingerichtet und ermöglicht die Verfügung jedes Ehegatten über das Konto, unabhängig vom anderen Ehegatten.

Ist auf einem Gemeinschaftskonto ein Guthaben vorhanden, so steht dieses Guthaben im Zweifel jedem Ehegatten zur Hälfte zu. Als Gesamtgläubiger gemäß § 428 BGB trifft die Eheleute im Innenverhältnis nach § 430 BGB – unabhängig von ihren bestehenden güterrechtlichen Verhältnissen – eine gegenseitige Ausgleichspflicht, soweit ein Ehegatte mehr als die Hälfte der Guthaben für sich verwendet hat. Dabei spielt es keine Rolle, woher das Guthaben stammt. Hat etwa nur der Ehemann

Einkommen, das auf das Gemeinschaftskonto überwiesen wird, so steht das Guthaben dennoch zur Hälfte der Ehefrau zu, wenn die Ehegatten nichts anderes vereinbart haben. Behauptet ein Ehegatte, ihm stünde mehr als die Hälfte des Guthabens zu, muss er dies beweisen. Ein solcher Ausgleichsanspruch besteht während der intakten Ehezeit jedoch nicht (§ 1353 BGB). Nur nach der Trennung kann dieser Ausgleichsanspruch entstehen. Die Haftung beider Ehegatten bleibt aber gegenüber der Bank im Außenverhältnis bestehen, die Bank darf den gesamten Schuldsaldo von einem Kontoinhaber einfordern. Die Gesamtgläubigerschaft führt dazu, dass im Falle der Pfändung des Kontos im Rahmen der Zwangsvollstreckung gegen einen Kontoinhaber der andere Kontoinhaber keine Drittwiderspruchsklage (§ 771 ZPO) erheben kann.

Die Bank ist verpflichtet, an denjenigen auszuzahlen, der die Zahlung berechtigterweise in Auftrag gibt. Gemäß § 421 BGB haften die Kontoinhaber als Gesamtschuldner für einen etwaigen Passivsaldo. Dieser Grundsatz ist schon im Kontoeröffnungsformular festgeschrieben. Schulden auf einem Gemeinschaftskonto sind daher gemeinsame Schulden beider Kontoinhaber. Jeder Ehegatte haftet im Innenverhältnis (also die Eheleute untereinander) hälftig für gemeinsame Schuldsalden aus einem Gemeinschaftskonto, unabhängig davon, wodurch und durch wen diese Schulden entstanden sind, die Bank bzw. Sparkasse darf daher einen der Kontoinhaber für den Gesamtbetrag haftbar machen.

Das „Oder-Konto" wird von Eheleuten häufig als Konto gewählt, über das der tägliche Zahlungsverkehr abgewickelt wird. Der Vorteil des „Oder-Kontos" besteht z. B. darin, dass der eine Ehegatte im Todesfall des anderen als Überlebender mit Wirkung gegenüber den Erben auch weiterhin verfügen kann. Auch für den Fall einer eintretenden Behinderung eines der Kontoinhaber wird dem anderen Kontoinhaber eine uneingeschränkte Verfügungsbefugnis über das gemeinsame Konto gesichert.

Von Nutzen ist auch die Tatsache, dass die Insolvenz eines der mehreren Kontoinhabers den Fortbestand des Giro- und Kontokorrentverhältnisses nicht berührt. Dies bedeutet, dass eingehende Beträge dem Konto weiter gutgeschrieben werden, auch wenn das Insolvenzverfahren bei einem Kontomitinhaber eröffnet wurde. Im Falle der Insolvenz eines Kontoinhabers können die anderen Kontoinhaber also in der Regel weiter über das Guthaben verfügen.

Bei einem „Oder-Konto" müssen alle Kontoinhaber namentlich erfasst werden und gemeinsam den Kontoeröffnungsantrag unterzeichnen, aus dem der Tatbestand der Einzelverfügungsberechtigung des Kontomitinhabers ausdrücklich hervorgehen muss. Eine Warn- bzw. Hinweispflicht für das kontoführende Kreditinstitut dahin gehend, dass einer der Kontoinhaber durch missbräuchliche Verfügungen des anderen Kontoinhabers geschädigt werden könnte, besteht nach allgemeiner Auffassung hingegen nicht.

Eine Kontoauflösung oder eine Kontoumschreibung auf sich selbst durch einen der Kontomitinhaber ist nach den aktuellen Klauseln in allgemeinen Geschäftsbedingungen der Banken und Sparkassen entweder nur mit ausdrücklicher Zustimmung des anderen Kontoinhabers oder aber bei Tod eines Ehegatten möglich. Die Kontoinhaber sind ansonsten auf die Herbeiführung einer einvernehmlichen Regelung im Innenverhältnis durch Einholung der Zustimmung des anderen Kontomitinhabers zu einer Kontoauflösung zu verweisen.

Eine Mitwirkungspflicht des anderen Kontomitinhabers im Hinblick auf eine nur von einem Kontomitinhaber gewünschte Kontoauflösung kann sich beispielsweise bei einer Trennung oder einer Ehescheidung durch den hier entstehenden Anspruch auf Durchführung einer Vermögensauseinandersetzung ergeben. Unabhängig vom Güterstand sowie etwaigen Zugewinnausgleichsansprüchen bei Vorliegen des gesetzlichen Güterstands der Zugewinngemeinschaft bestehen auch Ansprüche im Hinblick auf Notwendigkeit der Auseinandersetzung gemeinsamer Vermögenswerte. Zu denken ist hier beispielsweise an gemeinsame – als „Oder-Konten" mit Einzelverfügungsbefugnis geführte – Spar- und Wertpapierkonten bei Banken und Sparkassen.

Ferner gilt, dass ein Recht, ein „Oder-Konto", d. h. ein Konto mit Einzelverfügungsberechtigung, durch eine einseitige Weisung nur eines der Kontomitinhaber in ein „Und-Konto", d. h. in ein Konto mit gemeinschaftlicher Verfügungsberechtigung – dazu gleich – , umzuwandeln, üblicherweise weder in den Kontoeröffnungsanträgen noch in den Allgemeinen Geschäftsbedingungen der Banken bzw. Sparkassen eingeräumt wird.

Vielmehr ist hierfür eine übereinstimmende schriftliche Weisung aller Kontoinhaber notwendig. Ohne ein derartiges vertraglich vereinbartes Weisungsrecht kann die Umwandlung eines „Oder-Kontos" in ein „Und-Konto" nur im Wege einer einvernehmlichen Änderung der Kontoverträge und nicht durch die einseitige Erklärung eines der Kontomitinhaber erfolgen.

Werden Kontovollmachten für weitere Personen ausgestellt, die über das „Oder-Konto" verfügen sollen, müssen das alle Kontoinhaber gemeinsam unterzeichnen. Widerruft dann ein Kontoinhaber die Kontovollmacht wieder, führt dies zu deren sofortigem Erlöschen.

Ein Widerruf der Verfügungsberechtigung des anderen Kontomitinhabers durch einen der Kontoinhaber führt beim „Oder-Konto" mit Einzelverfügungsbefugnis stets zur Umwandlung in ein „Und-Konto", d. h., es entsteht dadurch ein Konto mit gemeinschaftlicher Verfügungsberechtigung (Gesamtverfügungsbefugnis).

Im Wertpapierbereich spricht man von einem sogenannten „Oder-Depotkonto". Hierbei ist zu unterscheiden zwischen der Eigentumslage an den verwahrten Wertpapieren und den Rechten aus dem Depotvertrag. Der das Innenverhältnis von Gesamtgläubigern regelnde § 430 BGB ist nur für die Rechte aus dem Depotvertrag von Bedeutung, nicht jedoch für die Eigentumslage an den verwahrten Wertpapieren maßgebend. Danach sind nur im Hinblick auf die Rechte aus dem Depotvertrag, nicht aber in Bezug auf die verwahrten Wertpapiere die Inhaber eines Oder-Depots Gesamtgläubiger. Eine Gesamtgläubigerschaft bei Inhaberpapieren, insbesondere bei Aktien, gibt es nicht. Maßgebend ist vielmehr die dingliche Berechtigung, also die Eigentumslage. Über diese gibt die Errichtung eines Depots als Oder-Depot in der Regel keinen Aufschluss. Das gilt schon deshalb, weil der Depotinhaber nicht zwingend Eigentümer der verwahrten Wertpapiere sein muss. Erfahrungsgemäß dient die Errichtung eines „Oder-Depot-Kontos" bei Eheleuten häufig nur dem Zweck, neben dem Eigentümer auch dem dinglich nicht berechtigten anderen Ehegatten Verfügungen über die Wertpapiere zu ermöglichen.

Die **„Und-Konten"** (Gemeinschaftskonten mit gemeinschaftlicher Verfügungsberechtigung) sind demgegenüber sehr viel seltener als die in der Praxis üblichen „Oder-Konten" mit Einzelverfügungsbefugnis jedes Kontomitinhabers. Der Grund dafür liegt in den bei Kontoeröffnung vereinbarten AGB, die grundsätzlich „Oder-Konten" vorsehen.

Ist für mehrere Kontoinhaber ein „Und-Konto" eröffnet worden, so sind die Inhaber nur gemeinschaftlich berechtigt, Verfügungen vorzunehmen (Gesamtverfügungsberechtigung). Ein „Und-Konto" ist daher ein Gemeinschaftskonto, bei dem mit den Kontoinhabern vereinbart wird, dass nur gemeinschaftlich von sämtlichen Kontoinhabern gemäß § 432 BGB verfügt werden kann.

Die Rechtsnatur ist umstritten: sowohl eine Gesamthandsgemeinschaft als auch eine Bruchteilsgemeinschaft nach § 741 BGB oder eine Teilgläubigerschaft nach § 420 2. Alt. BGB ist vorstellbar.

Exkurs:

Zur Gesamthandsgemeinschaft:

Diese ist eine Gemeinschaft von Personen, denen ein bestimmtes Vermögen gemeinschaftlich zusteht. Jede Person hat einen ideellen Anteil am Gesamthandsvermögen, nicht dagegen an den einzelnen zum Vermögen gehörenden Gegenständen und Forderungen. Diese stehen den Personen vielmehr gemeinschaftlich zu, aber in gesamthänderischer Gebundenheit (vgl. z. B. Gesamthandseigentum).

Zur Bruchteilsgemeinschaft: Diese kann durch Rechtsgeschäft oder kraft Gesetzes entstehen:

Durch Rechtsgeschäft:

Wenn mehrere Personen eine Sache erwerben, ohne dass eine Gesamthandsgemeinschaft entsteht. Der in der Praxis häufigste Fall ist der Erwerb eines (Haus-)Grundstücks durch im Güterstand der Zugewinngemeinschaft lebende Eheleute.

Durch Gesetz:

- in den Fällen des gesetzlichen Eigentumserwerbs gemäß der § 947 BGB (Verbindung beweglicher Sachen), § 948 BGB (Vermischung), § 963 BGB (Vereinigung von Bienenschwärmen), § 984 BGB (Schatzfund), §§ 10 ff WEG (Wohnungseigentum);

- in den Fällen des Pfandverkaufs gemäß § 1247 S. 2 BGB, in denen der Gläubiger kein Anrecht auf den vollen Erlös hat;

- in den Fällen der Zwangsvollstreckung beweglicher Sachen, in denen der Gläubiger kein Anrecht auf den vollen Erlös hat.

Zwischen den Bruchteilseigentümern besteht ein gesetzliches Schuldverhältnis.

Miteigentum ist ein Unterfall der Bruchteilsgemeinschaft. Im Wesentlichen entspricht das Miteigentum dem Bruchteilseigentum, die Begriffe werden identisch verwendet. Einziger Unterschied sind die in §§ 1008 – 1011 BGB niedergelegten Sonderregeln, die nur für das Miteigentum gelten.

Zur Teilgläubigerschaft:

§ 420 2. Alt. BGB besagt, dass bei mehreren Gläubigern einer teilbaren Leistung vom Schuldner Leistung nur anteilig gefordert werden kann, d. h. jeder Gläubiger kann nur einen bestimmten Teilbetrag der Schuld verlangen. § 420 BGB stellt dabei eine Auslegungsregel (vgl. Wortlaut ... „im Zweifel") dar, wonach jeder Schuldner, solange keine abweichenden

Vereinbarungen getroffen wurden, den gleichen Anteil fordern kann. Teilbar ist eine Leistung dann, wenn sie ohne Wertminderung und ohne dass dadurch der Leistungszweck beeinträchtigt wird in Teilleistungen zerlegt werden kann.

Zurück zum „Und-Konto":

Wird im Rahmen der Zwangsvollstreckung gegen einen der Kontoinhaber die Kontoforderung gepfändet, hat der andere Kontoinhaber ein Interventionsrecht gemäß § 771 ZPO.

Die Kontoinhaber können hier also nur gemeinschaftlich verfügen und auch Weisungen an die Bank bzw. Sparkasse nur gemeinschaftlich erteilen. Von Bedeutung ist, dass die Bank nur dann Schuld befreiend leisten kann, wenn ein Belastungsauftrag von den Kontoinhabern gemeinsam unterschrieben ist. Leistet das Kreditinstitut dagegen nur an einen der Kontomitinhaber, muss die Kontobelastung rückgängig gemacht werden.

Durch den Tod eines der Kontomitinhaber wird das Wesen des „Und-Kontos" nicht verändert, da über das Kontoguthaben lediglich der überlebende Inhaber zusammen mit den legitimierten Erben des verstorbenen anderen Kontomitinhabers verfügen darf.

Die Kontoinhaber haften gemeinschaftlich für Debetsalden (Sollsalden) in der Höhe, wie der Kreditvertrag bei Eröffnung des Kontos gemeinsam unterzeichnet worden ist. Da die Kontomitinhaber nur gemeinschaftlich verfügen können, ist eine Kreditinanspruchnahme nur aufgrund gemeinschaftlichen Handelns aller Mitkontoinhaber denkbar. In der Regel ergibt sich eine gesamtschuldnerische Haftung aller Mitkontoinhaber für die Kreditverbindlichkeiten aus § 427 BGB.

Das „Und-Konto" ist eher typisch für Erbengemeinschaften und Wohnungseigentümergemeinschaften.

Im Innenverhältnis kommen Vorschriften zur Anwendung, die direkt das rechtliche Verhältnis der Kontoinhaber betreffen. So richtet sich z. B. das Rechtsverhältnis einer Erbengemeinschaft nach dem Wortlaut des Testaments.

Die Umwandlung eines „Oder-Konto" in ein „Und-Konto" und umgekehrt, also von einer Kontoart eines Gemeinschaftskontos zur anderen, ist möglich und zulässig. Zu beachten ist in diesem Fall jedoch aber auch hier, dass eine jedem Kontoinhaber allein zustehende Umschreibungsbefugnis auf sich als alleinigen Kontoinhaber nicht möglich ist.

2.5. Das Treuhand- und Anderkonto

Der Regelfall ist, dass derjenige das Konto eröffnet, der dann auch Kontoinhaber, d. h. wirtschaftlich Berechtigter und Verfügungsberechtigter, in einer Person ist. Grundsätzlich ist es aber gesetzlich zulässig, dass Personen bei Kreditinstituten Konten eröffnen, bei denen nicht sie selbst, sondern dritte Personen in wirtschaftlicher Hinsicht Kontoinhaber werden. Im Bereich des Girokontos sind derartige Konstellationen eher selten anzutreffen. Häufiger tritt diese Regelung aber bei der Eröffnung von Sparkonten oder auch Termingeldkonten auf.

Treuhänderische Konten werden meist in offener Form beim Kreditinstitut geführt und finden vergleichsweise häufige Anwendung. In der Regel werden dem Kontoinhaber dabei auf einem Treuhandkonto Guthaben Dritter anvertraut. Zwischen den Beteiligten, dem Treugeber, dem Treuhänder und dem Kreditinstitut, besteht ein Dreiecksverhältnis.

Von einem „Treueverhältnis" wird bei der Beziehung zwischen dem Treugeber und dem Kontoinhaber gesprochen.

Dagegen besteht zwischen dem Treunehmer und dem Kreditinstitut keine besondere Rechtsbeziehung. Ein derartiger Fall liegt vor, wenn eine Person ein Konto auf seinen Namen eröffnet, das Konto jedoch nicht für eigene Zwecke nutzt. In diesem Fall spricht man von der treuhänderischen Verwaltung fremder Gelder. Diese Fallgestaltung trifft zu auf Anderkonten z. B. von Notaren und Treuhandkonten von Wohnungseigentümergemeinschaften. Bei einem Anderkonto handelt es sich um eine Sonderform des Treuhandkontos, bei welchem die Werte einem „anderen" als dem Kontoinhaber selbst zustehen. Das Konto wird hier beispielsweise auf den Namen des Notars (oder Rechtsanwalts) eröffnet, dem die Verfügungsbefugnis zusteht, wirtschaftlich Berechtigte sind jedoch z. B. Käufer bzw. Verkäufer eines Grundstückskaufvertrages. Ähnliches gilt für den Verwalter nach dem Wohnungseigentumsgesetz (WEG), der entweder in offener Treuhand (bei einem offenen Fremdkonto) oder im Wege eines Verwalter-Treuhandkontos Gelder einer Wohnungseigentümergemeinschaft (WEG) verwaltet.

3. Zahlungsverkehr

Kreditinstituten kommen in ihrer Stellung als Kern der wirtschaftlichen Betätigung unterschiedliche Aufgaben zu. Im Rahmen dieses Kapitels werden die unterschiedlichen Formen des Zahlungsverkehrs erläutert. Unbaren Zahlungen kommt dabei eine ungleich größere Bedeutung als dem Barzahlungsverkehr zu. Täglich werden Millionen unbarer Transfers durch Kreditinstitute vorgenommen. Insbesondere wird daher hier auf die Besonderheiten des Zahlungsverkehrs in der Ausprägung von Überweisungen, Lastschriftverfahren und Verfügungen durch Scheck sowie in den modernen Formen des elektronischen Zahlungsverkehrs, der unterschiedlichen Kartenzahlungen und des Internets (Online-Zahlungsverkehr) eingegangen.

3.1. Der Zahlungsdienstevertrag – Die Überweisung

Mit einem Anteil von weit über 50 % der bargeldlosen Transfers kommt den Überweisungen eine tragende Bedeutung zu. Dementsprechend ist für die Zahlungsdienste, zu denen die Überweisung gehört, vom Gesetzgeber ein einheitlicher Rechtsrahmen geschaffen worden. Mit diesen Regelungen zu den Zahlungsdiensten unterliegen Überweisungen nicht mehr – wie früher – dem Auftragsrecht des Bürgerlichen Gesetzbuchs (BGB), sondern nehmen vielmehr eine gesonderte Stellung ein. Die rechtlichen Regelungen haben das Ziel, Überweisungen schneller, sicherer und billiger zu machen. Die Bestimmungen für die „Zahlungsdienste" finden sich nun in den §§ 675 c ff. BGB.

Nach der Vorschrift des § 675 c Abs. 1 BGB handelt es sich bei einem Zahlungsdienstevertrag um einen Geschäftsbesorgungsvertrag (vgl. hierzu § 675 Abs. 1 BGB), der die Erbringung von Zahlungsdiensten zum Gegenstand hat. Die Bestimmungen über Zahlungsdienste sind darüber hinaus auch auf einen Vertrag über die Ausgabe und Nutzung von elektronischem Geld (dazu weiter unten) anzuwenden (§ 675 c Abs. 2 BGB).

Zu den Unterrichtungspflichten bei Zahlungsdiensten trifft § 675 d BGB folgende Regelungen:

Zahlungsdienstleister haben Zahlungsdienstnutzer bei der Erbringung von Zahlungsdiensten über die in Art. 248 §§ 1 bis 16 des Einführungsgesetzes zum Bürgerlichen Gesetzbuche bestimmten Umstände in der dort vorgesehenen Form zu unterrichten. Dies gilt nicht für die Erbringung von Zahlungsdiensten in der Währung eines Staates außerhalb des Europäischen Wirtschaftsraums oder die Erbringung von Zahlungsdiensten, bei denen der Zah-

lungsdienstleister des Zahlers oder des Zahlungsempfängers außerhalb des Europäischen Wirtschaftsraums belegen ist.

(2) Ist die ordnungsgemäße Unterrichtung streitig, so trifft die Beweislast den Zahlungsdienstleister.

(3) Für die Unterrichtung darf der Zahlungsdienstleister mit dem Zahlungsdienstnutzer nur dann ein Entgelt vereinbaren, wenn die Information auf Verlangen des Zahlungsdienstnutzers erbracht wird und der Zahlungsdienstleister

1.

diese Information häufiger erbringt, als in Art. 248 §§ 1 bis 16 des Einführungsgesetzes zum Bürgerlichen Gesetzbuche vorgesehen,

2.

eine Information erbringt, die über die in Art. 248 §§ 1 bis 16 des Einführungsgesetzes zum Bürgerlichen Gesetzbuche vorgeschriebenen hinausgeht, oder

3.

diese Information mithilfe anderer als der im Zahlungsdiensterahmenvertrag vereinbarten Kommunikationsmittel erbringt.

Das Entgelt muss angemessen und an den tatsächlichen Kosten des Zahlungsdienstleisters ausgerichtet sein.

(4) Zahlungsempfänger und Dritte unterrichten über die in Art. 248 §§ 17 und 18 des Einführungsgesetzes zum Bürgerlichen Gesetzbuche bestimmten Umstände.

Nach § 675 e Abs. 1 BGB sind abweichende Vereinbarungen zum Nachteil eines Zahlungsdienstnutzers grundsätzlich ausgeschlossen.

Der Zahlungsdienstevertrag ist in § 675 f BGB wie folgt geregelt:

Durch einen *Einzel*zahlungsvertrag gemäß § 675 f Abs. 1 BGB wird ein Zahlungsdienstleister verpflichtet, für die Person, die einen Zahlungsdienst als Zahler, Zahlungsempfänger oder in beiden Eigenschaften in Anspruch nimmt (Zahlungsdienstnutzer), einen Zahlungsvorgang auszuführen.

Durch einen sogenannten Zahlungsdienste*rahmen*vertrag (§ 675 f Abs. 2 BGB) wird ein Zahlungsdienstleister verpflichtet, für den Zahlungsdienstnutzer einzelne und aufeinander folgende Zahlungsvorgänge auszuführen sowie gegebenenfalls für den Zahlungsdienstnutzer ein auf dessen

Namen oder die Namen mehrerer Zahlungsdienstnutzer lautendes Zahlungskonto zu führen.

Zahlungsvorgang ist hierbei nach § 675 f Abs. 3 BGB jede Bereitstellung, Übermittlung oder Abhebung eines Geldbetrags, unabhängig von der zugrunde liegenden Rechtsbeziehung zwischen Zahler und Zahlungsempfänger. Ein Zahlungsauftrag ist dagegen jeder Auftrag, den ein Zahler seinem Zahlungsdienstleister zur Ausführung eines Zahlungsvorgangs entweder unmittelbar oder mittelbar über den Zahlungsempfänger erteilt.

Der Zahlungsdienstnutzer ist verpflichtet, dem Zahlungsdienstleister das für die Erbringung eines Zahlungsdienstes vereinbarte Entgelt zu entrichten (§ 675 f Abs. 4 BGB). Für die Erfüllung von Nebenpflichten hat der Zahlungsdienstleister nur dann einen Anspruch auf ein Entgelt, sofern dies zugelassen und zwischen dem Zahlungsdienstnutzer und dem Zahlungsdienstleister vereinbart worden ist; dieses Entgelt muss angemessen und an den tatsächlichen Kosten des Zahlungsdienstleisters ausgerichtet sein.

Änderungen von Zinssätzen oder Wechselkursen werden nach § 675 g Abs. 3 BGB unmittelbar und ohne vorherige Benachrichtigung wirksam, soweit dies im Zahlungsdiensterahmenvertrag vereinbart wurde und die Änderungen auf den dort vereinbarten Referenzzinssätzen oder Referenzwechselkursen beruhen.

Der Zahlungsdienstnutzer kann einen Zahlungsdiensterahmenvertrag, auch wenn dieser für einen bestimmten Zeitraum geschlossen ist, nach § 675 h Abs. 1 BGB jederzeit ohne Einhaltung einer Kündigungsfrist ordentlich kündigen, sofern nicht eine Kündigungsfrist vereinbart wurde. Die Vereinbarung einer Kündigungsfrist von mehr als einem Monat ist unwirksam.

Der Zahlungsdienstleister kann den Zahlungsdiensterahmenvertrag nach § 675 g Abs. 2 BGB nur kündigen, wenn der Vertrag auf unbestimmte Zeit geschlossen wurde und das Kündigungsrecht vereinbart wurde. Die Kündigungsfrist darf zwei Monate nicht unterschreiten.

Ein Zahlungsdienstevertrag kann nach § 675 i Abs. 1 BGB auch die Überlassung eines Kleinbetragsinstruments an den Zahlungsdienstnutzer vorsehen. Ein derartiges „Kleinbetragsinstrument" (elektronisches Geld) ist ein Mittel, mit dem nur einzelne Zahlungsvorgänge bis höchstens 30 Euro ausgelöst werden können, das eine Ausgabenobergrenze von 150 Euro hat oder das Geldbeträge speichert, die zu keiner Zeit 150 Euro übersteigen. Die Betragsgrenze erhöht sich auf 200 Euro, wenn das Kleinbetragsinstrument nur für inländische Zahlungsvorgänge genutzt werden kann. Die Parteien können hier z. B. vereinbaren, dass der Zahlungsdienstleister Änderungen der Vertragsbedingungen nicht in der ansonsten vorgesehenen Form anbieten muss, oder dass der Zahlungsdienstleister nicht verpflichtet ist, den Zahlungsdienstnutzer von einer Ablehnung des Zahlungsauftrags zu unterrichten, wenn die Nichtausführung aus dem Zusammenhang hervorgeht.

Nach § 675 j Abs. 1 BGB ist ein Zahlungsvorgang gegenüber dem Zahler nur wirksam, wenn er diesem zugestimmt hat (Autorisierung). Die Zustimmung kann entweder als Einwilligung (§ 183 BGB) oder, sofern zwischen dem Zahler und seinem Zahlungsdienstleister zuvor vereinbart, als Genehmigung (§ 184 Abs. 1 BGB) erteilt werden. Art und Weise der Zustimmung sind zwischen dem Zahler und seinem Zahlungsdienstleister zu vereinbaren. Insbesondere kann vereinbart werden, dass die Zustimmung mittels eines bestimmten Zahlungsauthentifizierungsinstruments erteilt werden kann. Die Zustimmung kann vom Zahler durch Erklärung gegenüber dem Zahlungsdienstleister so lange widerrufen werden, wie der Zahlungsauftrag widerruflich ist (vgl. dazu § 675 p BGB). In Fällen, in denen die Zustimmung mittels eines Zahlungsauthentifizierungsinstruments erteilt wird, können der Zahler und der Zahlungsdienstleister nach § 675 k Abs. 1 BGB Betragsobergrenzen für die Nutzung dieses Zahlungsauthentifizierungsinstruments vereinbaren. Sie können auch vereinbaren, dass der Zahlungsdienstleister das Recht hat, ein Zahlungsauthentifizierungsinstrument unter bestimmten Voraussetzungen zu sperren.

Der Zahler ist gemäß § 675 l S. 1 BGB verpflichtet, unmittelbar nach Erhalt eines Zahlungsauthentifizierungsinstruments alle zumutbaren Vorkehrungen zu treffen, um die personalisierten Sicherheitsmerkmale vor unbefugtem Zugriff zu schützen. Er hat dem Zahlungsdienstleister oder einer von diesem benannten Stelle den Verlust, den Diebstahl, die missbräuchliche Verwendung oder die sonstige nicht autorisierte Nutzung eines Zahlungsauthentifizierungsinstruments unverzüglich anzuzeigen, nachdem er hiervon Kenntnis erlangt hat (vgl. § 675 l S. 2 BGB).

Der Zahlungsdienstleister, der ein Zahlungsauthentifizierungsinstrument ausgibt, ist nach § 675 m Abs. 1 BGB verpflichtet, unbeschadet der Pflichten des Zahlungsdienstnutzers sicherzustellen, dass die personalisierten Sicherheitsmerkmale des Zahlungsauthentifizierungsinstruments nur der zur Nutzung berechtigten Person zugänglich sind, die unaufgeforderte Zusendung von Zahlungsauthentifizierungsinstrumenten an den Zahlungsdienstnutzer zu unterlassen, es sei denn, ein bereits an den Zahlungsdienstnutzer ausgegebenes Zahlungsauthentifizierungsinstrument muss ersetzt werden, sicherzustellen, dass der Zahlungsdienstnutzer durch geeignete Mittel jederzeit die Möglichkeit hat, eine Anzeige vorzunehmen oder die Aufhebung der Sperrung zu verlangen, und jede Nutzung des Zahlungsauthentifizierungsinstruments zu verhindern, sobald eine Anzeige erfolgt ist.

Hat der Zahlungsdienstnutzer den Verlust, den Diebstahl, die missbräuchliche Verwendung oder die sonstige nicht autorisierte Nutzung eines Zahlungsauthentifizierungsinstruments angezeigt, muss sein Zahlungsdienstleister ihm auf Anfrage bis mindestens 18 Monate nach dieser Anzeige die Mittel zur Verfügung stellen, mit denen der Zahlungsdienstnutzer beweisen kann, dass eine Anzeige erfolgt ist.

Die Gefahr der Versendung eines Zahlungsauthentifizierungsinstruments und der Versendung personalisierter Sicherheitsmerkmale des Zahlungsauthentifizierungsinstruments an den Zahler trägt gemäß § 675 m Abs. 2 BGB der Zahlungsdienstleister.

Ein Zahlungsauftrag wird nach § 675 n Abs. 1 BGB wirksam, wenn er dem Zahlungsdienstleister des Zahlers zugeht. Fällt der Zeitpunkt des Zugangs nicht auf einen Geschäftstag des Zahlungsdienstleisters des Zahlers, gilt der Zahlungsauftrag als am darauf folgenden Geschäftstag zugegangen. Geschäftstag ist jeder Tag, an dem der an der Ausführung eines Zahlungsvorgangs beteiligte Zahlungsdienstleister den für die Ausführung von Zahlungsvorgängen erforderlichen Geschäftsbetrieb unterhält.

Vereinbaren der Zahlungsdienstnutzer, der einen Zahlungsvorgang auslöst oder über den ein Zahlungsvorgang ausgelöst wird, und sein Zahlungsdienstleister, dass die Ausführung des Zahlungsauftrags an einem bestimmten Tag oder am Ende eines bestimmten Zeitraums oder an dem Tag, an dem der Zahler dem Zahlungsdienstleister den zur Ausführung erforderlichen Geldbetrag zur Verfügung gestellt hat, beginnen soll, gilt gemäß § 675 n Abs. 2 BGB im Hinblick auf die Ausführungsfrist im Sinne von § 675 s BGB (dazu unten) der vereinbarte Termin als Zeitpunkt des Zugangs. Fällt der vereinbarte Termin nicht auf einen Geschäftstag des Zahlungsdienstleisters des Zahlers, so gilt für diesen Zweck der darauf folgende Geschäftstag als Zeitpunkt des Zugangs.

Lehnt der Zahlungsdienstleister die Ausführung eines Zahlungsauftrags ab, ist er verpflichtet, den Zahlungsdienstnutzer hierüber unverzüglich zu unterrichten (§ 675 o Abs. 1 BGB). In der Unterrichtung sind, soweit möglich, die Gründe für die Ablehnung sowie die Möglichkeiten anzugeben, wie Fehler, die zur Ablehnung geführt haben, berichtigt werden können. Der Zahlungsdienstleister darf mit dem Zahlungsdienstnutzer im Zahlungsdiensterahmenvertrag für die Unterrichtung über eine berechtigte Ablehnung ein Entgelt vereinbaren.

Der Zahlungsdienstleister des Zahlers ist jedoch nicht berechtigt, die Ausführung eines autorisierten Zahlungsauftrags abzulehnen, wenn die im Zahlungsdiensterahmenvertrag festgelegten Ausführungsbedingungen erfüllt sind und die Ausführung nicht gegen sonstige Rechtsvorschriften verstößt (§ 675 o Abs. 2 BGB).

Wichtig ist: Der Zahlungsdienstnutzer kann einen Zahlungsauftrag gemäß § 675 p Abs. 1 BGB *nach* dessen Zugang beim Zahlungsdienstleister des Zahlers grundsätzlich nicht mehr widerrufen.

Wurde der Zahlungsvorgang – wie bei einer Lastschrift (dazu weiter unten) – vom Zahlungsempfänger oder über diesen ausgelöst, kann der Zahler den Zahlungsauftrag gemäß § 675 p Abs. 2 BGB nicht mehr widerrufen, nachdem er den Zahlungsauftrag oder seine Zustimmung zur Ausführung des Zahlungsvorgangs an den Zahlungsempfänger übermittelt hat. Bei einer Lastschrift kann der Zahler den Zahlungsauftrag jedoch unbeschadet seiner Rechte gemäß § 675 x BGB auf Erstattung eines belasteten Zahlungsbetrags bis zum Ende des Geschäftstags vor dem vereinbarten Fälligkeitstag widerrufen.

Ist zwischen dem Zahlungsdienstnutzer und seinem Zahlungsdienstleister ein bestimmter Termin für die Ausführung eines Zahlungsauftrags vereinbart worden, kann der Zahlungsdienstnutzer gemäß § 675 p Abs. 3 BGB den Zahlungsauftrag bis zum Ende des Geschäftstags vor dem vereinbarten Tag widerrufen.

Nach den vorgenannten Zeitpunkten kann der Zahlungsauftrag nur widerrufen werden, wenn der Zahlungsdienstnutzer und sein Zahlungsdienstleister dies vereinbart haben (§ 675 p Abs. 4 S. 1 BGB). Zudem ist hierfür in den Fällen, bei denen der Zahlungsvorgang vom Zahlungsempfänger oder über diesen ausgelöst wurde, nach § 675 p Abs. 4 S. 2 BGB die Zustimmung des Zahlungsempfängers zum Widerruf erforderlich.

Der Zahlungsdienstleister darf mit dem Zahlungsdienstnutzer im Zahlungsdiensterahmenvertrag für die Bearbeitung eines solchen Widerrufs ein Entgelt vereinbaren (§ 675 p Abs. 4 S. 3 BGB).

Der Zahlungsdienstleister des Zahlers sowie sämtliche an dem Zahlungsvorgang beteiligte zwischengeschaltete Stellen sind gemäß § 675 q BGB verpflichtet, den Betrag, der Gegenstand des Zahlungsvorgangs ist (Zahlungsbetrag), ungekürzt an den Zahlungsdienstleister des Zahlungsempfängers zu übermitteln. Der Zahlungsdienstleister des Zahlungsempfängers darf ihm zustehende Entgelte vor Erteilung der Gutschrift nur dann von dem übermittelten Betrag abziehen, wenn dies mit dem Zahlungsempfänger vereinbart wurde.

Wichtig: Die beteiligten Zahlungsdienstleister sind nach § 675 r BGB berechtigt, einen Zahlungsvorgang ausschließlich anhand der von dem Zahlungsdienstnutzer angegebenen Kundenkennung auszuführen. Wird ein Zahlungsauftrag in Übereinstimmung mit dieser Kundenkennung ausgeführt, so gilt er im Hinblick auf den durch die Kundenkennung bezeichneten Zahlungsempfänger als ordnungsgemäß ausgeführt.

Eine Kundenkennung ist nach § 675 r Abs. 2 BGB eine *"Abfolge aus Buchstaben, Zahlen oder Symbolen, die dem Zahlungsdienstnutzer vom Zahlungsdienstleister mitgeteilt wird und die der Zahlungsdienstnutzer angeben muss, damit der andere am Zahlungsvorgang beteiligte Zahlungsdienstnutzer oder dessen Zahlungskonto zweifelsfrei ermittelt werden kann"*.

Ist eine vom Zahler angegebene Kundenkennung für den Zahlungsdienstleister des Zahlers erkennbar keinem Zahlungsempfänger oder keinem Zahlungskonto zuzuordnen, ist dieser nach § 675 r Abs. 3 BGB verpflichtet, den Zahler unverzüglich hierüber zu unterrichten und ihm gegebenenfalls den Zahlungsbetrag wieder herauszugeben.

Die Ausführungsfristen für Zahlungsvorgänge sind in § 675 s Abs. 1 BGB geregelt:

Der Zahlungsdienstleister des Zahlers ist verpflichtet sicherzustellen, dass der Zahlungsbetrag spätestens am Ende des auf den Zugangszeitpunkt des Zahlungsauftrags folgenden Geschäftstags beim Zahlungsdienstleister des Zahlungsempfängers eingeht. Bis zum 1. Januar 2012 können ein Zahler und sein Zahlungsdienstleister hierfür noch eine Frist von bis zu drei Geschäftstagen vereinbaren.

Für Zahlungsvorgänge innerhalb des Europäischen Wirtschaftsraums, die nicht in Euro erfolgen, können ein Zahler und sein Zahlungsdienstleister eine Frist von maximal vier Geschäftstagen vereinbaren.

Für in Papierform ausgelöste Zahlungsvorgänge können diese Fristen um einen weiteren Geschäftstag verlängert werden.

Bei einem vom oder über den Zahlungsempfänger ausgelösten Zahlungsvorgang ist der Zahlungsdienstleister des Zahlungsempfängers nach § 675 s Abs. 2 BGB verpflichtet, den Zahlungsauftrag dem Zahlungsdienstleister des Zahlers innerhalb der zwischen dem Zahlungsempfänger und seinem Zahlungsdienstleister vereinbarten Fristen zu übermitteln. Im Fall einer Lastschrift (dazu weiter unten) ist der Zahlungsauftrag so rechtzeitig zu übermitteln, dass die Verrechnung an dem vom Zahlungsempfänger mitgeteilten Fälligkeitstag ermöglicht wird.

Zum Wertstellungsdatum und zur Verfügbarkeit von Geldbeträgen gilt: Der Zahlungsdienstleister des Zahlungsempfängers ist nach § 675 t Abs. 1 BGB verpflichtet, dem Zahlungsempfänger den Zahlungsbetrag unverzüglich verfügbar zu machen, nachdem er auf dem Konto des Zahlungsdienstleisters eingegangen ist. Sofern der Zahlungsbetrag auf einem Zahlungskonto des Zahlungsempfängers gutgeschrieben werden soll, ist die Gutschrift, auch wenn sie nachträglich erfolgt, so vorzunehmen, dass der Zeitpunkt, den der Zahlungsdienstleister für die Berechnung der Zinsen bei Gutschrift oder Belastung eines Betrags auf einem Zahlungskonto zugrunde legt (Wertstellungsdatum), spätestens der Geschäftstag ist, an dem der Zahlungsbetrag auf dem Konto des Zahlungsdienstleisters des Zahlungsempfängers eingegangen ist.

Zahlt ein Verbraucher Bargeld auf ein Zahlungskonto bei einem Zahlungsdienstleister in der Währung des betreffenden Zahlungskontos ein, so muss nach § 675 t Abs. 2 BGB dieser Zahlungsdienstleister sicherstellen, dass der Betrag dem Zahlungsempfänger unverzüglich nach dem Zeitpunkt der Entgegennahme verfügbar gemacht und wertgestellt wird. Ist der Zahlungsdienstnutzer kein Verbraucher, so muss dem Zahlungsempfänger der Geldbetrag spätestens an dem auf die Entgegennahme folgenden Geschäftstag verfügbar gemacht und wertgestellt werden.

Eine Belastung auf dem Zahlungskonto eines Zahlers ist nach § 675 Abs. 3 BGB so vorzunehmen, dass das Wertstellungsdatum frühestens der Zeitpunkt ist, an dem dieses Zahlungskonto mit dem Zahlungsbetrag belastet wird.

Im Fall eines nicht autorisierten Zahlungsvorgangs hat der Zahlungsdienstleister des Zahlers gegen diesen keinen Anspruch auf Erstattung seiner Aufwendungen (§ 675 u BGB). Er ist verpflichtet, dem Zahler den Zahlungsbetrag unverzüglich zu erstatten und, sofern der Betrag einem Zahlungskonto belastet worden ist, dieses Zahlungskonto wieder auf den Stand zu bringen, auf dem es sich ohne die Belastung durch den nicht autorisierten Zahlungsvorgang befunden hätte.

Beruhen nicht autorisierte Zahlungsvorgänge auf der Nutzung eines verloren gegangenen oder gestohlenen Zahlungsauthentifizierungsinstruments, so kann der Zahlungsdienstleister des Zahlers nach § 675 v Abs. 1 BGB von diesem den Ersatz des hierdurch entstandenen Schadens bis zu einem Betrag von 150 Euro verlangen. Dies gilt auch, wenn der Schaden infolge einer sonstigen missbräuchlichen Verwendung eines Zahlungsauthentifizierungsinstruments entstanden ist und der Zahler die personalisierten Sicherheitsmerkmale nicht sicher aufbewahrt hat.

Der Zahler ist seinem Zahlungsdienstleister indessen zum Ersatz des gesamten Schadens verpflichtet, der infolge eines nicht autorisierten Zahlungsvorgangs entstanden ist, wenn er ihn in betrügerischer Absicht ermöglicht hat oder durch vorsätzliche oder grob fahrlässige Verletzung seiner oder der Bedingungen für die Ausgabe und Nutzung des Zahlungsauthentifizierungsinstruments herbeigeführt hat (§ 675 v Abs. 2 BGB).

Ist die Autorisierung eines ausgeführten Zahlungsvorgangs streitig, hat der Zahlungsdienstleister nach § 675 w BGB nachzuweisen, dass eine Authentifizierung erfolgt ist und der Zahlungsvorgang ordnungsgemäß aufgezeichnet, verbucht sowie nicht durch eine Störung beeinträchtigt wurde. Eine Authentifizierung ist erfolgt, wenn der Zahlungsdienstleister die Nutzung eines bestimmten Zahlungsauthentifizierungsinstruments, einschließlich seiner personalisierten Sicherheitsmerkmale, mithilfe eines Verfahrens überprüft hat.

Wurde der Zahlungsvorgang mittels eines Zahlungsauthentifizierungsinstruments ausgelöst, reicht die Aufzeichnung der Nutzung des Zahlungsauthentifizierungsinstruments einschließlich der Authentifizierung durch den Zahlungsdienstleister jedoch allein nicht notwendigerweise aus, um nachzuweisen, dass der Zahler den Zahlungsvorgang autorisiert, in betrügerischer Absicht gehandelt, eine oder mehrere Pflichten gemäß § 675 I BGB verletzt oder vorsätzlich oder grob fahrlässig gegen eine oder mehrere Bedingungen für die Ausgabe und Nutzung des Zahlungsauthentifizierungsinstruments verstoßen hat.

Der Zahler hat gemäß § 675 x Abs. 1 BGB gegen seinen Zahlungsdienstleister einen Anspruch auf Erstattung eines belasteten Zahlungsbetrags, der auf einem autorisierten, vom oder über den Zahlungsempfänger ausgelösten Zahlungsvorgang beruht, wenn

1. bei der Autorisierung der genaue Betrag nicht angegeben wurde und

2. der Zahlungsbetrag den Betrag übersteigt, den der Zahler entsprechend seinem bisherigen Ausgabeverhalten, den Bedingungen des Zahlungsdiensterahmenvertrags und den jeweiligen Umständen des Einzelfalls hätte erwarten können; mit einem etwaigen Währungsumtausch zusammenhängende Gründe bleiben außer Betracht, wenn der zwischen den Parteien vereinbarte Referenzwechselkurs zugrunde gelegt wurde. Der Zahler ist auf Verlangen seines Zahlungsdienstleisters verpflichtet, die Sachumstände darzulegen, aus denen er sein Erstattungsverlangen herleitet.

Ein Anspruch des Zahlers auf Erstattung ist nach § 675 x Abs. 4 BGB ausgeschlossen, wenn er ihn nicht innerhalb von acht Wochen ab dem Zeitpunkt der Belastung des betreffenden Zahlungsbetrags gegenüber seinem Zahlungsdienstleister geltend macht. Der Zahlungsdienstleister ist gemäß § 675 x Abs. 5 BGB verpflichtet, innerhalb von zehn Geschäftstagen nach Zugang eines Erstattungsverlangens entweder den vollständigen Betrag des Zahlungsvorgangs zu erstatten oder dem Zahler die Gründe für die Ablehnung der Erstattung mitzuteilen.

Wird ein Zahlungsvorgang vom Zahler ausgelöst, kann dieser nach § 675 y Abs. 1 BGB von seinem Zahlungsdienstleister im Fall einer nicht erfolgten oder fehlerhaften Ausführung des Zahlungsauftrags die unverzügliche und ungekürzte Erstattung des Zahlungsbetrags verlangen. Wurde der Betrag einem Zahlungskonto des Zahlers belastet, ist dieses Zahlungskonto wieder auf den Stand zu bringen, auf dem es sich ohne den fehlerhaft ausgeführten Zahlungsvorgang befunden hätte. Wird ein Zahlungsvorgang vom oder über den Zahlungsempfänger ausgelöst, kann dieser im Fall einer nicht erfolgten oder fehlerhaften Ausführung des Zahlungsauftrags verlangen, dass sein Zahlungsdienstleister diesen Zahlungsauftrag unverzüglich, gegebenenfalls erneut, an den Zahlungsdienstleister des Zahlers übermittelt. Weist der Zahlungsdienstleister des Zahlungsempfängers nach, dass er die ihm bei der Ausführung des Zahlungsvorgangs obliegenden Pflichten erfüllt hat, hat der Zahlungsdienstleister des Zahlers dem Zahler gegebenenfalls unverzüglich den ungekürzten Zahlungsbetrag zu erstatten

Die beschriebenen Ansprüche eines Zahlungsdienstnutzers sind nach § 675 z BGB hinsichtlich der dort geregelten Ansprüche abschließend. Die Haftung eines Zahlungsdienstleisters gegenüber seinem Zahlungsdienstnutzer für einen wegen nicht erfolgter oder fehlerhafter Ausführung eines Zahlungsauftrags entstandenen Schaden, der hier nicht erfasst ist, kann auf 12.500 Euro begrenzt werden; dies gilt nicht für Vorsatz und grobe Fahrlässigkeit, den Zinsschaden und für Gefahren, die der Zahlungsdienstleister besonders übernommen hat. Zahlungsdienstleister haben hierbei ein Verschulden, das einer zwischengeschalteten Stelle zur Last fällt, wie eigenes Verschulden zu vertreten, es sei denn, dass die wesentliche Ursache bei einer zwischengeschalteten Stelle liegt, die der Zahlungsdienstnutzer vorgegeben hat.

Ist zwischen dem Zahlungsdienstnutzer und seinem Zahlungsdienstleister streitig, ob der Zahlungsvorgang ordnungsgemäß ausgeführt wurde, muss der Zahlungsdienstleister nach § 676 BGB nachweisen, dass der

Zahlungsvorgang ordnungsgemäß aufgezeichnet und verbucht sowie nicht durch eine Störung beeinträchtigt wurde.

Liegt die Ursache für die Haftung eines Zahlungsdienstleisters im Verantwortungsbereich eines anderen Zahlungsdienstleisters oder einer zwischengeschaltete Stelle, so kann er vom anderen Zahlungsdienstleister oder der zwischengeschalteten Stelle als Ausgleichsanspruch den Ersatz des Schadens verlangen, der ihm aus der Erfüllung der Ansprüche eines Zahlungsdienstnutzers entsteht (§ 676 a BGB).

Der Zahlungsdienstnutzer hat seinen Zahlungsdienstleister gemäß § 676 b Abs. 1 BGB unverzüglich nach Feststellung eines nicht autorisierten oder fehlerhaft ausgeführten Zahlungsvorgangs zu unterrichten.

Ansprüche und Einwendungen des Zahlungsdienstnutzers gegen den Zahlungsdienstleister sind gemäß § 676 b Abs. 2 BGB ausgeschlossen, wenn dieser seinen Zahlungsdienstleister nicht spätestens 13 Monate nach dem Tag der Belastung mit einem nicht autorisierten oder fehlerhaft ausgeführten Zahlungsvorgang hiervon unterrichtet hat.

Ansprüche des Zahlungsdienstnutzers sind gemäß § 676 c BGB auch dann ausgeschlossen, wenn die einen Anspruch begründenden Umstände auf einem ungewöhnlichen und unvorhersehbaren Ereignis beruhen, auf das diejenige Partei, die sich auf dieses Ereignis beruft, keinen Einfluss hat, und dessen Folgen trotz Anwendung der gebotenen Sorgfalt nicht hätten vermieden werden können, oder vom Zahlungsdienstleister aufgrund einer gesetzlichen Verpflichtung herbeigeführt wurden.

Bei Banken und Sparkassen gelten für die Ausführung von Überweisungsaufträgen von Kunden die **„Bedingungen für den Überweisungsverkehr"**, die den vorstehenden gesetzlichen Bestimmungen entsprechen.

Für Überweisungen **innerhalb Deutschlands und in andere Staaten des Europäischen Wirtschaftsraums (EWR) in Euro oder in anderen EWR-Währungen** sind danach folgende Regelungen maßgeblich:

1. Allgemein

1.1 *Wesentliche Merkmale der Überweisung einschließlich des Dauerauftrags*

Der Kunde kann die Bank bzw. Sparkasse beauftragen, durch eine Überweisung Geldbeträge bargeldlos zugunsten eines Zahlungsempfängers an den Zahlungsdienstleister des Zahlungsempfängers zu übermitteln. Der Kunde kann die Bank bzw. Sparkasse auch beauftragen, jeweils zu einem bestimmten wiederkehrenden Termin einen gleichbleibenden Geldbetrag an das gleiche Konto des Zahlungsempfängers zu überweisen (Dauerauftrag).

1.2 Kundenkennungen

Für das Verfahren hat der Kunde seine Kundenkennung (Kontonummer und Bankleitzahl seiner Bank bzw. Sparkasse oder IBAN (International Bank Account Number – Internationale Bankkontonummer) und BIC (Bank Identifier Code – Bank-Identifizierungs-Code) seiner Bank bzw. Sparkasse) und die ihm vom Zahlungsempfänger genannte Kundenkennung des Zahlungsempfängers (Kontonummer und Bankleitzahl oder IBAN und BIC oder andere Kennung des Zahlungsdienstleisters des Zahlungsempfängers) zu verwenden ...

1.3 Erteilung des Überweisungsauftrags und Autorisierung

(1) Der Kunde erteilt der Bank bzw. Sparkasse einen Überweisungsauftrag mittels eines von der Bank bzw. Sparkasse zugelassenen Vordrucks oder in der mit der Sparkasse anderweitig vereinbarten Art und Weise (z. B. per Online-Banking) mit den erforderlichen Angaben gemäß Nummer 2.1 beziehungsweise Nummer 3.1.

Der Kunde hat auf Leserlichkeit, Vollständigkeit und Richtigkeit der Angaben zu achten. Unleserliche, unvollständige oder fehlerhafte Angaben können zu Verzögerungen und zu Fehlleitungen von Überweisungen führen; daraus können Schäden für den Kunden entstehen. Bei unleserlichen, unvollständigen oder fehlerhaften Angaben kann die Bank bzw. Sparkasse die Ausführung ablehnen.

Hält der Kunde bei der Ausführung der Überweisung besondere Eile für nötig, hat er dies der Bank bzw. Sparkasse gesondert mitzuteilen. Bei formularmäßig erteilten Überweisungen muss dies außerhalb des Formulars erfolgen, falls das Formular selbst keine entsprechende Angabe vorsieht.

(2) Der Kunde autorisiert den Überweisungsauftrag durch Unterschrift oder in der anderweitig mit der Sparkasse vereinbarten Art und Weise (z. B. PIN/TAN)

1.4 Zugang des Überweisungsauftrags bei der Bank bzw. Sparkasse

(1) Der Überweisungsauftrag wird wirksam, wenn er der Bank bzw. Sparkasse zugeht.

Der Zugang erfolgt durch den Eingang des Auftrags in den dafür vorgesehenen Empfangsvorrichtungen der Bank bzw. Sparkasse (z. B. mit Abgabe in den Geschäftsräumen oder Eingang auf dem Online-Banking-Server).

1.5 Widerruf des Überweisungsauftrags

(1) Nach Zugang des Überweisungsauftrags bei der Bank kann der Kunde diesen nicht mehr widerrufen. Bis zu diesem Zeitpunkt ist ein Widerruf durch Erklärung gegenüber der Bank möglich.

2.1 Erforderliche Angaben

Der Kunde muss im Überweisungsauftrag folgende Angaben machen:

- Name des Zahlungsempfängers,
- Kontonummer des Zahlungsempfängers sowie Bankleitzahl und Name des Zahlungsdienstleisters des Zahlungsempfängers oder Internationale Bankkontonummer (IBAN) des Zahlungsempfängers und Bank-Identifizierungs-Code (BIC) des Zahlungsdienstleisters des Zahlungsempfängers,
- Währung
- Betrag,
- Name des Kunden,
- Kontonummer und Bankleitzahl oder IBAN des Kunden.

2.2 Maximale Ausführungsfrist

2.2.1 Fristlänge

Die Bank bzw. Sparkasse ist verpflichtet sicherzustellen, dass der Überweisungsbetrag spätestens innerhalb der im „Preis- und Leistungsverzeichnis" angegebenen Ausführungsfrist beim Zahlungsdienstleister des Zahlungsempfängers eingeht.

2.2.2 Beginn der Ausführungsfrist

(1) Die Ausführungsfrist beginnt mit dem Zeitpunkt des Zugangs des Überweisungsauftrags des Kunden bei der Bank bzw. Sparkasse (siehe Nummer 1.4)

2.3.5 Haftungs- und Einwendungsausschluss

(1) Eine Haftung der Bank ...ist ausgeschlossen,

- wenn die Bank gegenüber dem Kunden nachweist, dass der Überweisungsbetrag rechtzeitig und ungekürzt beim Zahlungsdienstleister des Zahlungsempfängers eingegangen ist, oder
- soweit die Überweisung in Übereinstimmung mit der vom Kunden angegebenen fehlerhaften Kundenkennung des Zahlungsempfängers ausgeführt wurde. In diesem Fall kann der Kunde von der Bank jedoch verlangen, dass sie sich im Rahmen ihrer Möglichkeiten darum be-

müht, den Zahlungsbetrag wiederzuerlangen. Für diese Wiederbeschaffung berechnet die Bank das im „Preis- und Leistungsverzeichnis" ausgewiesene Entgelt.

(2) Ansprüche des Kunden ...und Einwendungen des Kunden gegen die Bank aufgrund nicht oder fehlerhaft ausgeführter Überweisungen oder aufgrund nicht autorisierter Überweisungen sind ausgeschlossen, wenn der Kunde die Bank nicht spätestens 13 Monate nach dem Tag der Belastung mit einer nicht autorisierten oder fehlerhaft ausgeführten Überweisung hiervon unterrichtet hat.

Ein Teil der Umsetzung des gemeinsamen EU-Binnenmarkts ist die Schaffung eines einheitlichen Euro-Zahlungsverkehrsraums (SEPA - Single Euro Payments Area), bei welchem keine Unterschiede mehr zwischen inländischen und grenzüberschreitenden Zahlungen gemacht werden. Damit können Bankkunden überall in den EU-/EWR-Staaten Zahlungen genauso, ebenso günstig und vor allem auch so schnell wie Inlandsüberweisungen ausführen wie im nationalen Umfeld. Da die Einführung des Euros als gemeinsame Währung nicht ausreichte, um die Idee des bargeldlosen Zahlungsverkehrs zu verwirklichen, wurde die SEPA mit der Zielsetzung geschaffen, traditionelle Zahlungsverfahren, welche sich bisher an den Zahlungsstandards auf nationaler Ebene orientierten, abzulösen.

Diese Internationalisierung bedeutet, dass die bisher bei Überweisungen verwendeten nationalen Kontonummern und Bankleitzahlen durch einheitliche Formate ersetzt werden mussten. Zu diesem Zweck hat das ECBS, das European Committee for Banking Standards = Europäisches Normierungsgremium, die IBAN (International Bank Account Number = Internationale Bankkontonummer) als neue europäische Kontonummer eingeführt. Anstelle der bisherigen Bankleitzahlen tritt der BIC (Bank Identifier Code = internationale Bankleitzahl), welcher von der Society for Worldwide Interbank Financial Telecommunication (SWIFT) festgelegt wird und daher oftmals auch als SWIFT-Code bezeichnet wird.

Die SEPA-Überweisung kann sowohl für inländische als auch für grenzüberschreitende Überweisungen innerhalb der SEPA-Teilnehmerländer genutzt werden. SEPA-Überweisungen sind in alle Staaten der Europäischen Union und einige zusätzliche Länder möglich. Das sind neben Deutschland derzeit: Belgien, Bulgarien, Dänemark, Estland, Finnland, Frankreich (einschließlich Réunion, Martinique, Französisch Guayana, Guadeloupe), Griechenland, Großbritannien (einschließlich Nord-Irland, Gibraltar), Irland, Island, Italien, Lettland, Liechtenstein, Litauen, Luxemburg, Malta, Niederlande, Norwegen, Österreich, Polen, Portugal, Rumänien, Schweden, Schweiz, Slowakei, Slowenien, Spanien, Tschechische Republik, Ungarn, Zypern (griechischer Landesteil).

Zu den EWR-Währungen gehören derzeit: Euro, Britisches Pfund Sterling, Bulgarischer Lew, Dänische Krone, Estnische Krone, Isländische Krone, Lettischer Lats, Litauischer Litas, Norwegische Krone, Polnischer Zloty, Rumänischer Leu, Schwedische Krone, Schweizer Franken (nur grenzüberschreitende Zahlungen mit Liechtenstein), Tschechische Krone, Ungarischer Forint.

Die Bedingungen der Kreditinstitute für den Überweisungsverkehr sehen hierzu folgende Regelungen vor:

Für Überweisungen innerhalb Deutschlands und in andere Staaten des Europäischen Wirtschaftsraums (EWR) in Währungen eines Staates außerhalb des EWR (Drittstaatenwährung) sowie Überweisungen in Staaten außerhalb des EWR (Drittstaaten) gelten nach den gleichlautenden Bedingungen für den Überweisungsverkehr der Banken und Sparkassen folgende Bestimmungen:

3.1 Erforderliche Angaben

Der Kunde muss für die Ausführung der Überweisung folgende Angaben machen:

- *Name und ggf. Adresse des Zahlungsempfängers,*
- *Internationale Bankkontonummer (IBAN) beziehungsweise Kontonummer des Zahlungsempfängers,*
- *Bank-Identifizierungs-Code (BIC); ist der BIC unbekannt, ist bei Überweisungen innerhalb Deutschlands die Bankleitzahl und bei Überweisungen in andere Staaten der vollständige Name und die Adresse des Zahlungsdienstleisters des Zahlungsempfängers anzugeben,*
- *Zielland,*
- *Währung,*
- *Betrag,*
- *Name des Kunden,*
- *Kontonummer und Bankleitzahl oder IBAN des Kunden.*

3.2 Ausführungsfrist

Die Überweisungen werden baldmöglichst bewirkt.

Ausgelöst wird die Überweisung durch den schriftlichen Auftrag des Kunden an seine Bank oder Sparkasse, einen bestimmten Geldbetrag dem Konto des Empfängers gutzuschreiben. Das Konto des Überweisenden wird alsdann mit dem überwiesenen Betrag belastet. Jede einzelne Überweisung bedarf eines eigenständigen Überweisungsvertrages. Überweisungen können auch innerhalb einer Bank oder Sparkasse vorgenommen werden. Diese Hausüberweisung entspricht einer Verrechnung innerhalb des Instituts.

Beim außerbetrieblichen Überweisungsverkehr erfüllt die erstbeauftragte Bank ihre Verpflichtung schon dadurch, dass sie den Auftrag an ein anderes Kreditinstitut weiterleitet und diesem die erforderliche Deckung zur Verfügung stellt. Zur Weiterleitung stehen insbesondere fünf Gironetze zur Verfügung:

- Netz für LZB-Giroverkehr der Deutschen Bundesbank und ihrer Landeszentralbanken,
- Postgironetz der Deutschen Postbank AG,
- Netz für den Privatgiroverkehr der Kreditbanken (Großbanken und Privatbanken),
- Spargironetz der Deutschen Girozentrale, der Kommunalbanken und der Sparkassen,
- Ringgiroverkehr der Genossenschaftsbanken.

In der Praxis wird derjenige Leitweg gewählt, der die zeit- und kostengünstigste Weiterleitung ermöglicht.

Im mehrgliedrigen Überweisungsverkehr wird demgegenüber voneinander fremden Banken innerhalb mehrerer vorhandener Gironetze eine Überweisung vorgenommen. Ausgehend davon, dass heute in der Praxis ein – wenn auch nach allgemeiner Auffassung nicht einklagbarer – Anspruch auf ein Girokonto besteht (siehe die Ausführungen zum „Girokonto für jedermann"), ist überwiegend die mehrgliedrige Konto-zu-Konto-Überweisung anzutreffen. Handelt es sich um eine mehrgliedrige Außerhausüberweisung, ist die Belastung des Auftraggebers in der Regel eine Vorschussverschaffung im Sinne von § 669 BGB für den nachfolgenden Anspruch auf Aufwendungsersatz. Die überweisende Bank sucht für die Überweisungssumme Deckung beim auftraggebenden Kunden. Aus diesem Grund wird bei dem Rechtsverhältnis zwischen dem Auftraggeber und der Hausbank von einem Deckungsverhältnis gesprochen. Weist das Konto des Kunden keine Deckung hinsichtlich der in Auftrag gegebenen Überweisungssumme auf, beginnen die Fristen zur Ausführung der Überweisung nicht zu laufen. Im Rahmen einer Haus- oder Filialüberweisung scheidet ein solcher Vorschuss-Anspruch aus, denn durch die Belastungsbuchung des Auftraggebers erhält das Kreditinstitut die erforderliche Deckung für die zu erteilende Kontogutschrift.

Überweisungen können zunächst in der herkömmlichen Form durch Ausfüllen eines schriftlichen Überweisungsträgers in Auftrag gegeben werden. Dabei handelt es sich um eine beleghafte Überweisung. Nach den „Bedingungen für den Überweisungsverkehr" kann der Kunde die Bank bzw. Sparkasse beauftragen, durch eine Überweisung Geldbeträge bargeldlos zugunsten eines Zahlungsempfängers an den Zahlungsdienstleister des Zahlungsempfängers zu übermitteln. Der Kunde erteilt der Bank bzw. Sparkasse hierzu einen Überweisungsauftrag – im Normalfall mittels eines von der Bank bzw. Sparkasse zugelassenen Vordrucks – oder in der mit der Bank bzw. Sparkasse anderweitig vereinbarten Art und Weise (z. B. per Online-Banking) mit den vorgenannten erforderlichen Angaben.

Der Kunde hat auf die Leserlichkeit, die Vollständigkeit und die Richtigkeit der Angaben zu achten. Unleserliche, unvollständige oder fehlerhafte Angaben können zu Verzögerungen und zu Fehlleitungen von Überweisungen führen; daraus können Schäden für den Kunden entstehen.

Bei Überweisungen müssen Bankkunden also aufpassen: Die Geldinstitute müssen nach ihren Bedingungen Empfängernamen und Kontonummer nicht abgleichen. „Verdreht" man z. B. die Ziffern der Empfänger-Kontonummer, und das Geld landet bei einem Fremden, entsteht ein Problem. Dafür muss man aber das Pech haben, dass die Kontonummer mit dem Zahlendreher tatsächlich existiert.

Hinzu kommt ferner, dass Überweisungsaufträge unwiderruflich sind, sobald sie abgeschickt sind. Es ist nicht möglich, seine Bank anzurufen und den Auftrag zurückziehen, nachdem man ihn schon abgeschickt hatte. Es gilt daher der ausdrückliche Rat, die in der Überweisung eingetragenen Zahlenfolgen sehr genau zu überprüfen.

Bei unleserlichen, unvollständigen oder fehlerhaften Angaben kann die Bank bzw. Sparkasse darüber hinaus die Ausführung ablehnen.

Hält der Kunde bei der Ausführung der Überweisung besondere Eile für nötig, hat er dies der Bank bzw. Sparkasse gesondert mitzuteilen. Bei formularmäßig erteilten Überweisungen muss dies außerhalb des Formulars erfolgen, falls das Formular selbst keine entsprechende Angabe vorsieht.

Der Kunde autorisiert den Überweisungsauftrag durch Unterschrift oder in der anderweitig mit der Sparkasse vereinbarten Art und Weise (z. B. PIN/TAN). Auf Verlangen des Kunden teilt die Sparkasse vor Ausführung eines einzelnen Überweisungsauftrags die maximale Ausführungsfrist für diesen Zahlungsvorgang sowie die in Rechnung zu stellenden Entgelte und gegebenenfalls deren Aufschlüsselung mit.

Aufgrund der fortschreitenden Automatisierung sind von den Banken und Sparkassen zur Erledigung dieser Aufgaben Kundenterminals aufgestellt worden. Mit ec-Karte und dazugehöriger Geheimnummer (PIN) kann der Kunde dort selbst die Überweisung vornehmen, die unmittelbar in die Rechneranlage der Bank eingespeist wird. Diese Form der Überweisung wird beleglose Überweisung genannt.

Immer größere Bedeutung gewinnt auch das „Online-Banking" (siehe hierzu besonderer Abschnitt). Insbesondere Geschäfts- und Direktbanken nutzen diese Form der Zusammenarbeit mit ihren Kunden. Auch diese Form der Überweisung wird als beleglose Überweisung bezeichnet. Unter Verwendung sogenannten Transaktionsnummern (TAN) und auf der Grundlage eines entsprechend erweiterten Girovertrages können Kunden rund um die Uhr direkt Überweisungen vornehmen. Die Vorteile für die Kunden liegen folglich darin, dass die Überweisungen schneller und jederzeit vorgenommen werden können.

Weiterhin ist das „Telefon-Banking" als mögliche Überweisungsform zu nennen. Hierbei erteilt der Kunde mündlich am Telefon seinen Überweisungsauftrag. Dabei kommen zur Legitimation des Kunden besonders vereinbarte Kennworte zur Anwendung. Die Einzelheiten des Telefon-Banking werden von den Banken und Sparkassen individuell geregelt.

Für das Verfahren hat der Kunde seine Kundenkennung (Kontonummer und Bankleitzahl seiner Bank oder IBAN (International Bank Account Number – Internationale Bankkontonummer) und die ihm vom Zahlungsempfänger genannte Kundenkennung des Zahlungsempfängers (Kontonummer und Bankleitzahl oder IBAN und BIC (Bank Identifier Code – Bank-Identifizierungscode) oder andere Kennung des Zahlungsdienstleisters des Zahlungsempfängers zu verwenden.

3.2. Das Lastschriftverfahren

Das im Zahlungsverkehr heute übliche elektronische Lastschriftverfahren ist dadurch gekennzeichnet, dass die im Magnetstreifen einer ec-Karte befindlichen Daten (insbesondere Bankleitzahl und Kontonummer) beim Zahlungsvorgang gelesen werden und hieraus zum einen eine Lastschrift sowie zum anderen eine Einzugsermächtigung generiert werden, die vom Kunden unterschrieben wird. Die Kundendaten auf der ec-Karte werden also dazu verwendet, um eine Lastschrift zu erstellen. Eine Lastschrift ist ein vom Zahlungsempfänger ausgelöster Zahlungsvorgang zulasten des Kontos des Kunden, bei dem die Höhe des jeweiligen Zahlungsbetrages vom Zahlungsempfänger angegeben wird.

Rechtliche Voraussetzungen

Das Rechtsverhältnis zwischen dem Schuldner und seiner Bank ist im Grundsatz ein Geschäftsbesorgungsvertrag im Sinne von § 675 BGB.

Das Lastschriftverfahren ist erst in den 1960er Jahren von der Kreditwirtschaft zu einem einheitlichen Instrument des bargeldlosen Zahlungsverkehrs ausgestaltet worden. Das Vorgängermodell des heutigen Lastschriftverfahrens war das sogenannte Einziehungsverfahren. Dominierend in der Praxis ist heute das sogenannte Einzugsermächtigungsverfahren. Hier erteilt der Schuldner – also der Zahlungspflichtige – seinem Gläubiger – dem Zahlungsempfänger – direkt die Ermächtigung zur Einziehung der Forderung. Dogmatisch ist die Einziehungsermächtigung eine Einwilligung gemäß § 185 BGB für den Gläubiger dahin gehend, dass dieser mit der Lastschrift seine Forderung einzieht. Nach der herrschenden Genehmigungstheorie ist die folgende dogmatische Einordnung maßgeblich:

Zunächst wird das Konto des Schuldners unberechtigt mit dem Lastschriftbetrag bei der Schuldnerbank belastet. Genehmigt der Schuldner die Kontobelastung gemäß §§ 684 S. 2, 185 Abs. 2 S. 1 BGB, so wird die Belastung seines Kontos wirksam.

Nach den – insoweit gleichlautenden – „**Bedingungen der Banken und Sparkassen für Zahlungen mittels Lastschrift im Einzugsermächtigungs- und Abbuchungsauftragsverfahren**" ist eine Lastschrift „*ein vom Zahlungsempfänger ausgelöster Zahlungsvorgang zulasten des Kontos des Kunden, bei dem die Höhe des jeweiligen Zahlungsbetrages vom Zahlungsempfänger angegeben wird*".

Zu erkennen ist, dass im Gegensatz zu einer Überweisung beim Lastschriftverfahren also der Gläubiger – mithin der Zahlungsempfänger – und nicht der Schuldner – der Zahlungspflichtige – den Zahlungsvorgang in Gang setzt. Damit steht dem Gläubiger die Möglichkeit zu, über fremdes Geld zu verfügen. Um das Risiko des Missbrauchs einzudämmen, ist im Lastschriftverfahren daher stets zwingende Voraussetzung eine Berechtigung des Zahlungsempfängers für sein Handeln.

Eine solche Berechtigung kann sich unter zwei Gesichtspunkten ergeben:

Im Lastschriftverfahren wird zwischen dem *Einzugsermächtigungsverfahren und dem Abbuchungsauftragsverfahren* unterschieden.

Wesentliche Merkmale der *Einzugsermächtigungslastschrift* sind: Der Kunde kann über seine Bank bzw. Sparkasse an einen Zahlungsempfänger Zahlungen in Euro bewirken. Hierzu ermächtigt er den Zahlungsempfänger, Geldbeträge vom Konto des Kunden mittels Lastschriften einzuziehen (Einzugsermächtigung). Der Zahlungsempfänger löst den jeweiligen Zahlungsvorgang dann aus, indem er über seinen Zahlungsdienstleister der Bank bzw. Sparkasse die Lastschriften vorlegt. Der Kunde autorisiert die Zahlung nachträglich durch Genehmigung der entsprechenden Lastschriftbelastungsbuchung auf seinem Konto.

Eingehende Einzugsermächtigungslastschriften des Zahlungsempfängers werden dem Konto des Kunden mit dem vom Zahlungsempfänger angegebenen Lastschriftbetrag belastet.

Teileinlösungen von Lastschriften nimmt die Bank bzw. Sparkasse nicht vor.

Für das Verfahren hat der Kunde die ihm mitgeteilte Kontonummer und die Bankleitzahl der Bank bzw. Sparkasse als seine Kundenkennung gegenüber dem Zahlungsempfänger zu verwenden, da die Bank bzw. Sparkasse berechtigt ist, die Zahlung aufgrund der Einzugsermächtigungslastschrift ausschließlich aufgrundlage der ihr übermittelten Kundenkennung auszuführen. Die Bank bzw. Sparkasse und die weiteren beteiligten Stellen führen die Zahlung an den Zahlungsempfänger anhand der im Lastschriftdatensatz vom Zahlungsempfänger als dessen Kundenkennung angegebenen Kontonummer und Bankleitzahl des Zahlungsempfängers aus.

Auch beim *Abbuchungsauftragsverfahren* kann der Kunde über seine Bank bzw. Sparkasse an einen Zahlungsempfänger Zahlungen in Euro bewirken. Hier reicht dagegen der Gläubiger – der Zahlungsempfänger – bei der Inkassostelle eine Lastschrift und damit einen Abbuchungsauftrag über einen bestimmten Betrag ein. Dieser Betrag wird dem Gläubiger –

dem Zahlungsempfänger – unter der Bedingung der Einlösung gutgeschrieben. Eine Lastschrift ist mithin auch hier ein vom Zahlungsempfänger ausgelöster Zahlungsvorgang zulasten des Kontos eines Kunden, bei dem die Höhe des jeweiligen Zahlungsbetrages vom Zahlungsempfänger angegeben wird: Der Zahlungsempfänger löst den jeweiligen Zahlungsvorgang aus, indem er über seinen Zahlungsdienstleister der Bank bzw. Sparkasse die Abbuchungsauftragslastschriften vorlegt.

Für die Ausführung von Zahlungen mittels Abbuchungsauftragslastschrift muss der Kunde vor dem Zahlungsvorgang den Zahlungsempfänger ermächtigen, Geldbeträge vom Konto des Kunden per Abbuchungsauftragslastschriften einzuziehen und die Bank bzw. Sparkasse unmittelbar anweisen, die Abbuchungsauftragslastschriften seinem Konto zu belasten und den Lastschriftbetrag an den Dienstleister des Zahlungsempfängers zu übermitteln (Abbuchungsauftrag). Der Zahlungsempfänger löst dann den jeweiligen Zahlungsvorgang aus, indem er über seinen Zahlungsdienstleister der Sparkasse die Abbuchungsauftragslastschriften vorlegt.

Wichtig: Der Kunde kann bei einer autorisierten Zahlung aufgrund einer Abbuchungsauftragslastschrift von der Bank bzw. Sparkasse keine Erstattung des seinem Konto belasteten Lastschriftbetrages verlangen.

Der Kunde autorisiert mit dem Abbuchungsauftrag gegenüber der Bank bzw. Sparkasse die Einlösung von Abbuchungsauftragslastschriften des Zahlungsempfängers. Die Autorisierung umfasst die Belastung des Kontos des Kunden mit Abbuchungsauftragslastschriften des Zahlungsempfängers und die Ausführung von Zahlungen durch Übermittlung der abgebuchten Lastschriftbeträge an den Zahlungsdienstleister des Zahlungsempfängers. Der Abbuchungsauftrag ist schriftlich oder in der mit der Sparkasse vereinbarten Art und Weise unmittelbar der Bank bzw. Sparkasse zu erteilen.

Der Abbuchungsauftrag muss folgende Angaben (Autorisierungsdaten) enthalten:

- *Name des Zahlungsempfängers,*
- *Name des Kunden,*
- *Bezeichnung der Bank bzw. Sparkasse des Kunden und*
- *seine Kundenkennung.*

Das Lastschriftverfahren insgesamt erfreut sich zunehmend großer Beliebtheit. Dies ist vor allem auf dessen Praktikabilität und Eignung für Rationalisierungsmaßnahmen zurückzuführen. So ist der Zahlungsempfänger nicht auf die pünktliche Zahlung seiner Rechnung durch den Zahlungspflichtigen angewiesen, sondern kann diesen Vorgang selbst initiieren. Darüber hinaus wird die Buchhaltung des Gläubigers entlastet, da durch den pünktlichen Zahlungseingang eine umfangreiche Debitorenbuchhaltung entfällt und der Versand von Mahnschreiben minimiert werden kann. Gleichzeitig bedeutet das Lastschriftverfahren auch für den Schuldner eine Arbeitserleichterung, da er lediglich für eine ausreichende Kontodeckung sorgen muss.

Widerspruch

Legt der Lastschriftschuldner gegen eine Lastschrift Widerspruch ein, so wird diese zurückgegeben. Die Wirkung des Widerspruchs hat für das Abbuchungsauftragsverfahren eine andere Wirkung als beim Einziehungsverfahren. Wie soeben dargestellt wird im Abbuchungsauftragsverfahren der Bank die Ermächtigung zur Kontobelastung erteilt. Damit wird deutlich, dass diese umgehend mit einer Lastschrift belastet wird und ein Widerspruch daher nicht möglich ist. Anders ist die Lage beim Einziehungsermächtigungsverfahren. Hier erfolgt die Kontobelastung erst durch die Genehmigung des Kontoinhabers.

Legt der Kontoinhaber gegen die Lastschrift Widerspruch ein, so leitet die Zahlstelle den Betrag an die erste Inkassostelle zurück und der abgebuchte Betrag wird wieder gutgeschrieben. Dieser Widerspruch bedarf keiner Begründung und kann jederzeit erfolgen. Wird vom Kontoinhaber allerdings rechtsmissbräuchlich ein Widerspruch eingelegt, so entsteht unter Umständen ein Schadensersatzanspruch gemäß § 826 BGB.

Das Widerspruchsrecht stellt also eine Korrekturmöglichkeit für eine unberechtigte Kontobelastung mittels Lastschrift dar. Diese Widerspruchsmöglichkeit beruht jedoch nicht auf dem bankeninternen Lastschriftabkommen, da dieses lediglich die Rechte und Pflichten der Kreditinstitute untereinander regelt. Das Widerspruchsrecht ergibt sich vielmehr daraus, dass die Bank das Girokonto eines Kunden ohne dessen Auftrag belastet. Die Widerspruchsmöglichkeit hat deshalb ihre Rechtsgrundlage in dem zugrunde liegenden Giroverhältnis. Ein erfolgter Widerspruch ist von der Bank selbst dann zu beachten, wenn sie Kenntnis davon hat, dass der abgebuchte Betrag tatsächlich vom Zahlungspflichtigen dem Empfänger geschuldet wird.

Nach dem Lastschriftabkommen kann eine Lastschrift nur in einem zeitlichen Rahmen von sechs Wochen ab Kontobelastung durch den Zahlungspflichtigen zurückgegeben werden. Umstritten ist, ob diese Frist auch im Verhältnis zwischen Bank und Schuldner gilt, da die Regelungen des Lastschriftabkommens lediglich für das Interbankverhältnis gelten. Hingegen richtet sich die Rechtsstellung des Schuldners nach dem Girovertragsverhältnis zu seiner Bank. Grundsätzlich könnte somit der Zahlungspflichtige einer Lastschrift zeitlich unbegrenzt widersprechen. Aufgrund dieser Problemstellung ist nun die Lastschriftrückgabe explizit zwischen Bank und Kunde geregelt:

Der Zahlungspflichtige ist nach den insoweit inhaltsgleichen allgemeinen Geschäftsbedingungen der Kreditwirtschaft berechtigt, der Lastschriftbuchung nur innerhalb einer Frist von sechs Wochen nach Zugang des Rechnungsabschlusses zu widersprechen und die Wiedergutschrift des von seinem Konto abgebuchten Betrages zu verlangen.

Das Unterlassen der fristgemäßen Erhebung von Einwendungen gegen den Rechnungsabschluss führt zur Genehmigung von Belastungen aus Einziehungsermächtigungslastschriften.

Die entsprechende Regelung befindet sich in den „Bedingungen für Zahlungen mittels Lastschrift im Einzugsermächtigungs- und Abbuchungsauftragsverfahren" (in Abschnitt A. „Zahlungen mittels Lastschrift im Einzugsermächtigungsverfahren").

Die Klausel bei Sparkassen lautet:

2.4 Nachträgliche Autorisierung der Zahlung durch Genehmigung der Lastschriftbelastungsbuchung

„Die Autorisierung der Zahlung durch den Kunden erfolgt nachträglich über die Genehmigung der entsprechenden Lastschriftbelastungsbuchung auf seinem Konto. Hat der Kunde eine Belastungsbuchung aus einer Lastschrift, für die er dem Zahlungsempfänger eine Einzugsermächtigung erteilt hat, nicht schon genehmigt, so hat er Einwendungen gegen diese im Saldo des nächsten Rechnungsabschlusses enthaltene Belastungsbuchung spätestens vor Ablauf von sechs Wochen nach Zugang des Rechnungsabschlusses schriftlich oder, wenn im Rahmen der Geschäftsbeziehung der elektronische Kommunikationsweg vereinbart wurde (z. B. Online-Banking), auf diesem Wege zu erheben. Es genügt die Absendung innerhalb der Sechs-Wochen-Frist. Das Unterlassen rechtzeitiger Einwendungen gilt als Genehmigung der Belastung. Auf diese Folge wird die Sparkasse bei Erteilung des Rechnungsabschlusses besonders hinweisen."

Die Formulierung bei Banken ist weitgehend gleichlautend.

Wie aus der Formulierung zu erkennen ist, gilt diese Regelung nur für Lastschriften, bei denen tatsächlich eine Einzugsermächtigung vorlag und der Zahlungspflichtige z. B. nachträglich mit der Höhe nicht einverstanden ist. Vollkommen unberechtigte Einzüge von unbekannten Einziehenden sind dagegen nicht von diesen AGB-Klauseln erfasst.

Nach § 675 x BGB können der Zahler und sein Zahlungsdienstleister vereinbaren, dass der Zahler auch dann einen Anspruch auf Erstattung gegen seinen Zahlungsdienstleister hat, wenn die Voraussetzungen für eine Erstattung autorisierten Zahlungsvorgängen, bei denen der genaue Betrag nicht angegeben wurde und der Zahlungsbetrag den Betrag übersteigt, den der Zahler entsprechend seinem bisherigen Ausgabeverhalten, den Bedingungen des Zahlungsdiensterahmenvertrags und den jeweiligen Umständen des Einzelfalls hätte erwarten können, nicht erfüllt sind.

Die von Banken und Sparkassen im Abbuchungsauftragsverfahren verwendeten Klauseln lauten:

B. Zahlungen mittels Lastschrift im Abbuchungsauftragsverfahren

2.5 Ausschluss des Erstattungsanspruchs bei einer autorisierten Zahlung

Der Kunde kann bei einer ... autorisierten Zahlung aufgrund einer Abbuchungsauftragslastschrift nach Einlösung von der Bank keine Erstattung des Lastschriftbetrags verlangen. Weitergehende Ansprüche aus § 675 x BGB sind ausgeschlossen.

Erstattungsansprüche des Kunden bei einer nicht erfolgten oder fehlhaft ausgeführten autorisierten Zahlung richten sich nach Nummer 2.6.2.

2.6.1 Erstattung bei einer nicht autorisierten Zahlung

Im Falle einer vom Kunden nicht autorisierten Zahlung hat die Bank gegen den Kunden keinen Anspruch auf Erstattung ihrer Aufwendungen. Sie ist verpflichtet, dem Kunden den von seinem Konto abgebuchten Lastschriftbetrag unverzüglich zu erstatten. Dabei bringt sie das Konto wieder auf den Stand, auf dem es sich ohne die Belastung durch die nicht autorisierte Zahlung befunden hätte.

2.6.2 Erstattung bei nicht erfolgter oder fehlhafter Ausführung einer autorisierten Zahlung

(1) Im Falle einer nicht erfolgten oder fehlhaften Ausführung einer autorisierten Zahlung kann der Kunde von der Bank die unverzügliche und ungekürzte Erstattung des Lastschriftbetrages insoweit verlangen, als die Zahlung nicht erfolgt oder fehlhaft war. Die Bank bringt dann das Konto wieder auf den Stand, auf dem es sich ohne den fehlhaft ausgeführten Zahlungsvorgang befunden hätte.

(2) Der Kunde kann über den Anspruch nach Absatz 1 hinaus von der Bank die Erstattung derjenigen Entgelte und Zinsen verlangen, die die Bank ihm im Zusammenhang mit der nicht erfolgten oder fehlerhaften Ausführung der Zahlung in Rechnung gestellt oder mit denen sie das Konto des Kunden belastet hat.

Widerruf

Von der soeben dargestellten Möglichkeit des Widerspruchs ist der Widerruf zu unterscheiden. Ein Widerruf richtet sich gegen eine erteilte Ermächtigung zur Abbuchung und ist gegenüber dem Zahlungsempfänger – nicht gegenüber der Bank – zu erklären. Der Widerruf ist in beiden Verfahren jederzeit und ohne Angabe von Gründen möglich.

Einzugsermächtigungslastschriften sind nach der Regelung in Nummer A 2.3.2 der „Bedingungen für Zahlungen mittels Lastschrift im Einzugsermächtigungs- und Abbuchungsauftragsverfahren" eingelöst, wenn die Belastungsbuchung auf dem Konto des Kunden nicht spätestens am zweiten Bankarbeitstag nach ihrer Vornahme rückgängig gemacht wird.

Wurde – wie bei der Lastschrift – der Zahlungsvorgang vom Zahlungsempfänger oder über diesen ausgelöst, so kann der Zahler gemäß § 675 p BGB den Zahlungsauftrag nicht mehr widerrufen, nachdem er den Zahlungsauftrag oder seine Zustimmung zur Ausführung des Zahlungsvorgangs an den Zahlungsempfänger übermittelt hat. Der Zahler kann den Zahlungsauftrag jedoch bis zum Ende des Geschäftstags vor dem vereinbarten Fälligkeitstag widerrufen.

Der Abbuchungsauftrag im Abbuchungsauftragsverfahren kann nach der Regelung in Nummer B 2.2.2 der „Bedingungen für Zahlungen mittels Lastschrift im Einzugsermächtigungs- und Abbuchungsauftragsverfahren" vom Kunden hingegen durch Erklärung gegenüber seiner Bank oder Sparkasse widerrufen werden. Der Widerruf muss der Sparkasse schriftlich oder, wenn im Rahmen der Geschäftsbeziehung der elektronische Kommunikationsweg vereinbart wurde (z. B. Online-Banking), auf diesem Wege zugehen. Der Widerruf wird am auf den Eingang folgenden Geschäftstag gemäß „Preis- und Leistungsverzeichnis" wirksam.

Nichteinlösung

Lastschriften, die nicht eingelöst werden, werden als Rücklastschriften bezeichnet. Sie werden nach einem im Lastschriftabkommen definierten Verfahren zwischen den beteiligten Banken zurückgerechnet, dem Konto des Zahlungsempfängers wieder belastet und dem Konto des Zahlungspflichtigen wieder gutgeschrieben. Gründe für die Rückgabe einer Lastschrift sind z. B.:

- Das Einzugskonto weist keine Deckung auf, d. h., dass auf dem Konto weder ausreichendes Guthaben vorhanden ist noch eine ausreichende Kreditlinie besteht.
- Das angegebene Konto besteht nicht oder ist aufgelöst worden.
- Kontonummer und Name des Zahlungspflichtigen gehören nicht zusammen.
- Es liegt kein Abbuchungsauftrag vor (nur beim Abbuchungsauftragsverfahren).
- Der Zahlungspflichtige hat der Lastschrift widersprochen (nur beim Einzugsermächtigungsverfahren).

Für die Beilegung von Streitigkeiten im Zusammenhang mit Lastschriften mit dem Kreditinstitut kann sich der Kunde an die im „Preis- und Leistungsverzeichnis" des Kreditinstituts näher bezeichneten Streitschlichtungs- oder Beschwerdestellen wenden.

Neue Formen von Lastschriften

Mit der SEPA-Lastschrift können europaweit fällige Rechnungsbeträge eingezogen werden – dank einheitlicher Standards in der Abwicklung, im Datenformat und auf Basis einer gemeinsamen Rechtsgrundlage. Unterschieden wird zwischen dem SEPA-Basis-Lastschriftverfahren im Privatkundensegment und dem SEPA-Firmen-Lastschriftverfahren im Unternehmenskundenbereich.

Hierfür gelten bei Banken und Sparkassen die – insoweit einheitlichen – „Bedingungen für Zahlungen mittels Lastschrift im SEPA-Basis-Lastschriftverfahren" und die „Bedingungen für Zahlungen mittels Lastschrift im SEPA-Firmen-Lastschriftverfahren".

Mit dem SEPA-Basis-Lastschriftverfahren im Privatkundenbereich kann der Kunde über die Bank bzw. Sparkasse an den Zahlungsempfänger Zahlungen in Euro innerhalb des Gebiets des einheitlichen Euro-Zahlungsverkehrsraums bewirken.

Für die Ausführung von Zahlungen mittels SEPA-Basis-Lastschriften müssen der Zahlungsempfänger und dessen Zahlungsdienstleister das SEPA-Basis-Lastschriftverfahren nutzen und der Kunde vor dem Zahlungsvorgang dem Zahlungsempfänger das SEPA-Lastschriftmandat erteilen. Der Zahlungsempfänger löst dann den jeweiligen Zahlungsvorgang aus, indem er über seinen Zahlungsdienstleister der Sparkasse die Lastschriften vorlegt.

Der Kunde kann bei einer autorisierten Zahlung aufgrund einer SEPA-Basis-Lastschrift binnen einer Frist von acht Wochen ab dem Zeitpunkt der Belastungsbuchung auf seinem Konto von der Bank bzw. Sparkasse die Erstattung des belasteten Lastschriftbetrags verlangen.

Für das Verfahren hat der Kunde die ihm mitgeteilte IBAN und den BIC der Bank bzw. Sparkasse als seine Kundenkennung gegenüber dem Zahlungsempfänger zu verwenden, da die Sparkasse berechtigt ist, die Zahlung aufgrund der SEPA-Basis-Lastschrift ausschließlich auf der Grundlage der ihr übermittelten Kundenkennung auszuführen. Die Bank bzw. Sparkasse und die weiteren beteiligten Stellen führen die Zahlung an den Zahlungsempfänger anhand der im Lastschriftdatensatz vom Zahlungsempfänger als dessen Kundenkennung angegebenen IBAN und BIC des Zahlungsempfängers aus.

Der Kunde erteilt dem Zahlungsempfänger ein sog. SEPA-Lastschriftmandat. Damit autorisiert er gegenüber seiner Bank bzw. Sparkasse die Einlösung von SEPA-Basis-Lastschriften des Zahlungsempfängers. Das Mandat ist schriftlich oder in der mit seiner Bank bzw. Sparkasse vereinbarten Art und Weise zu erteilen. Das SEPA-Lastschriftmandat kann vom Kunden durch Erklärung gegenüber seiner Bank bzw. Sparkasse widerrufen werden. Eingehende SEPA-Basis-Lastschriften des Zahlungsempfängers werden am im Datensatz angegebenen Fälligkeitstag mit dem vom Zahlungsempfänger angegebenen Lastschriftbetrag dem Konto des Kunden belastet. Die Bank bzw. Sparkasse ist verpflichtet, sicherzustellen, dass der von ihr dem Konto des Kunden aufgrund der SEPA-Basis-Lastschrift des Zahlungsempfängers belastete Lastschriftbetrag spätestens innerhalb der in ihrem „Preis-und Leistungsverzeichnis" angegebenen Ausführungsfrist beim Zahlungsdienstleister des Zahlungsempfängers eingeht. Der Kunde kann bei einer autorisierten Zahlung aufgrund einer SEPA-Basis-Lastschrift binnen einer Frist von acht Wochen ab dem Zeitpunkt der Belastungsbuchung auf seinem Konto von der Bank bzw. Sparkasse ohne Angabe von Gründen die Erstattung des belasteten Lastschriftbetrags verlangen. Etwaige Zahlungsansprüche des Zahlungsempfängers gegen den Kunden bleiben hiervon unberührt. Im Falle einer vom Kunden nicht autorisierten Zahlung hat die Bank bzw. Sparkasse gegen den Kunden keinen Anspruch auf Erstattung ihrer Aufwendungen. Sie ist verpflichtet, dem Kunden den von seinem Konto abgebuchten Lastschriftbetrag unverzüglich zu erstatten. Dabei bringt sie das Konto wieder auf den Stand, auf dem es sich ohne die Belastung durch die nicht autorisierte Zahlung befunden hätte.

Das SEPA-Firmen-Lastschriftverfahren im Unternehmenskundensegment kann nur von Kunden genutzt werden, die keine Verbraucher sind. Es ist speziell auf die Bedürfnisse von Firmenkunden zugeschnitten, um insbesondere eine frühe Finalität von Zahlungen – vergleichbar dem Abbuchungsauftragsverfahren – zu erreichen. Ein Erstattungsanspruch des zahlungspflichtigen Firmenkunden nach erfolgter Einlösung einer SEPA-Firmen-Lastschrift ist daher ausgeschlossen.

Beim SEPA-Firmen-Lastschriftverfahren muss der Zahlungspflichtige die Erteilung eines sogenannten „SEPA-Firmenlastschrift-Mandats" gegenüber seinem Kreditinstitut bestätigen. In den Bedingungen für Zahlungen mittels Lastschrift im SEPA-Firmen-Lastschriftverfahren heißt es hierzu:

2.2.2 Bestätigung der Erteilung eines SEPA-Firmenlastschrift-Mandats

Der Kunde hat seiner Bank (bzw. Sparkasse) die Autorisierung nach Nummer 2.2.1 unverzüglich zu bestätigen, indem er der Bank (Sparkasse) folgende Daten in der vereinbarten Art und Weise aus dem vom Zahlungsempfänger erteilten SEPAFirmenlastschrift-Mandat übermittelt und diese Mitteilung unterzeichnet oder in der vereinbarten Art und Weise authentifiziert:

- *Bezeichnung des Zahlungsempfängers,*
- *Gläubiger-Identifikationsnummer des Zahlungsempfängers,*
- *Mandatsreferenz,*
- *Kennzeichnung einer einmaligen Zahlung oder wiederkehrender Zahlungen und*
- *Datum und Unterschrift auf dem Mandat.*

Hierzu kann der Kunde der Bank bzw. Sparkasse auch eine unterschriebene Kopie des SEPA-Firmenlastschrift-Mandats übermitteln. Eingehende SEPA-Firmen-Lastschriften des Zahlungsempfängers werden am angegebenen Fälligkeitstag mit dem vom Zahlungsempfänger angegebenen Lastschriftbetrag dem Konto des Kunden belastet. Eine Kontobelastung erfolgt nicht oder wird spätestens am zweiten Geschäftstag gemäß „Preis- und Leistungsverzeichnis" nach ihrer Vornahme rückgängig gemacht, wenn

- *der Bank bzw. Sparkasse keine Bestätigung des Kunden gemäß Nummer 2.2.2 vorliegt,*
- *der Bank bzw. Sparkasse ein Widerruf des Firmenlastschrift-Mandats zugegangen ist,*

- der Bank bzw. *Sparkasse eine Zurückweisung der Lastschrift des Kunden zugegangen ist,*
- *der Kunde über kein für die Einlösung der Lastschrift ausreichendes Guthaben auf seinem Konto oder über keinen ausreichenden Kredit verfügt,*
- *die im Lastschriftdatensatz angegebene IBAN des Zahlungspflichtigen keinem Konto des Kunden bei der Bank bzw. Sparkasse zuzuordnen ist oder*
- *die Lastschrift nicht von der Bank bzw. Sparkasse verarbeitbar ist, da im Lastschriftdatensatz die Gläubiger-Identifikationsnummer fehlt oder für die Bank bzw. Sparkasse erkennbar fehlerhaft ist, die Mandatsreferenz fehlt, das Ausstellungsdatum des Mandats fehlt oder kein Fälligkeitstag angegeben ist.*

Der Kunde kann – wie bereits erwähnt – bei einer autorisierten Zahlung aufgrund einer SEPA-Firmen-Lastschrift von der Bank bzw. Sparkasse keine Erstattung des seinem Konto belasteten Lastschriftbetrags verlangen. Erstattungsansprüche bei einem vom oder über den Zahlungsempfänger ausgelösten autorisierten Zahlungsvorgang aus § 675 x BGB sind hier ausgeschlossen.

3.3 Der Scheck

Eine weitere Form des Zahlungsverkehrs stellt die Verfügung per Scheck dar. In Deutschland wird im Gegensatz zu anderen Ländern allerdings nur noch vergleichsweise wenig von dieser Zahlungsmöglichkeit Gebrauch gemacht.

Der Zahlungsverkehr mittels Scheck ist im Scheckgesetz geregelt. Ein Scheck liegt nur dann vor, wenn er die erforderlichen gesetzlichen Bestandteile nach Art. 1 des Scheckgesetzes (ScheckG) aufweist. Der Scheck enthält:

1. *die Bezeichnung als Scheck im Text der Urkunde, und zwar in der Sprache, in der sie ausgestellt ist;*
2. *die unbedingte Anweisung, eine bestimmte Geldsumme zu zahlen;*
3. *den Namen dessen, der zahlen soll (Bezogener);*
4. *die Angabe des Zahlungsorts;*
5. *die Angabe des Tages und des Ortes der Ausstellung;*
6. *die Unterschrift des Ausstellers.*

Wenn ein wesentlicher Bestandteil fehlt, liegt aus rechtlicher Sicht kein Scheck vor.

Mit der Ausstellung des Schecks wird eine abstrakte Zahlungsverpflichtung des Ausstellers begründet. Dies bedeutet, dass es für den Scheck nicht darauf ankommt, ob ein schuldrechtliches Grundgeschäft (z. B. ein Kaufvertrag) besteht. Grundsätzlich darf der Scheck gemäß Art. 3 ScheckG nur auf einen Bankier im Sinne von Art. 54 ScheckG gezogen werden, bei dem der Aussteller ein Guthaben hat, und ferner gemäß einer ausdrücklichen oder stillschweigenden Vereinbarung, wonach der Aussteller das Recht hat, über dieses Guthaben mittels Schecks zu verfügen.

Der Scheckvertrag

Die Rechtsverhältnisse zwischen der Bank und dem Scheckaussteller werden damit durch „bankinternes Scheckrecht" geregelt. Ergänzend zum Girovertrag wird nämlich zwischen der Bank und dem Scheckaussteller und Kontoinhaber ein Scheckvertrag geschlossen. Dies erfolgt in der Regel konkludent durch die Übergabe von entsprechenden Scheckvordrucken. Der Scheckvertrag ist von seiner dogmatischen Einordnung her ein entgeltlicher Dienstvertrag mit Geschäftsbesorgungscharakter im Sinne von §§ 675, 611 BGB. Voraussetzungen für den Scheckvertrag sind Konto- und Scheckfähigkeit.

Der Inhalt des Scheckvertrages richtet sich nach den „Bedingungen für den Scheckverkehr". Eine Besonderheit der Scheckzahlung liegt darin, dass die Bank auch bei mangelnder Deckung zur Scheckeinlösung berechtigt ist. Aus dem Scheckvertrag ergibt sich ferner eine Einlösungspflicht, wonach das Kreditinstitut der Anweisung des Kunden, dem Scheckinhaber den Scheckbetrag auszuzahlen, nachzukommen hat. Da der Scheckvertrag kein Vertrag zugunsten Dritter ist, besteht die Zahlungspflicht der bezogenen Bank nur gegenüber dem Scheckaussteller, nicht aber gegenüber dem Inhaber und Vorleger des Schecks.

Das Scheckinkasso

Für das Scheckinkasso ist ein Inkassovertrag notwendig. Reicht der Schecknehmer den ihm zustehenden Scheck seiner Bank zum Inkasso ein, folgt aus dem geschlossenen Inkassovertrag die Weisung zur Einkassierung des Schecks bei der bezogenen Bank. Der Inkassovertrag ist ein Geschäftsbesorgungsvertrag gemäß § 675 BGB mit dienstvertraglicher Struktur nach §§ 611 ff. BGB. Reicht der Scheckinhaber den Scheck bei der Bank ein, so schreibt diese ihm den Betrag „unter Vorbehalt" des Eingangs des Scheckgegenwertes gut. Mittels Einschaltung einer Drittbank und Gironetzen muss der Scheck innerhalb der Vorlegungspflicht nach Art. 29 ScheckG der bezogenen Bank vorgelegt werden. Der geschilderte Ablauf des Scheckinkassos kann jedoch den umfangreichen Anforderungen des Scheckverkehrs nicht mehr nachkommen. Aus diesem Grunde wurde der beleglose Scheckverkehr (BSE-Verfahren) eingeführt. Der Scheckeinzug ist im „Abkommen über den Einzug von Schecks" (Scheckabkommen) geregelt. Nach den dort aufgeführten "Bestimmungen über den beleglosen Einzug von Scheckgegenwerten ohne Vorlage der Originalschecks" ist die Einziehung von Schecks, die auf Kreditinstitute im Inland gezogen und auf Beträge bis unter 6.000 Euro ausgestellt sind, ohne deren körperliche Vorlage – also beleglos – erlaubt.

Widerruf, Schecksperre

Gemäß Art. 32 ScheckG kann das abstrakte Schuldversprechen der Scheckausstellung innerhalb der Vorlagefrist widerrufen werden. Hat der Kontoinhaber der Einlösung des Schecks widersprochen, so hat er damit der bezogenen Bank gegenüber eine Schecksperre ausgesprochen. Die Beachtung dieser Schecksperre durch die bezogene Bank ist eine konkludente Nebenpflicht aus dem Scheckvertrag. Im Folgenden hat die bezogene Bank die Pflicht, beauftragte Dritte von dieser Sperre zu unterrichten. Kommt das Kreditinstitut seiner Pflicht nicht nach, so verliert es seinen Anspruch auf Aufwendungsersatz gemäß § 670 BGB.

Formen des Schecks

Nach der Form der Übertragung werden unterschieden:

Der Orderscheck

Nach den Bestimmungen des Scheckgesetzes ist ein Scheck generell ein sogenanntes „geborenes" Orderpapier, also ein „Orderscheck". Dies bedeutet, dass die Schecksumme nur an denjenigen gezahlt werden darf, der auf dem Scheck als Zahlungsempfänger genannt ist, oder an denjenigen, dem der Scheck durch sogenanntes Indossament (Übertragungsvermerk auf der Rückseite des Schecks – siehe unten) übertragen worden ist. Ein Orderscheck ist dadurch gekennzeichnet, dass ihm der Zusatz „oder Überbringer" fehlt. Es kann auch statt dieses Zusatzes der Zusatz „oder Order" angebracht werden.

Der Orderscheck ist – obwohl vom Gesetzgeber als Normalfall vorgesehen – in der Praxis nicht üblich. In den von Banken ausgegebenen Orderscheck-Formularen wird der Orderscheck am rechten Rand durch einen senkrechten roten Strich mit dem Text „Orderscheck" gekennzeichnet.

Wegen des zusätzlichen Aufwands für die Banken (Prüfung der Berechtigung bzw. der Indossamente) geben Banken solche Formulare nur ungern heraus. Daher ist auf den üblichen Inhaberscheckformularen vermerkt, dass der auf dem Formular vorgedruckte Text nicht geändert oder gestrichen werden darf. Dadurch soll vermieden werden, dass ein Bankkunde aus einem Inhaberscheckformular einen Orderscheck macht.

Das Indossament wird im kaufmännischen Verkehr auf der Scheckrückseite quer angebracht und kann ausgeführt sein als

- Vollindossament (bezeichnet den künftigen Scheckberechtigten namentlich, beispielsweise: „an Order Max Müller", Unterschrift),
- Blankoindossament (enthält keinen Namen, sondern nur den Text „an Order", Unterschrift) und bedeutet, dass das bezogene Kreditinstitut an jeden Vorleger zahlen darf; es macht den Scheck praktisch zum Inhaberscheck)
- Inkassoindossament (bedeutet, dass der Indossatar nur für den Indossanten einziehen darf, Text: „Wert zum Inkasso" oder „Wert zum Einzug"). Nach den Vorschriften des Scheckgesetzes ist die bloße Unterschrift auf der Rückseite des Schecks ein Blankoindossament.

Der Inhaberscheck

Beim Inhaberscheck handelt es sich um einen Scheck, der auf den Inhaber oder auf eine bestimmte Person mit dem Zusatz „oder Überbringer" oder „eigene Order" ausgestellt ist. Rechtlich betrachtet handelt es sich um ein Orderpapier, das aber durch die Inhaberklausel („oder Überbringer"/„eigene Order") zum Inhaberpapier wird. Das bezogene Kreditinstitut ist hierdurch berechtigt, an jeden Vorleger des Schecks zu zahlen, ohne dessen Berechtigung zu prüfen. In der Praxis wird diese Scheckart am meisten verwendet und von den Banken bevorzugt, da hierbei die strenge Form der Indossamentenprüfung wie beim Orderscheck entfällt.

Der Rektascheck

Ein Rektascheck (= Namensscheck) lautet auf eine bestimmte Person, er kann durch die negative Orderklausel „nicht an Order" nicht an andere Personen übertragen werden. Obwohl das Ausstellen dieser Schecks rechtlich zulässig ist, kommt ein solcher Scheck in der Praxis nicht vor, da die Kreditinstitute in ihren AGB die Annahme solcher Schecks ausschließen.

Nach der Form der Zahlung werden unterschieden:

Der Barscheck

Barschecks sind Schecks, die bar an den Inhaber oder den in der Order genannten Empfänger ausgezahlt werden dürfen. Barschecks werden in der Regel nur bei der im Scheck genannten bezogenen Bank ausgezahlt.

Der Verrechnungsscheck

Ein Verrechnungsscheck ist ein Scheck, der nicht bar an den Inhaber ausgezahlt werden darf. Da ein Verrechnungsscheck immer über ein Girokonto eingezogen werden muss, kann dann zumindest der Zahlungsweg des Scheckinkassos nachverfolgt werden.

Zur Kennzeichnung wird gemäß § 39 ScheckG durch den quer über die Vorderseite gesetzten Vermerk „Nur zur Verrechnung" oder durch einen gleichbedeutenden Vermerk wie beispielsweise „Nur zur Gutschrift" angebracht. Die Kennzeichnung durch zwei parallele Striche ist dabei nicht ausreichend.

Der Bezogene darf einen Verrechnungsscheck nur im Wege der Gutschrift (also durch Verrechnung) einlösen. Die Gutschrift gilt dann als Zahlung auf den Scheck.

Bei der etwaigen Barauszahlung eines Verrechnungsschecks haftet der Bezogene dem Aussteller für einen Schaden, der dadurch entsteht, dass die Scheckforderung möglicherweise nicht demjenigen zusteht, dem der Aussteller den Scheck zugewendet hat.

Die Bestätigung von Schecks, also die verbindliche Zusage seiner Einlösung, ist in Deutschland der Bundesbank vorbehalten.

Das früher wohl bekannteste Verfahren, das sogenannte „Eurocheque-Verfahren" mit einer Garantiefunktion von ec-Karten, ist zwischenzeitlich eingestellt worden.

Praktiziert wird jedoch noch der Zahlungsverkehr mittels Reiseschecks. Zum Bargeldbedarf im Ausland „kauft" der Kontoinhaber bei der bezogenen Bank einen Vorschuss an die eigene Order zur Sicherung des Aufwendungsersatzanspruches seiner Bank ihm gegenüber nach § 670 BGB. Wird der Scheck einer dritten Bank vorgelegt, steht dem Kunden ein Einlösungsanspruch nur dann zu, wenn zwischen den Banken eine vertragliche Vereinbarung besteht.

Nach herrschender Meinung ist der Reisescheck ein zum Umlauf bestimmtes Wertpapier, welches die Besonderheit aufweist, dass die Einlösung aus der den Reisescheck begleitenden Garantie der bezogenen Bank erfolgt. Für den Reisescheck gelten besondere Bestimmungen zur Sicherung gegen Fälschungen. Anzumerken ist, dass der gutgläubige Erwerb an Reiseschecks möglich ist und Fälschungsverluste von Versicherungen gedeckt sind.

Sorgfaltspflichten bei abhandengekommenen oder gefälschten Schecks

Der Scheckvertrag verpflichtet den Kunden zu Sorgfalts- und Haftungspflichten. Das Kreditinstitut ist von seiner Haftung für das Fälschungsrisiko befreit, wenn es nachweisen kann, dass der Schaden durch eine Verletzung des Scheckvertrages durch den Kontoinhaber hervorgerufen wurde.

Bei Einreichung abhandengekommener Schecks kann grundsätzlich ein Schadensersatzanspruch des wahren Scheckberechtigten gegen die Inkassobank bestehen, wenn diese bei Annahme des Schecks bösgläubig war oder grob fahrlässig im Hinblick auf das nicht erkannte Fehlen der materiellen Berechtigung des Vorlegers handelte. Entscheidend ist damit, ob die Inkassobank den ihr obliegenden Prüfungspflichten bei der Hereinnahme von Schecks nachgekommen ist oder nicht. Grundsätzlich ist die Inkassobank zwar nicht verpflichtet, die materielle Berechtigung des Einreichers festzustellen. Vielmehr genügt eine Prüfung im Hinblick auf die formelle Berechtigung des Einreichers, von welcher bei dem in der Praxis regelmäßig vorkommenden Inhaberscheck dann auszugehen ist, wenn der Einreicher im Besitz des Schecks ist. Bei einem Orderscheck ist von einer formellen Berechtigung auszugehen, wenn eine lückenlose Indossamentenkette vorhanden ist.

Wenn sich aufgrund besonderer Umstände bei der Scheckeinreichung allerdings der Verdacht aufdrängt, dass der eingereichte Scheck abhandengekommen sein könnte, ist das Inkassoinstitut verpflichtet, die materielle Berechtigung des Einreichers zu prüfen, was beispielsweise dadurch geschehen kann, dass beim Scheckaussteller oder Schecknehmer Nachfrage gehalten wird, ob der Scheck rechtmäßig vom Einreicher eingereicht wurde. Hier kann insbesondere die Verschiedenheit von Scheckeinreicher und Scheckempfänger (Disparität) einen derartigen Verdacht begründen. Nach der einschlägigen Rechtsprechung des Bundesgerichtshofs muss eine Bank als erste Inkassostelle bei höheren Scheckgegenwerten die materielle Berechtigung des Einreichers bei einem Disparitätsinhaberscheck in jedem Falle prüfen, um das Risiko einer Schadensersatzverpflichtung nach §§ 990, 989 BGB in Verbindung mit Art. 21 ScheckG zu vermeiden. Die vorerwähnten Grundsätze gelten nicht nur für Inhaberschecks, sondern auch für blanko indossierte Orderschecks.

Die dargestellte Rechtsprechung des Bundesgerichtshofs zu den gesteigerten Prüfungspflichten für Kreditinstitute und die daraus folgenden höheren Haftungsrisiken mit gewachsenen Prüfungspflichten und steigenden Kosten wird zu einer noch weiteren Abnahme der Bedeutung des Scheckverkehrs führen.

3.4. Der Wechsel

Der Wechsel ist ein Wertpapier, welches vorrangig der Kreditbeschaffung dient. Wie auch beim Scheck liegt dem Wechsel zunächst eine Verbindlichkeit – beispielsweise aus einer Warenlieferung – zugrunde. Im Wechsel ist mithin eine selbstständige und damit abstrakte Forderung verbrieft.

Der gezogene Wechsel enthält nach Art. 1 des Wechselgesetzes (WG) folgende Bestandteile:

1. *die Bezeichnung als Wechsel im Text der Urkunde, und zwar in der Sprache, in der sie ausgestellt ist;*
2. *die unbedingte Anweisung, eine bestimmte Geldsumme zu zahlen;*
3. *den Namen dessen, der zahlen soll (Bezogener);*
4. *die Angabe der Verfallzeit;*
5. *die Angabe des Zahlungsorts;*
6. *den Namen dessen, an den oder an dessen Order gezahlt werden soll;*
7. *die Angabe des Tages und des Ortes der Ausstellung;*
8. *die Unterschrift des Ausstellers.*

Der Wechsel kommt in zwei Grundformen vor, und zwar als „eigener Wechsel" (auch „Solawechsel"), bei welchem der Aussteller selbst die Zahlung einer bestimmten Geldsumme an einem bestimmten Tag verspricht, sowie als „gezogener Wechsel" („Tratte" bzw. „Akzept"), in welchem der Aussteller einen anderen anweist, an den durch die Urkunde als berechtigt ausgewiesenen („Order") an einem bestimmten Tag eine bestimmte Geldsumme zu zahlen, wobei der Aussteller des Wechsels für dessen Annahme und dessen Einlösung selbst haftet.

Unter einer Tratte versteht man den noch nicht angenommenen Wechsel, das Akzept bezeichnet den angenommenen (akzeptierten) Wechsel.

In Art. 2 WG sind die Folgen des Fehlens von Bestandteilen des Wechsels geregelt. Art. 9 Abs. 1 WG bestimmt, dass der Aussteller für die Annahme und die Zahlung des Wechsels haftet. Nach Art. 28 Abs. 1 WG wird der Bezogene durch die Annahme verpflichtet, den Wechsel bei Verfall zu bezahlen, die Übertragung des Wechsels durch Indossament ist in Art. 11 WG geregelt. Derjenige, der aus dem Wechsel in Anspruch genommen wird, kann dem Inhaber keine Einwendungen entgegensetzen, die sich auf seine unmittelbaren Beziehungen zu dem Aussteller oder zu einem früheren Inhaber gründen, es sei denn, dass der Inhaber beim Erwerb des Wechsels bewusst zum Nachteil des Schuldners gehandelt hat (Art. 17 WG). Art. 34 Abs. 1 WG bestimmt, dass der Sichtwechsel bei Vorlegung fällig ist, wobei er innerhalb eines Jahres nach der Ausstellung zur Zahlung vorgelegt werden muss. Der Bezogene ist nur dann zur Zahlung der Wechselsumme verpflichtet, wenn er den Wechsel angenommen (akzeptiert) hat. Nach Art. 43 Abs. 1 WG kann der Inhaber sowohl gegen die Indossanten als auch den Aussteller und sämtliche anderen Wechselverpflichteten bei Verfall des Wechsels im Falle der Nichtbezahlung des Wechsels Regress nehmen. Die Verweigerung der Annahme oder der Zahlung muss im Wege des Wechselprotests durch eine öffentliche Urkunde festgestellt werden (Art. 44 WG).

Die Bedeutung des Wechselverkehrs hat in den letzten Jahren stark abgenommen, nachdem das Rediskontgeschäft der Deutschen Bundesbank – Möglichkeit für Kreditinstitute, Wechsel an die Bundesbank bis zur Fälligkeit zu verkaufen nach Einführung des Euro nicht mehr durchgeführt wird.

3.5. Das Electronic Cash-Verfahren / Die ec-Karte

Zahlungen im Handel werden zunehmend häufig im sogenannten electronic-cash-Verfahren vorgenommen. Eine Zahlung in diesem Verfahren setzt den Einsatz einer ec-Karte zusammen mit einer PIN an automatisierten Kassen, den Points of Sales – Verkaufspunkten – voraus.

Die rechtliche Grundlage der POS-Zahlungen bilden folgende Vertragswerke:

- Vereinbarung über ein institutsübergreifendes System zur bargeldlosen Zahlung an automatisierten Kassen (electronic-cash-System);
- Vertrag über die Zulassung als Netzbetreiber im electronic-cash-System der deutschen Kreditwirtschaft (Netzbetreibervertrag);
- Bedingungen für die Teilnahme am electronic-cash-System der deutschen Kreditwirtschaft (Händlerbedingungen);

- Ergänzung der Bedingungen für den ec-/Maestro-Service im Hinblick auf den Abschluss von Kooperationsverträgen mit den Betreibern regional garantierter Debitartensysteme in anderen europäischen Ländern im Rahmen der „Euro Alliance" bzw. „Berlin Group".

In der ersterwähnten Vereinbarung hat die Kreditwirtschaft den Aufbau und den Betrieb eines institutsübergreifenden Systems zur bargeldlosen Zahlung an automatisierten Kassen (electronic-cash-System) beschlossen, wonach den Kunden der Kreditinstitute, die diese Vereinbarung anerkannt haben, bargeldlose Zahlungen mittels einer Debitkarte, die mit einem electronic-cash-Zeichen versehen ist, zulasten ihres Kontos an automatisierten Kassen, den electronic-cash-Terminals, ermöglicht werden.

Kreditinstitute müssen ferner, sofern sie nicht selbst Netzbetreiber sind, einen Netzbetreibervertrag abschließen, bei welchem der Netzbetreiber als „Transporteur" auftritt, der die an den Kassen gesammelten Daten zum Karten ausgebenden Kreditinstitut bzw. dessen Autorisierungszentrale und umgekehrt die Autorisierungsantwort an das Unternehmen überträgt.

In den Händlerbedingungen ist das Rechtsverhältnis zwischen den Betreibern der elektronischen Kassen und der Kreditwirtschaft geregelt. Sie liegen dem einzelnen Vertragsverhältnis zugrunde, das der Betreiber der elektronischen Kassen mit dem Kreditinstitut abschließt. Die Händlerbedingungen regeln darüber hinaus auch das Vertragsverhältnis des einzelnen Händlers zur gesamten Kreditwirtschaft, was u.a. daran erkennbar ist, dass dort die „deutsche Kreditwirtschaft" als Vertragspartner erwähnt ist. Diese Händlerbedingungen enthalten eine Zahlungsgarantie jedes Kreditinstituts, das eine ec-Karte ausgibt, für den Fall, dass eine positive autorisierte Zahlung erfolgt sowie ferner der Umsatz binnen acht Tagen – bei ausländischen Maestro-Umsätzen binnen 12 Tagen – dem vom Händler beauftragten Inkassoinstitut zum Einzug eingereicht wird. Nach überwiegender Meinung handelt es sich bei der durch die Autorisierung abgegebenen Zahlungsverpflichtung um ein abstraktes Schuldversprechen im Sinne von § 780 BGB.

Das Rechtsverhältnis zwischen dem ec-Kartenausgeber und dem Karteninhaber ist in speziellen Kartenbedingungen geregelt, z. B. bei den privaten Banken den „Bedingungen für ec-Karten", bei den Volksbanken und Raiffeisenbanken die „Sonderbedingungen für die VR-Card" und bei den Sparkassen den „Bedingungen für die Verwendung von Sparkassen-Cards".

Zwischen dem Händler und dem Karteninhaber kommt je nach Leistung ein Kauf-, Dienstleistungs-, Geschäftsbesorgungs- oder Werkvertrag zustande, wobei sich jedoch der Händler bereit erklärt, anstelle von Bargeld eine Zahlung durch electronic-cash zu akzeptieren. Der Händler nimmt electronic-cash-Zahlungen des Karteninhabers erfüllungshalber gemäß § 364 Abs. 2 BGB entgegen, weil im Verhältnis zwischen dem Kartenausgeber und dem Karteninhaber eine Vereinbarung besteht, aufgrund derer der Karteninhaber berechtigt ist, unter Einsatz seiner Karten zusammen mit dem Einsatz einer sogenannten PIN (Persönliche Identifikationsnummer) Zahlungen an automatisierten Kassen zu leisten.

Eine PIN ist eine nur einer oder wenigen Personen bekannte Zahl, mit der diese sich authentifizieren können. Es ist die Eingabe einer vierstelligen Zahl nötig, um einen Kontozugriff durch unbefugte Personen zu verhindern. Eine häufige Anwendung für PINs ist neben der hier beschriebenen Anwendung auch die Authentifizierung an einem Geldautomaten.

Dem Karteninhaber wird die Möglichkeit eingeräumt, mit der ihm ausgehändigten ec-Karte über sein Guthaben oder einen ihm eingeräumten Kredit zu verfügen, wohingegen das Kreditinstitut bei einer positiven Autorisierung den Betrag einlösen und die Verbindlichkeiten des Karteninhabers bei dem teilnehmenden Händler ausgleichen muss.

Der Karteninhaber hat die ec-Karte nach Erhalt unverzüglich auf dem Unterschriftsfeld zu unterschreiben.

Die ec-Karte ist vom Karteninhaber mit besonderer Sorgfalt aufzubewahren, um zu verhindern, dass sie abhandenkommt und missbräuchlich genutzt wird. Den Karteninhaber trifft ferner die Verpflichtung, die PIN geheim zu halten. Er hat dafür Sorge zu tragen, dass keine andere Person Kenntnis von der PIN erlangt. Die Geheimzahl darf insbesondere nicht auf der ec-Karte vermerkt oder in anderer Weise zusammen mit dieser aufbewahrt werden. Denn jede Person, die die persönliche Geheimzahl kennt und im Besitz der ec-Karte ist, kann zulasten des auf der ec-Karte angegebenen Kontos sowie ggf. zulasten zusätzlich definierter Girokonten, auf die der Karteninhaber Zugriff hat, Verfügungen tätigen (z. B. Geld am Geldautomaten abheben).

Stellt der Karteninhaber den Verlust seiner ec-Karte oder missbräuchliche Verfügungen mit seiner ec-Karte fest, so ist die Bank bzw. Sparkasse, und zwar möglichst die kontoführende Stelle, unverzüglich zu benachrichtigen.

Den Verlust der ec-Karte kann der Karteninhaber aber auch gegenüber der zentralen Sperr-Notrufnummer anzeigen. Von dort aus werden alle für das betreffende Konto ausgegebenen ec-Karten für die weitere Nutzung an Geldautomaten und automatisierten Kassen gesperrt.

Wird die ec-Karte gestohlen oder missbräuchlich verwendet, ist unverzüglich Anzeige bei der Polizei zu erstatten.

Aus den insoweit identischen Bedingungen der Kreditinstitute ergibt sich, dass alle Banken bzw. Sparkassen sämtliche Schäden übernehmen, die durch Verfügungen unter Einsatz der PIN entstanden sind, *nachdem* ihnen bzw. dem zentralen Sperrnotruf der Kartenverlust gemeldet wurde. Sobald also der Bank bzw. der Sparkasse oder der Sperr-Notrufnummer der Verlust der ec-Karte angezeigt worden ist, trägt die Bank bzw. Sparkasse die danach durch missbräuchliche Verfügungen an Geldautomaten und automatisierten Kassen danach entstandenen Schäden.

Dies betrifft auch Verfügungen zwischen dem Zeitpunkt der Anzeige und dem Wirksamwerden der Sperre.

Bei ec-Karten von Sparkassen, Landesbanken, privaten Banken und Kreditgenossenschaften (Volksbanken und Raiffeisenbanken) – Bezeichnungen z. B., „SparkassenCard", „DebitCard", „Debitkarte", „HaspaCard" „VR-Bank-Card", „girocard-Maestro Card", „HVB FlexibleCard – haftet der Kontoinhaber nach deren – im Wesentlichen inhaltsgleichen – Bedingungen für Schäden, die *vor* der Sperranzeige der Kontoinhaber nach Maßgabe der nachstehenden Regelungen:

Verliert der Karteninhaber seine Karte, wird sie ihm gestohlen oder kommt sie sonst abhanden und kommt es dadurch zu nicht autorisierten Kartenverfügungen in Form der Abhebung von Bargeld an einem Geldautomaten, Verwendung der Karte an automatisierten Kassen von Handels- und Dienstleistungsunternehmen, Aufladung der GeldKarte, ggf. bei Verwendung der Karte zum Aufladen eines Prepaid-Mobilfunk-Kontos, haftet der Kontoinhaber für Schäden, die bis zum Zeitpunkt der Sperranzeige verursacht werden, in Höhe von maximal 150 Euro.

Die Haftung für Vorsatz und Fahrlässigkeit bleibt jedoch hiervon unberührt.

Kommt es vor der Sperranzeige zu nicht autorisierten Kartenverfügungen, ohne dass ein Verlust, Diebstahl oder sonstiges Abhandenkommen der Karte vorliegt, haftet der Kontoinhaber für die hierdurch entstandenen Schäden bis zu einem Betrag von maximal 150 Euro, wenn der Karteninhaber seine Pflicht zur sicheren Aufbewahrung der PIN fahrlässig verletzt hat.

Die Haftung für Vorsatz und Fahrlässigkeit bleibt indessen auch in diesem Fall unberührt.

Handelt es sich bei dem Kontoinhaber nicht um einen Verbraucher, trägt der Kontoinhaber den aufgrund nicht autorisierter Kartenverfügungen entstehenden Schaden auch über einen Betrag von maximal 150 Euro hinaus, wenn der Karteninhaber die ihm nach diesen Bedingungen obliegenden Pflichten fahrlässig verletzt hat.

Hat die Bank bzw. Sparkasse durch eine Verletzung ihrer Pflichten zur Entstehung des Schadens beigetragen, haftet die Sparkasse für den entstandenen Schaden im Umfang des von ihr zu vertretenden Mitverschuldens

Die Bank bzw. Sparkasse verzichtet auf die Schadensbeteiligung durch den Kunden in Höhe von maximal 150 Euro und übernimmt alle Schäden, die durch nicht autorisierte Zahlungsvorgänge bis zum Eingang der Sperranzeige entstanden sind, wenn der Karteninhaber seine ihm obliegenden Sorgfalts- und Mitwirkungspflichten nicht grob fahrlässig verletzt hat.

Kommt es vor der Sperranzeige zu nicht autorisierten Kartenverfügungen und hat der Karteninhaber seine Sorgfaltspflichten hingegen vorsätzlich oder grob fahrlässig verletzt oder in betrügerischer Absicht gehandelt, trägt der Kontoinhaber den hierdurch entstandenen Schaden in vollem Umfang.

Grobe Fahrlässigkeit des Karteninhabers kann insbesondere dann vorliegen, wenn er den Verlust, Diebstahl oder die missbräuchliche Verfügung der Bank bzw. Sparkasse oder dem Zentralen Sperrannahmedienst schuldhaft nicht unverzüglich mitgeteilt hat, die persönliche Geheimzahl auf der Karte vermerkt oder zusammen mit der Karte verwahrt war, die persönliche Geheimzahl einer anderen Person mitgeteilt und der Missbrauch dadurch verursacht wurde.

Der Kunde handelt beispielsweise grob fahrlässig, wenn er erst eineinhalb Stunden nach einem Diebstahl seine Karten sperren lässt. Auch wird ein grob fahrlässiges Verhalten des Karteninhabers vermutet, wenn er die Karte in einem unbewachten PKW aufbewahrt. Ferner wird das Notieren der PIN als getarnte Telefonnummer im Adress- oder Telefonverzeichnis als grob fahrlässige Sorgfaltspflichtverletzung bewertet. In einem Grundsatzurteil hat der Bundesgerichtshof entschieden, dass grundsätzlich der Beweis des ersten Anscheins dafür spricht, dass der Karteninhaber die ihm obliegenden Sorgfaltspflichten verletzt hat, wenn zeitnah nach dem Diebstahl einer Karte unter deren Verwendung und Eingabe der PIN am

Geldausgabeautomaten abgehoben wird und ferner andere Ursachen für den aufgetretenen Missbrauch nach allgemeiner Lebenserfahrung außer Betracht bleiben. Die Möglichkeit des Ausspähens der Geheimzahl durch einen unbekannten Dritten kann nach der Rechtsprechung des Bundesgerichtshofs nur dann angenommen werden, wenn die Karte in einem unmittelbaren zeitlichen Zusammenhang mit der Eingabe der Geheimzahl durch den Karteninhaber an einem Geldautomaten oder einem POS-Terminal entwendet wurde. Hieraus folgt, dass der Beweis des ersten Anscheins dafür besteht, dass der Karteninhaber mit der ec-Karte und der Geheimzahl nicht sorgfältig umgegangen ist oder aber die vermeintlich missbräuchliche Transaktionen nicht von einem Unberechtigten durchgeführt worden sein kann.

Eine Übernahme des vom Kontoinhaber zu tragenden Schadens durch die Bank bzw. Sparkasse erfolgt jedoch nur, wenn der Kontoinhaber die Voraussetzungen der Haftungsentlastung glaubhaft darlegt und Anzeige bei der Polizei erstattet.

Der Kontoinhaber ist nicht zum Ersatz des Schadens verpflichtet, wenn der Karteninhaber die Sperranzeige nicht abgeben konnte, weil die Bank bzw. Sparkasse nicht die Möglichkeit zur Entgegennahme der Sperranzeige sichergestellt hatte und der Schaden dadurch eingetreten ist.

Wird die ec-Karte missbräuchlich im Rahmen des sogenannten „Maestro-Verfahrens" ohne persönliche Geheimzahl nur mit Unterschrift verwendet, so erstattet die Bank bzw. Sparkasse diese Schäden in voller Höhe.

Der Karteninhaber erhält von seinem Kreditinstitut den ihm zustehenden Verfügungsrahmen mitgeteilt, den er bereits mit einer einzigen Transaktion vollständig ausfüllen kann. Bei der Überprüfung der ec-Karte an POS-Terminals wird die etwaige Ausschöpfung des Verfügungsrahmens durch vorherige Transaktionen kontrolliert. Bei Überschreitung des Verfügungsrahmens wird die beabsichtigte Transaktion des Kunden in vollem Umfang abgewiesen. Sofern sich die durchgeführte Transaktion hingegen im zugewiesenen Verfügungsrahmen bewegt und daher ausgeführt wird, muss der Kunde dem Kreditinstitut die diesem entstandenen Aufwendungen gemäß §§ 675, 670 BGB ersetzen.

Die herkömmliche ec-Karte soll durch eine neue Girocard abgelöst werden und dadurch den internationalen Zahlungsverkehr im Euro-Raum erleichtern. Mit dem neuen Namen „Girocard" und einem neuen Logo sollen die beiden deutschen Zahlungssysteme – Bezahlen mit ec-Karte und PIN (electronic cash) sowie die Bargeldbeschaffung am Geldautomaten – unter einem Dach national und international erkennbar werden. Damit soll die internationale Akzeptanz deutscher Karten erleichtert werden.

Karten mit dem neuen Logo werden nach und nach die alten Karten ablösen

3.6 Die GeldKarte

Eine weitere Variante der bargeldlosen Bezahlung bietet die Nutzung der GeldKarte, die mit einem elektronischen Portemonnaie vergleichbar ist. Dieses elektronische Portemonnaie besteht aus einem Chip, der mit einem Betrag von maximal 200 Euro aufgeladen werden kann. Die GeldKarte unterscheidet sich von der ec-Karte dadurch, dass im ec-System bei Zahlungen an automatisierten Kassen die Kontobelastung erst nach Einsatz der ec-Karte erfolgt, wohingegen die GeldKarte vom Kunden an einem speziellen Terminal aufgeladen werden muss, wodurch das Konto unmittelbar belastet wird. Der aufgeladene Betrag wird sodann einem Börsenverrechnungskonto des ausgebenden Kreditinstituts gutgeschrieben. Der auf der Karte aufgeladene Betrag wird später vom Kunden bei Käufen oder Inanspruchnahme anderer Dienstleistungen zu Zahlungen verwendet, wodurch der aufgeladene Kartenbetrag reduziert wird. Die Eingabe einer Geheimzahl oder eine Unterschrift des Kunden ist nicht erforderlich.

Der Händler oder Dienstleister reicht die einzelnen durch die Geldkartentransaktionen getätigten Umsätze bei seinem Kreditinstitut ein, das daraufhin diese Umsätze zwecks Belastung der Börsenverrechnungskonten und Gutschrift auf die Konten der Händler oder Dienstleister weitergeleitet.

Die GeldKarten können in Kombination mit der herkömmlichen ec-Karte, als Kundenkarte oder als kontoungebundene sogenannte „weiße" Geldkarte ausgegeben werden. Die kontoungebundenen Karten unterscheiden sich von den kontogebundenen Geldkarten dadurch, dass im Chip nicht die Kontoverbindung des Karteninhabers, sondern lediglich das Börsenverrechnungskonto des kartenausgebenden Kreditinstituts gespeichert ist. Der Vorteil dieser Karten ist demgemäß, dass sie auch von Kunden genutzt werden können, die bei der emittierenden Bank kein Konto unterhalten bzw. überhaupt keine Bankverbindung besitzen.

Die Aufladung von GeldKarten erfolgt entweder zulasten des Kontos, für welches die Karte ausgestellt ist oder es kommt eine Aufladung gegen Bargeld in Betracht. Denkbar ist darüber hinaus ferner die Aufladung zulasten eines Kontos des Inhabers einer anderen Karte, wodurch dessen Konto belastet wird.

Die GeldKarte ist also die „elektronische Geldbörse" der deutschen Kreditwirtschaft und wird von den vier kreditwirtschaftlichen Verbänden unterstützt:

- Bundesverband der Deutschen Volksbanken und Raiffeisenbanken e.V. (BVR)
- Bundesverband deutscher Banken e.V. (BdB)
- Bundesverband Öffentlicher Banken Deutschlands e.V. (VÖB)
- Deutscher Sparkassen- und Giroverband e.V. (DSGV)

Zurzeit sind in Deutschland über 74 Millionen kontogebundene GeldKarten im Umlauf, d. h. jeder Haushalt hat statistisch gesehen mindestens eine GeldKarte. Über 75 % aller ausgegebenen ec- und Kundenkarten der Banken und Sparkassen verfügen über den Chip. Damit ist die GeldKarte das bei Weitem größte System zur bargeldlosen Bezahlung kleiner Beträge.

Die Anzahl der Bezahltransaktionen hat sich seit Einführung der GeldKarte deutlich erhöht. 2009 wurde sie rund 45 Millionen Mal zum Bezahlen eingesetzt. Damit hat sich die Menge der Zahlvorgänge seit 1998 fast vervierfacht. Die Anzahl der Ladetransaktionen ist seit Einführung der GeldKarte langsam, aber kontinuierlich gestiegen. Generell hat sich die folgende Faustregel bestätigt: Die Karte wird einmal aufgeladen und anschließend ca. achtmal genutzt, bevor der Karteninhaber wieder an den Geldautomaten oder ins Internet geht, um aufzuladen.

Die GeldKarte hat sich als Bezahlmedium für Kleinbeträge etabliert: 1998 betrug der durchschnittliche Zahlbetrag umgerechnet 6 Euro und sank bis 2004 auf 2,16 Euro. In 2008 lag er dann bei ca. 2,81 Euro, 2009 bei durchschnittlich etwa drei Euro. Grund ist vermutlich die zunehmende Bedeutung der GeldKarte bei der Bezahlung an Zigarettenautomaten. Hier ist derzeit trotz des erforderlichen Altersnachweises per Chipkarte der deutlichste Zuwachs in der GeldKartennutzung zu verzeichnen.

Am liebsten zahlen GeldKartennutzer im Parkhaus per Chip. Insgesamt gibt es über 600.000 sogenannte Akzeptanzstellen, z. B. Zigaretten- oder Parkscheinautomaten. Hinzu kommen allein im Online-Erotikbereich mehr als 170.000 akzeptierende Websites.

3.7. Netz- oder Computergeld

Ergänzend soll noch die Verfügung über Netz- oder Computergeld genannt werden. Hierfür benötigt der Kunde keine Karte mehr, vielmehr werden die Zahlungsvorgänge abstrakt über den PC des Kunden abgewickelt. Die Bezahlung mit sogenanntem Netzgeld birgt erhebliche Sicherheitsrisiken in sich und unterliegt folglich erhöhten Sicherheitsanforderungen.

Ein Beispiel für Netz- oder Computergeld stellt das von EBay betriebene Online-Bezahlsystem „PayPal" dar. Dieses Bezahlsystem verfolgt das Ziel, Zahlungen möglichst einfach zu gestalten und kann beispielsweise beim Einkauf oder Verkauf im Online-Handel genutzt werden. Mittels dieses Zahlungssystems kann Geld an beliebige Personen versendet werden. Voraussetzung ist lediglich, dass die Person eine E-Mail-Adresse besitzt und sich in einem Land befindet, welches vom „PayPal"-System abgedeckt wird.

Einem Missbrauch durch den Zahlungsempfänger versucht man dadurch vorzubeugen, dass für diesen die Kontonummer und Kreditkartennummer des Versenders nicht sichtbar ist.

3.8 Online-Banking, Electronic Banking, Finanzportale[1]

In Abgrenzung zum Telefon-Banking mit einem Callcenter, bei dem die Kommunikation mit Sprachmitteln erfolgt, kommen für das Homebanking Personal Computer oder andere Endgeräte (z. B. Mobiltelefone) zum Einsatz. In jedem Fall handelt es sich beim Homebanking nicht nur um einen Informationsabruf, sondern insbesondere um die Abwicklung von Bankgeschäften. Dabei ist es unerheblich, ob diese Abwicklung „Online", d. h. in einem Dialog mit bestehender Internetverbindung, oder „Offline" erfolgt, wobei die Aufträge zunächst lokal erfasst und dann gebündelt übertragen werden.

Electronic Banking, Online-Banking

Der Begriff „Electronic Banking" bezeichnet beleglos und in elektronischer Form abgewickelte Bankgeschäfte, also die Möglichkeit der Erledigung von Bankgeschäften per Internet. Synonyme für den Begriff sind E-Banking, Online-Banking, Homebanking, Telebanking und – seltener – auch Elektronisches Bankgeschäft (E-Bank).

Geprägt und zuerst eingeführt wurde dieser Begriff durch den Bildschirmtextdienst (BTX) der Deutschen Bundespost und den Nachfolgedienst „T-Online".

---

[1] Vgl. zu diesem Abschnitt: Heiring, Werner, in: Studienwerk der Frankfurt School of Finance & Management, Bankakademie, Privatkundengeschäft, Immobiliengeschäft, Firmenkundengeschäft, Teil 4.

Der Funktionsumfang hat sich im Laufe der Zeit stetig erweitert. Theoretisch sind heutzutage alle wichtigen Bankgeschäfte per Online-Banking möglich, d. h. Abfragen des Kontostandes, Überweisungen, Daueraufträge, Lastschriftrückgaben, interne Umbuchungen, elektronische Kontoauszüge, Wertpapiergeschäfte und vieles mehr.

Unter Online-Banking versteht man den direkten Zugriff auf den Bankrechner (z. B. über Internet oder Direkteinwahl bei der Bank per Datenfernübertragung). Das Online-Banking kann entweder mithilfe eines Programms (client) oder direkt über die Website (browserbasiert) der kontoführenden Bank abgewickelt werden. Bekannte Homebanking-Programme sind in Deutschland insbesondere „WISO Mein Geld", „Quicken", „StarMoney" oder „VR-Networld".

Sofern ein Programm zur Abwicklung des Online-Bankings genutzt wird, werden durchzuführende Transaktionen zunächst offline, also ohne Netzverbindung, vom Auftraggeber bearbeitet, etwa ein Überweisungsbeleg ausgefüllt, und in einem „Auftragskorb" gespeichert. Dieser wird dann nach erfolgter Einwahl ins Internet an das kontoführende Institut übertragen und die Verbindung anschließend getrennt. Der PC des Auftraggebers ist also nur relativ kurz mit dem Internet verbunden, wodurch im Gegensatz zur Auftragsbearbeitung im „Online-Verfahren" über die Website des Kreditinstituts niedrigere Transaktionskosten anfallen. Das Kriterium der niedrigeren Transaktionskosten hat heute jedoch durch die zunehmende Verbreitung von zeitunabhängigen Internettarifen kaum noch eine Bedeutung. Die Vorteile der Programme bestehen vielmehr aus umfangreichen Analysemöglichkeiten und grafischen Auswertungen sowie aus einer intuitiven Benutzeroberfläche. Auch können Umsätze beispielsweise über einen längeren Zeitraum hinweg gespeichert und analysiert werden. Die Legitimation erfolgt mithilfe einer elektronischen Unterschrift. Hierfür haben sich in Deutschland mehrere Verfahren etabliert.

Beim PIN/TAN Verfahren wird dem Kunden durch das Kreditinstitut sowohl eine Persönliche Identifikationsnummer (PIN) als auch eine Liste mit Transaktionsnummern (TAN) zur Verfügung gestellt.

Die PIN dient hier dazu, dass der Bankkunde sich entweder browserbasiert oder auch durch ein entsprechendes Programm Zugriff auf seine Konten verschaffen kann. Für jede Maßnahme, die über ein bloßes Abfragen wie der Kontostände hinausgeht, ist eine Transaktionsnummer einzugeben, welche als zusätzliches Sicherheitskriterium anzusehen ist. Die TAN wird von den Kreditinstituten als Quasi-Unterschrift interpretiert. Sobald PIN und TAN korrekt eingegeben werden, geht das kontoführende Institut davon aus, dass nur ein Berechtigter gehandelt haben kann. Innerhalb des PIN/TAN Verfahrens muss zwischen dem ursprünglichen Verfahren und dem indizierten TAN-Verfahren unterschieden werden.

Wie bereits zuvor erwähnt erhält der Kunde eine Liste mit Transaktionsnummern, eine TAN-Liste. Im Ursprungsverfahren wird der Auftraggeber zur Eingabe einer TAN-Nummer aufgefordert, dabei kann er wählen, welche Nummer er verwendet. Eine mehrmalige Nutzung ist nicht möglich, sodass eine verwendete TAN vom Nutzer als nunmehr ungültig gekennzeichnet werden sollte.

Im Gegensatz dazu wird der Auftraggeber beim indizierten TAN-Verfahren (iTAN) dazu aufgefordert, eine ganz bestimmte TAN einzugeben, also beispielsweise die Transaktionsnummer 27 von der TAN-Liste. Dadurch ist ein zeitlich unabhängiges Erschleichen einer TAN für einen Betrüger ohne Wert. Ein Nachteil dieses Verfahrens besteht darin, dass beispielsweise auf Reisen immer die komplette Liste mitgeführt werden muss.

Ab einer gewissen Restanzahl von verbleibenden Transaktionsnummern erhält der Kunde in der Regel automatisch – oder auch auf Anforderung – eine neue TAN-Liste, die durch PIN und eine Transaktionsnummer von der alten Liste freigeschaltet werden muss. Insgesamt ist das PIN/TAN Verfahren weit verbreitet, gilt jedoch als veraltet und im Gegensatz zu neueren Legitimationsmöglichkeiten, wie beispielsweise dem HBCI-Verfahren, als zu unsicher.

Das HBCI-Verfahren wurde von verschiedenen Bankengruppen in Deutschland entwickelt und vom Zentralen Kreditausschuss (ZKA) beschlossen. HBCI definiert Übertragungsprotokolle, Nachrichtenformate und Sicherheitsverfahren und steht für Homebanking Computer Interface. Im Gegensatz zum PIN/TAN-Verfahren sichert das HBCI-Verfahren Transaktionen über ein besonderes Verschlüsselungsverfahren. Zur Absicherung der Transaktionen zwischen Kunde und Bank bestehen zwei alternativ nutzbare Sicherungs- bzw. Signaturverfahren:

- Softwarelösung mit elektronischer Unterschrift (Diskette);
- Sicherheit über Chipkarte.

In der Regel ist hierfür die Anschaffung eines Chipkartenlesegerätes erforderlich. Nur wenige Kreditinstitute stellen dieses den Kunden jedoch bislang unentgeltlich zur Verfügung.

Die Legitimation erfolgt über eine Chipkarte, welche dem Lesegerät zugeführt wird und der zusätzlichen Eingabe der fünfstelligen Persönlichen Identifikationsnummer.

Das HBCI-Verfahren wurde kontinuierlich zu dem heutigen FinTS weiterentwickelt. FinTS steht für „Financial Transaction Services" und beinhaltet Sicherheitsverfahren mit elektronischer Signatur. Das weitverbreitete PIN/TAN-Verfahren wurde als neues Sicherheitsverfahren integriert: In den Signaturelementen werden anstelle der digitalen Signatur PIN und TAN transportiert. Beim PIN/TAN-Verfahren stehen keine kryptografischen Funktionen zur Verfügung; an dessen Stelle tritt die im Internet-Browser integrierte SSL-Verschlüsselung mit Server-Authentifizierung. FinTS ist somit ein Baukastensystem aus dem PIN/TAN Verfahren und dem HBCI-Verfahren.

Die Bedeutung von FinTS für die Banken wird deutlich bei Betrachtung der Anforderungen für moderne Finanzportale:

- Multibankfähigkeit;
- Unabhängigkeit: Nutzungsmöglichkeit beliebiger Internetprovider;
- zeitgemäße Sicherheitstechnologien;
- leichte Erweiterbarkeit durch Trennung von System-/Administrationsfunktionen und Geschäftsvorfällen;
- Unabhängigkeit und Verwendungsmöglichkeit von Betriebssystemen und Endgeräten.

Im Firmenkundengeschäft haben sich für das Elektronic Banking standardisierte Datenaustauschformate für den Zahlungsverkehr etabliert:

- das DTAUS-Format für Inlandszahlungen,
- das DTAZV-Format für Auslandszahlungen,
- und die SEPA-Formate für nationale und grenzüberschreitende Zahlungen.

Der physikalische Datenträgeraustausch ist neben der elektronischen Übermittlung der Dateien via FTAM / BCS (s. u.) vor allem bei Großunternehmen und Kommunen mit sehr vielen Aufträgen gebräuchlich.

Hierbei werden Überweisungen und Lastschriften in Dateiform auf Disketten oder CD-ROMs, früher auch auf Magnetbändern an die Bank eingereicht. Der Aufbau der Datei („DTAUS-Datei") ist vom Zentralen Kreditausschuss bankübergreifend vereinheitlicht vorgeschrieben und enthält neben den Auftraggeber- und Empfängerdaten die Auftragsart (Überweisung oder Lastschrift) sowie Summendaten zur Kontrolle.

File Transfer, Access and Management (FTAM) ist ein standardisiertes Datenkommunikations-Protokoll für den Dateitransfer, standardisiert von OSI und übernommen von ISO und DIN. FTAM definiert einen erheblich größeren Funktionsumfang, als es rudimentäre Dateitransferprotokolle wie FTP bieten. FTAM spezifiziert ein virtuelles Dateisystem mit baumartiger Zugriffsstruktur, wobei die Dateneinheiten an den Knoten wieder geordnete Bäume sein können. Auf diese Weise werden sehr komplexe Dateistrukturen ermöglicht. Der Standard stellt zur Beschreibung dieser Strukturen auch eine vielfältige Auswahl von Attributen und Operationen zur Verfügung. FTAM wird als Softwareprodukt in bestimmten funktionalen Profilen von vielen Herstellern angeboten und ist eine besonders in heterogenen DV-Umgebungen geeignete Software für Dateioperationen.

Wie bei allen Netzwerkprotokollen, die auf den OSI-Standards beruhen, ist die Verwendung von FTAM im PC-Bereich nicht sehr verbreitet und im Wesentlichen auf den kommerziellen Bereich beschränkt. Vorwiegend Behörden und andere öffentliche Auftraggeber setz(t)en FTAM wegen seiner Herstellerunabhängigkeit ein. Eine große Rolle spielt das FTAM-Verfahren auch heute noch im Zahlungsverkehr der deutschen Banken (via ISDN) sowie bei der Kommunikation von Arbeitgebern und Leistungserbringern im Gesundheitswesen.

Der Banking Communication Standard (BCS) ist ein Standardverfahren zur Datenfernübertragung zwischen Kunden und Kreditinstituten. Grundlage des Banking Communication Standard ist das sogenannte DFÜ-Abkommen des Zentralen Kreditausschusses (ZKA). In Deutschland bildete der BCS zusammen mit dem BTX-Homebanking die ersten Formen des Electronic Banking, speziell für den Zahlungsverkehr.

Die Legitimation und Autorisation der Aufträge erfolgt durch einen Datenträgerbegleitzettel mit Unterschrift eines Kontobevollmächtigten.

Als neuer multibankfähiger Standard für die Internet-Kommunikation verbessert das Verfahren EBICS (Electronic Banking Internet Communication Standard) die Effizienz und Qualität des Elektronic Banking mit Firmenkunden. EBICS bietet durch die Nutzung neuester Technologien wie XML, https oder ZIP entscheidende Vorteile in Bezug auf Netzwerkintegration und Performance insbesondere für Firmenkunden mit großen Datenvolumina. Mit einer EBICS-fähigen Software erreichen Firmenkunden jedes beliebige Kreditinstitut und können die Auftragsausführung (z. B. Zahlungen, Kontoauszüge, Wertpapierorders usw.) zeitversetzt und standortunabhängig durch eine verteilte elektronische Unterschrift autorisieren.

Alle Daten sind in einen sogenannten XML-Container eingebettet und werden über HTTP mit einer TLS-Verschlüsselung versandt, um die sichere Übertragung zu garantieren. Die Daten werden Block für Block übertragen und jeder Block mit einer elektronischen Signatur gesichert. Bei Übertragungsfehlern ermöglicht eine Wiederherstellungsfunktion die Wiederaufnahme des Transfers ab dem letzten erfolgreich übertragenen Block. Mit Blick auf PKI-gestützte Modelle wird der optionale Einsatz von X.509-Zertifikaten für den Austausch der aktuellen RSA-Schlüssel zwischen Kunde und Kreditinstitut unterstützt.

In der EBICS-Kommunikation kann im Gegensatz zur Kommunikation über FTAM (via Telefon/ISDN-Leitung) verschiedenste Berechtigungsmöglichkeiten abgebildet werden, nämlich zunächst durch eine elektronische Einzelunterschrift, sodann durch eine geteilte elektronische Unterschrift oder ferner durch eine verteilte elektronische Unterschrift.

Das Berechtigungskonzept einer elektronischen Einzelunterschrift sieht vor, dass erfassende User nicht dem empfangenden EBICS-System bekannt gemacht werden. Ein Beispiel: Im Falle einer Zahlungsverkehrsapplikation, in der Dateien erfasst werden können, wird meist die Variante vertreten, dass nur ein technischer Teilnehmer mit einer sogenannten E-Unterschrift (Einzelunterschrift) die Übertragung initiiert und mit seiner elektronischen Signatur versieht. Das empfangende System kontrolliert die Empfangsberechtigung und führt die Zahlung aus.

Das Berechtigungskonzept einer geteilten elektronischen Unterschrift sieht dagegen vor, dass erfassende User dem empfangenden EBICS-System bekannt gemacht werden. Es werden im Normalfall die Varianten A-Unterschrift, B-Unterschrift und T-Unterschrift (Transport-Unterschrift) genutzt, z. B. eine Erfassungskraft, die im Außenverhältnis keine Unterschriftsberechtigung besitzt, wird im Empfangssystem mit einer Transportunterschrift versehen. Die Prokuristen und ähnlich unterschriftsberechtigte Personen des Unternehmens treten mit ihrer jeweiligen A- oder B-Unterschrift auf. Die zum Empfangssystem geleitete Datei enthält dann neben der Zahlungsverkehrsdatei auch die A- und B-Unterschriften.

Bei dem ferner verwendeten Berechtigungskonzept einer sogenannten verteilten elektronischen Unterschrift werden die Unterschriften nicht in einem Transportauftrag, sondern nur mit einer Unterschrift versandt und erst im Nachhinein mit einem anderen Transportauftrag unterschrieben. Der Vorteil kann darin bestehen, dass einige Unternehmen Zahlungsverkehrsprovider zur Erstellung der Daten benutzen, aber das Bestätigen der Daten gern in ihren Händen behalten möchten.

Das EBICS-System wird in zwei Varianten unterschieden:

Zum einen existiert das häufig genutzte sogenannte „Kunde-Bank-System". Hierbei kann auf jedem internetfähigen PC die benötige Software aufgespielt werden. Der Kunde kann Zahlungen oder andere Dateien an seine Bank oder Sparkasse senden und Protokolle und Auslieferungsdateien wie z. B. elektronische Kontoauszüge usw. downloaden.

Eine neue Variante ist dagegen das „Bank-Bank-System". Dieses wird neben der SWIFT-Kommunikation von Banken eingesetzt, um sich gegenseitig Zahlungen und andere für den Zahlungsverkehr benötigter Dateien zuzusenden. Hierbei wird die Software auf einen internetfähigen Server aufgespielt. Die Dateien werden dabei von beiden Seiten zum Partnersystem gesendet. Lediglich die EBICS-Protokolle werden „downgeloadet". Diese Variante ist vergleichsweise kostspielig, da der Server verschiedenste Sicherheitsmechanismen wie z. B. Firewall etc. besitzen und die EBICS-Kommunikation formal 24 Std. / an sieben Tagen in der Woche aktiv sein muss. Daher ist abzuwägen, ab wann sich das EBICS-System gegenüber dem SWIFTNet FileAct-System lohnt.

Die Deutsche Bundesbank als "Großhändler" hat sich in diesem Fall eine Vorreiterrolle verschafft, indem sie als einer der ersten Zahlungsverkehrsanbieter neben der Kommunikation via FTAM, via SWIFTNet FileAct und SWIFT-FIN ihren Kunden (Kreditinstituten ebenso wie Nichtbanken – z. B. öffentlichen Kassen) EBICS sowohl im Kunde-Bank-Standard als auch im Bank-Bank-Standard anbietet. Die „Spezifikationen für den elektronischen Zahlungsverkehr der Deutschen Bundesbank" enthalten ausführliche Beschreibungen zum Dienstleistungsangebot der Deutschen Bundesbank im unbaren Zahlungsverkehr. Die "Managementübersicht" der Spezifikationen beinhaltet einen Überblick über das Leistungsangebot und eine Skizzierung der von der Bundesbank angebotenen Verfahren. Eine Beschreibung der fachlichen Details sowie der technischen Schnittstellen zwischen dem Kunden und der Deutschen Bundesbank erfolgt im Kapitel „Dienstleistungsangebot der Deutschen Bundesbank". Das Kapitel „Antragstellung" beinhaltet Erklärungen zu den einzureichenden Anträgen und erläutert grundsätzliche Fragen zur Antragstellung. Um sicherzustellen, dass sich die Systeme der Kunden störungsfrei in den Produktionsbetrieb integrieren lassen, müssen bestimmte Tests erfolgreich durchlaufen werden. Das Kapitel „Störungsmanagement" beschreibt die Back-up-Möglichkeiten der einzelnen Verfahren. In den „Technischen Spezifikationen" der Deutschen Bundesbank sind ferner alle technischen

Details, wie der Zugang zu den Systemen, Standards für die Datenübertragung, Ausführungen zu Datenschutz und -sicherheit, Datensatz- und Dateiaufbau sowie Prüfungen bei der Einreichung beschrieben.

Speziell für Firmenkunden von Kreditinstituten mit erhöhtem Automatisierungsbedarf, einem gehobenen Cash-Management-Anspruch und besonderen Integrationswünschen stehen neben den oben erwähnten Elektronic-Banking-Produkten die Verfahren MultiCash und EBsec®l – modular aufgebaute, multibankfähige Cash-Management-Standardsoftwaresysteme für den elektronischen Datenaustausch zwischen Firmenkunden und Kreditinstituten – zur Verfügung.

Rechtliche Fragestellungen treten insbesondere bei der Abgabe und dem Zugang von Willenserklärungen auf. So ist in der Eingabe des Auftrags per Tastatur keine Willenserklärung zu sehen. Erst mit Eingabe der TAN ist eine Willenserklärung gemäß den „Bedingungen für Online-Banking" abgegeben worden. Bei dem Zugang von Willenserklärungen ist nach Offline- oder Online-Dialog zu unterscheiden. Nach allgemeinen Grundsätzen ist für den Zeitpunkt des Zugangs auf die Möglichkeit der Kenntnisnahme abzustellen. Im Rahmen eines Online-Dialoges werden die gesendeten Daten mit einer für die rechtliche Beurteilung unerheblichen zeitlichen Verzögerung unmittelbar bearbeitet und sind damit auch zugegangen. Anders verhält es sich hingegen beim Offline-Dialog, bei dem die zu sendenden Daten vorerst nur auf dem eigenen PC gespeichert werden.

3.9. IT-Sicherheit

Als Informationssicherheit bezeichnet man Eigenschaften von informationsverarbeitenden und -lagernden Systemen, welche die Vertraulichkeit, Verfügbarkeit und Integrität sicherstellen. Informationssicherheit dient dem Schutz vor Gefahren bzw. Bedrohungen, der Vermeidung von Schäden und der Minimierung von Risiken. Der Begriff bezieht sich oft auf eine globale Informationssicherheit, bei der die Zahl der möglichen schädlichen Szenarien summarisch reduziert ist oder der Aufwand zur Kompromittierung für den Betreiber in einem ungünstigen Verhältnis zum erwarteten Informationsgewinn steht. In dieser Sichtweise ist die Informationssicherheit eine ökonomische Größe, mit der z. B. in Betrieben und Organisationen gerechnet werden muss.

Es geht hier um die Einrichtung und Aufrechterhaltung geeigneter betrieblicher und technischer Maßnahmen der Banken und Sparkassen, um die Einhaltung der Schutzziele der Informationssicherheit bei IT-gestützter Verarbeitung von Informationen zu gewährleisten. Die Methoden der

Betrüger beim Online-Banking werden immer raffinierter. Die Zahl der Internet-Nutzer, deren Konten mit gestohlenen Passwörtern geplündert worden sind, ist in den letzten Jahren enorm gestiegen.

Daher werden vermehrt sowohl externe als auch interne Prüfungen auf dieses Thema ausgelegt. Gleichzeitig entstand ein umfangreiches Dienstleistungsangebot zur Durchführung verschiedener Projekte, die einen IT-Sicherheitsprozess in Banken und Sparkassen etablieren sollen. Anbieter sind sowohl innerhalb der jeweiligen Unternehmensgruppe als auch auf dem externen Markt zu finden. Bei anderen Finanzdienstleistungsinstituten, Versicherungsunternehmen und den Unternehmen des Wertpapierhandels wird das Konzept im Allgemeinen identisch sein, wobei hier zum Beispiel aber auch andere Gesetze eine Rolle spielen können.

Die Erscheinungsformen der Internet-Kriminalität sind sehr vielfältig. Beispiele hierfür sind:

- Internetbetrug,
- Computerbetrug,
- Spionage,
- Verbotene Pornografie,
- Identitätsdiebstahl,
- Anbahnung zur Verführung Minderjähriger (beispielsweise über Chatrooms),
- Urheberrechtliche Delikte (z. B. Verbreitung von Raubkopien),
- Cyber-Tourismus,
- Äußerungsdelikte wie Volksverhetzung oder Beleidigung.

Der Übergang zu Methoden und Verfahren des sogenannten „Cyberwar" („Netzkrieg") ist mittlerweile fließend geworden; im Einzelfall ist durchaus nicht ohne Weiteres auszumachen, ob ein Angriff im Netz einschlägig kriminellen Zielen dient oder sogar militärisch bzw. politisch intendiert ist. Die Attacken auf die Rechner und Rechnernetze werden immer ausgefeilter – offenbar mit entsprechendem Erfolg. Seit der allgemeinen Etablierung des Internets in den 1990er Jahren und der zunehmenden Elektronisierung weiter Felder des öffentlichen Lebens – vor allem auch auf wirtschaftlichem Gebiet – liefern sich Kriminelle und Sicherheitsexperten ein Hase- und Igel-Duell auf den unterschiedlichsten Feldern.

Nach einer Studie sind bereits bis Mitte 2008 fast vier Millionen Deutsche schon einmal Opfer von Computer- oder Internetkriminalität geworden.

Sieben Prozent aller Computernutzer ab 14 Jahren haben demnach bereits einen finanziellen Schaden etwa durch Viren, bei Online-Auktionen oder durch Datenmissbrauch beim Online-Banking erlitten.

Wegen der erheblich gestiegenen Gefahren hat die Europäische Kommission im Jahre 2009 deshalb einen Fünf-Punkte-Plan zum Schutz kritischer Informationsinfrastrukturen in den Mitgliedsstaaten der Europäischen Union vorgestellt. Neben einer forcierten Koordination zwischen den Mitgliedstaaten sieht er vor:

- Prävention und Abwehrbereitschaft,
- Erkennung und Reaktion; Einrichtung eines Frühwarn- und Informationsnetzes,
- Folgenminderung und Wiederherstellung,
- Internationale Zusammenarbeit,
- Aufstellung von einheitlichen Kriterien für europäische kritische IKT-Infrastrukturen.

Die Europäische Agentur für Netz- und Informationssicherheit (ENISA) soll laut EU-Kommission die Initiative vorantreiben. Die Kommission werde zudem zusammen mit den Mitgliedstaaten „einen Fahrplan zur Förderung von Grundsätzen und Leitlinien auf globaler Ebene ausarbeiten. Als Mittel zur globalen Konsensbildung wird die strategische Zusammenarbeit mit Drittstaaten gefördert, vor allem in den Dialogen zu Themen der Informationsgesellschaft."

Laut einer aktuellen Studie stieg die Kriminalitätsrate allein beim Geldautomaten-Betrug im Jahre 2008 um 149 %. Die Zahlen der Europäischen Agentur für Netz- und Informationssicherheit (ENISA) sind erschreckend. Sie dokumentierte rund 500 Millionen Euro Verlust durch Geldautomaten-Betrug im Jahre 2008. Die gesteigerte Kriminalitätsrate ist zum einen auf die gestiegene Anzahl an Automaten und zum anderen auf die ausgeklügelten Techniken der Betrüger zurückzuführen.

Zu den gängigen Methoden des „Kontodatenklaus" zählen neben moderner Technik (dazu unten) nach wie vor auch das klassische „Über-die-Schulter-Schauen". Technische Hilfsmittel, wie Lesegeräte, aufgelegte Tastaturen und Minikameras, werden z. B. am Geldautomaten angebracht und lesen Kartendaten und Passwörter mit. Darüber hinaus wurden aber auch sogar schon komplett gefälschte Geldautomaten aufgefunden.

Zur Bekämpfung der Internetkriminalität wurde in Deutschland beim Bundeskriminalamt das „Technische Servicezentrum Informations- und

Kommunikationstechnologien" (TeSIT) eingerichtet, dessen vornehmliche Aufgabe es nach Angaben des Bundesinnenministeriums ist, technische Unterstützung bei Exekutivmaßnahmen und Ermittlungen in Datennetzen zu leisten. Dem TeSIT ist zudem die „Zentralstelle für anlassunabhängige Recherchen in Datennetzen" (ZaRD) zugeordnet. Das Bundeskriminalamt wertet eigenen Angaben zufolge das Internet rund um die Uhr systematisch und anlassunabhängig auf polizeilich relevante – insbesondere kinderpornografische – Inhalte aus und führt gegebenenfalls die Beweiserhebung, -sicherung und -dokumentation durch. Es wird auf „eine beachtliche Zahl" an Fahndungserfolgen verwiesen.

Ein wirksames Gesetz gegen das sogenannte „Phishing" – den „**Kontodatenklau** – existiert nicht. Unter „**Phishing**" sind Versuche zu verstehen, über gefälschte www-Adressen Daten eines Internet-Benutzers zu erlangen. Der Begriff ist ein englisches Wortspiel, das sich an fishing („Angeln", „Fischen") anlehnt. Bei einem Phishing-Versuch soll der Benutzer seine Zugangsdaten auf der vom Phisher präparierten Webseite preisgeben. Das Opfer wird dazu verleitet, einen in der E-Mail enthaltenen Internetlink zu verfolgen. Typisch ist die Nachahmung des Designs eines bekannten und vertrauenswürdigen Anbieters. Gibt das Opfer dort nun seine vertraulichen Kontoinformationen ein, „fischen" die Betrüger diese ab und greifen selbst auf das Konto zu. Phishing-Nachrichten werden meist per E-Mail oder Instant Messaging versandt. Diese Mails sind heute oft perfekt formuliert, während sie zu Beginn der Phishing-Angriffe zumeist in sehr schlechtem Deutsch verfasst waren. Das lag daran, dass sie oft aus dem fremdsprachigen Ausland stammten und mit automatischen Übersetzungsprogrammen oder von Laien ins Deutsche übertragen wurden.

Eine neuere Variante des Phishing wird als „**Spear-Phishing**" bezeichnet (abgeleitet von der englischen Übersetzung des Begriffs Speer), worunter ein gezielter Angriff zu verstehen ist. Hierbei beschafft sich der Angreifer – z. B. über die Studentenvertretung einer Hochschule – die Mailadressen der dort eingeschriebenen Studierenden, um an diese gezielt eine Phishing-Mail einer lokal ansässigen Bank oder Sparkasse zu übersenden. Die „Trefferquote" bei dieser Art von Phishing-Attacken ist ungleich höher als bei normalen Angriffen, da die Wahrscheinlichkeit, dass ein Student seine Bankverbindung bei diesem Institut unterhält, sehr hoch ist.

Ferner spricht man in Fachkreisen auch von „**Whaling**", wenn sich die gezielte Attacke gegen hohe Führungskräfte („große Fische") richtet. Personen in entsprechenden Positionen werden gezielt angeschrieben, um sie über schädliche Mail-Anhänge oder den Besuch einer speziell präparierten Website zu infizieren.

Eine weiterentwickelte Form des klassischen Phishings ist das sogenannte **„Pharming"**, das auf einer Manipulation der DNS-Anfragen von Webbrowsern basiert. Das Domain Name System (DNS) ist einer der wichtigsten Dienste im Internet. Seine Hauptaufgabe ist die Beantwortung von Anfragen zur Namensauflösung. In Analogie zu einer Telefonauskunft soll das DNS bei Anfrage mit einem Hostnamen (dem für Menschen merkbaren Namen eines Rechners im Internet) als Antwort die zugehörige IP-Adresse (die „Anschlussnummer" im Internet) nennen.

Pharming hat sich als Oberbegriff für verschiedene Arten von DNS-Angriffen etabliert. Eine Methode hierfür ist die lokale Manipulation der Host-Datei. Dabei wird unter Zuhilfenahme eines „Trojanischen Pferdes" oder eines Virus eine gezielte Manipulation des Systems vorgenommen mit der Konsequenz, dass von diesem System gezielt gefälschte Websites angezeigt werden, obwohl die Adresse korrekt eingegeben wurde. Als „Trojanisches Pferd" (engl. „Trojan Horse"), auch kurz „Trojaner" genannt, bezeichnet man ein Computerprogramm, das als nützliche Anwendung getarnt ist, im Hintergrund aber ohne Wissen des Anwenders eine andere Funktion erfüllt. Der Name ist vom Trojanischen Pferd der griechischen Mythologie abgeleitet. Als etwas Nützliches getarnt, verleitete es die Angegriffenen dazu, in den geschützten Bereich gebracht zu werden. Die im inneren unentdeckt gebliebenen Soldaten verließen schließlich das Trojanische Pferd und erlangten als Angreifer Zugang zur Stadt bzw. zum geschützten System. Ein Trojanisches Pferd zählt in dem hier verwendeten Sachzusammenhang zur Familie unerwünschter bzw. schädlicher Programme, der sogenannten „Malware". Es wird umgangssprachlich häufig synonym mit Computerviren verwendet, Benutzer können so beispielsweise auf täuschend echt nachgebildete Seiten einer Bank oder Sparkasse geleitet werden.

Darüber hinaus gibt es auch die Nachahmung von Teilen oder einer gesamten vertrauten Webseite, **„Spoofing"** („Verschleierung") genannt. Hier geschieht der eigentliche Betrug, indem die Angreifer einen getäuschten Nutzer zur Preisgabe vertraulicher Daten verleiten, die dann missbraucht werden. Es handelt sich um ein Vorgehen zum Erlangen einer erlaubten Adresse – und damit eines Zugangs – durch Täuschen, Verschleiern oder Manipulieren der verwendeten Adresse und damit um das Prinzip einer „Absender-Tarnkappe".

In diesen Bereich fällt auch das sogenannte **Skimming** (deutsch: „Abschöpfen"). Dies ist ein englischer Begriff für einen sogenannten „Man-in-the-middle-Angriff" (auch: „Janusangriff"), der illegal die Daten von Kreditkarten oder Bankkarten ausspäht. Beim Skimming werden unberechtigterweise Kartendaten erlangt, indem Daten von Magnetstreifen ausgelesen und auf gefälschte Karten kopiert werden. Der Angreifer steht dabei entweder physikalisch oder – heute meist – logisch zwischen den beiden Kommunikationspartnern, hat dabei mit seinem System vollständige Kontrolle über den Datenverkehr zwischen zwei oder mehreren Netzwerkteilnehmern und kann die Informationen nach seinem Belieben einsehen und sogar manipulieren. Die Janusköpfigkeit des Angreifers besteht darin, dass er den Kommunikationspartnern das jeweilige Gegenüber vortäuschen kann, ohne dass sie es merken.

Ein typisches Angriffsmuster ist das gleichzeitige Ausspähen von Magnetstreifeninhalt der Kredit- oder ec-Karte zusammen mit der PIN an einem Geldautomaten. Die Daten der ec-Karten werden dann typischerweise auf einen leeren Kartenrohling (sog. „White-Plastic") aufgebracht, mit dem die Betrüger dann – zusammen mit der PIN – Bargeld an Geldautomaten abheben können. Da die Karte im Besitz des Eigentümers verbleibt, bemerkt der Inhaber des Kontos diesen Angriff in der Regel erst mit Abholung der Kontoauszüge oder wenn die Bank nach Überziehung des Dispositionskredits einschreitet.

Bei Geldautomaten sind inzwischen verschiedene Varianten beschrieben worden, denen gemeinsam ist, dass die fortschreitende Miniaturisierung der Lesegeräte die Manipulation von Automaten enorm vereinfacht. Eine Variante ist es, auf den Einschiebeschacht direkt am Geldautomaten ein Lesegerät in Form eines kleinen Kunststoffrahmens aufzubringen. Die Karte wird dann einfach durch das zusätzliche Lesegerät hindurch in den Automaten gezogen und dabei der Inhalt des Magnetstreifens ausgelesen. Alternativ werden auch Vorfälle berichtet, bei denen ein zusätzliches Lesegerät in den Türöffner der Filiale eingebaut wurde (häufig erfordert schon der Zutritt zum Vorraum mit dem Geldautomaten den Einsatz der Karte).

Die Eingabe der PIN wird meist mit einer kleinen Funk-Kamera gefilmt, die oft oberhalb der Tastatur in einer angeklebten Kunststoffleiste versteckt ist (sogenannte „Kameraleiste"). Diese ist in der Regel selbst für argwöhnische Benutzer kaum erkennbar. Es kommen aber auch ganze Tastenfeld-Attrappen zum Einsatz, die über das eigentliche Tastenfeld geklebt werden und einfach die Tastendrücke aufzeichnen.

Diese Angriffsmuster sind deshalb möglich, weil der Zugang zu den Kartendaten vom Lesegerät gesteuert wird[, nicht wie bei den moderneren Smartcards von dem Chip auf der Karte selbst. Die Kartendaten sind auf dem Magnetstreifen ungeschützt und können von jedermann ausgelesen werden. Das ist bei den Smartcards anders: Hier kann zum einen nur ein

113

Teil des Inhalts überhaupt ausgelesen werden, zum anderen kontrolliert die Karte selbst die korrekte Eingabe der PIN und sperrt sich selbst nach einer gewissen Zahl von Fehlversuchen. Da Magnetkartenrohlinge jedoch viel billiger sind als Smartcards, werden diese von den Banken oft nicht ersetzt.

Bei Kreditkarten verfahren die Täter ähnlich. Hier wird die Karte des Opfers z. B. beim Bezahlen in einem Restaurant neben dem regulären Kartenlesegerät noch durch ein zweites Gerät gezogen.

Mit sogenannten „Antiskimming-Modulen" kann durch den kombinierten Einsatz mehrerer Abwehrmechanismen das Skimming erschwert bzw. sogar nahezu unmöglich gemacht werden.

Im Bereich der Internetkriminalität sind weitere neue Begriffe aufgetaucht, die nachstehend erläutert werden sollen:

„Slamming": Hierbei handelt es sich um das Unterschieben von Telekommunikationsverträgen, das zu einem ungewollten Anbieterwechsel führt.

„Dumpster-Diving" (auch: **Dumpstering**) beschreibt das Durchsuchen von Müll und Abfällen eines Opfers in der Hoffnung, über diesen Weg an vertrauliche oder nützliche und für einen späteren Angriff verwendbare Daten heranzukommen.

„Key-Logging" bezeichnet ein hard- oder softwareseitiges Protokollieren (loggen) von Tastatureingaben zwecks Missbrauchs.

„Hyperjacking" ist die nicht autorisierte Übernahme des Bereitstellungsmechanismus (sogenannter „Hypervisor") virtueller Maschinen.

„Vishing (Voice / VoIP Phishing)" sind automatisch generierte, telefonische Anfragen, die zur Angabe von persönliche Daten auffordern, wie z. B. „Herzlichen Glückwunsch, Sie haben gewonnen..."

3.10. Die Kreditkarte

Eine Kreditkarte ist eine Karte, die bei Millionen weltweiten Akzeptanzstellen zur bargeldlosen Zahlung von Waren oder Dienstleistungen sowie zur Barauszahlung an Geldautomaten berechtigt. Ursprünglich kommt die Kreditkarte aus den USA. Dort wurde sie 1894 in den Markt als Kundenkreditkarte eingeführt. Die Kundenkreditkarten, oder auch Proprietary Credit Cards, ermöglichten Kreditkäufe ausschließlich bei den ausgebenden Unternehmen und sollten die Zahlungsabwicklung erleichtern sowie die Kunden an das jeweilige Unternehmen binden. Die „echten" Kreditkarten, Universalkreditkarten oder General Purpose Credit Cards, kamen erst später auf den Markt. Diese Kreditkarten konnten dann nicht nur bei den ausgebenden Unternehmen eingesetzt werden, sondern bei allen Akzeptanzstellen der jeweiligen Kreditkarte. Das Kreditkartengeschäft stellt kein Bankgeschäft im Sinne des § 1 Abs. 1 KWG dar. Unternehmen, deren Haupttätigkeit in der Ausgabe oder Verwaltung von Kreditkarten besteht, zählen somit gemäß § 1 Abs. 3 Nr. 4 KWG zu den sogenannten Finanzinstituten. Die Vorteile von Kreditkarten liegen in der Bequemlichkeit und Sicherheit sowie Zinsvorteilen, welche jedoch durch eine zu entrichtende Jahresgebühr ausgeglichen werden können. Ein weiterer Vorteil besteht in der weltweiten Akzeptanz von Kreditkarten, so wird die ec-/Maestro-Karte – anders als Kreditkarten – lediglich in Europa und in den an das Mittelmeer angrenzenden nicht europäischen Staaten akzeptiert.

Man unterscheidet zwischen der „echten" Kreditkarte, der Chargekarte und der Daily-Chargekarte. Nicht zu verwechseln ist die Kreditkarte mit der Debitkarte, der ec-/Maestro-Karte, bei der eine sofortige Belastung des Kontos bei Nutzung der Karte anfällt. Äußerlich ist eine Kreditkarte von einer ec-/Maestro-Karte anhand der sogenannten Hochprägung zu unterscheiden.

Bei der „echten" Kreditkarte erhält der Kreditkarteninhaber eine monatliche Abrechnung über die Nutzung seiner Kreditkarte. Zumeist besteht ein Wahlrecht, ob der Saldo mit einer Zahlung beglichen werden oder in Raten abgezahlt werden soll. Sofern eine Ratenzahlung vorgesehen ist, spricht man auch von einem „Revolving Credit". Wenn die Möglichkeit der monatlichen Abzahlung in Anspruch genommen wird, entstehen dem Karteninhaber dadurch Verzugszinsen.

Bei einer Chargekarte erhält der Kreditkarteninhaber monatlich eine Rechnung, die sofort oder innerhalb einer festgelegten Frist zu begleichen ist.

Die dritte Variante, die Daily-Chargekarte, ist eine Kombination aus Charge- und Debitkarte. Es besteht ein Kartenkonto, welches im Guthaben geführt wird. Darüber hinaus besteht ein zusätzlicher Kreditrahmen. Erst nach Aufbrauchen des Guthabens wird der Kreditrahmen genutzt. Nach erfolgter Monatsabrechnung wird der Sollsaldo von einem Referenzkonto des Karteninhabers per Lastschrift eingezogen. Im Gegensatz zum revolvierenden Kredit entstehen dabei keine Verzugszinsen.

Die gängigste Kreditkartenart in Deutschland ist eine Visa-, America Express- oder MasterCard-Chargekarte. Am weitesten verbreitet sind MasterCard und Visa mit jeweils etwa 400.000 Akzeptanzstellen in Deutschland und etwa 50.000 Bargeldautomaten.

Ähnlich wie bei dem POS-Verfahren trägt der Händler, bei dem per Kreditkarte gezahlt wird, die Gebühren bzw. die Transaktionskosten. Dies sind i.d.R. rund 3,0 % bis 5,0 % zuzüglich einer fixen Pauschale in Höhe von 0,10 – 0,25 Euro je Transaktion. Für das Bereitstellen der Endgeräte entstehen den Händlern zumeist zusätzliche Kosten. Die Kosten für den Kreditkarteninhaber sind unterschiedlich. So geben einige Banken Kreditkarten ohne Jahresgebühr an ihre Kunden weiter, andere Institute erheben einen Festpreis. Wieder andere koppeln die Gebührenfreiheit an die getätigten Jahresumsätze. Um in den Besitz einer Kreditkarte zu gelangen, ist eine ausreichende Bonität Voraussetzung, z. B. in Form von regelmäßigen Zahlungseingängen.

Die rechtliche Ausgestaltung lässt sich in zwei Schwerpunkte unterteilen:

Zum einem liegt ein Rechtsverhältnis zwischen Vertragsunternehmen und Kartenausgeber vor. Die Vertragsunternehmen können den Gegenwert für die erbrachte Leistung im bargeldlosen Zahlungsverkehr von dem Kartenausgeber verlangen. Hierzu wird den Vertragsunternehmen ein rechtlich eigenständiger Zahlungsanspruch verschafft. Dies geschieht durch einen formularmäßigen Rahmenvertrag, den sogenannten Akquisitionsvertrag, wodurch sich das Vertragsunternehmen zur Annahme der Kreditkarte verpflichtet. In diesem Akquisitionsvertrag sind die Akzeptanzpflicht und die dafür einzuhaltenden Voraussetzungen durch das Vertragsunternehmen geregelt. Aufgrund dieser Akzeptanzpflicht, die jedem Karteninhaber das Recht gibt, Zahlungen mittels Kreditkarte bei Vertragsunternehmen zu leisten, handelt es sich bei dem Akquisitionsvertrag um einen Vertrag zugunsten Dritter im Sinne von § 328 BGB. Die Vereinbarung zwischen Vertragsunternehmen und Kartenausgeber regelte die Modalitäten der Abrechnung und des Zahlungsvorganges. So wird das Vertragsunternehmen insbesondere verpflichtet, bei Überschreitung der festgesetzten genehmigungsfreien Höchstgrenzen die Umsätze autorisieren zu lassen. Im Akquisitionsvertrag ist auch eine Vereinbarung über das Disagio, d. h. den Betrag, den das Kartenunternehmen beim Ausgleich der Forderungen des Vertragsunternehmens als Gegenleistung abziehen darf, enthalten. Im Übrigen jedoch enthält der Akquisitionsvertrag die Verpflichtung der Kartengesellschaft, die Ansprüche des Vertragsunternehmens gegen die einzelnen Karteninhaber auszugleichen, sofern die Zahlungen unter Einhaltung der Voraussetzungen erfolgen. In einem Grundsatzurteil entschied der BGH, dass das Vertragsverhältnis zwischen Kreditkartenunternehmen und Vertragshändler nicht als Forderungskauf, sondern vielmehr als abstraktes Schuldversprechen gemäß § 780 BGB einzuordnen sei, da die Bargeldersatzfunktion der Kreditkarte nicht mit einer Einordnung als Forderungskauf zu vereinbaren sei.

Die von den Kartenunternehmen im Akquisitionsvertrag abgegebene Zahlungsversprechen für eine Vielzahl zukünftig zwischen den Vertragsunternehmen und dem Karteninhabern begründeten Forderungen stehen gemäß § 158 Abs. 1 BGB unter der aufschiebenden Bedingung, dass die im Akquisitionsvertrag festgelegten Prüfungspflichten eingehalten werden.

Die meisten Kreditkartenverfahren sehen ferner auch das sogenannte Mail-Order- bzw. Telefonorderverfahren vor, bei welchem der Karteninhaber mit der Kartenzahlung sein Einverständnis fernmündlich gegenüber dem Kartenunternehmen oder auch schriftlich erklärt. Auch in derartigen Verfahren sind die Kreditkartengesellschaften zur Zahlung verpflichtet, da es treuwidrig wäre, in den Kreditkarten-Bedingungen die genannten Verfahren vorzusehen und gleichzeitig gegenüber den Vertragsunternehmen die Zahlungsverpflichtung mit der Begründung verweigert werden würde, dass deren Voraussetzungen nicht eingehalten worden seien. Mithin ist das Kartenunternehmen auch hier verpflichtet, die Forderungen auszugleichen.

Bei Verweigerung des Karteninhabers zum Ausgleich der Forderungen könnte zwar ein Rückbelastungsrecht gegen das Vertragsunternehmen bestehen, weil die Bedingungen des Zahlungsversprechens nicht eingehalten worden seien. Nach der Rechtsprechung des BGH sind jedoch entsprechende Rückbelastungsklauseln in den Verträgen zwischen dem Vertragsunternehmen und der Kreditkartengesellschaft unwirksam.

Einen zweiten rechtlichen Schwerpunkt bildet ferner das Rechtsverhältnis zwischen Kartenausgeber und Karteninhaber. Dieses Vertragsverhältnis wird als Emissionsvertrag bezeichnet. Der wesentliche Regelungsbereich liegt in der Verpflichtung des Kartenausgebers zur Tilgung aller durch den Karteninhaber unter Einsatz der Kreditkarte eingegangenen Verbindlichkeiten. Es handelt sich um einen Geschäftsbesorgungsvertrag mit werkvertraglichem Einschlag gemäß § 675 BGB, in welchem sich der Kartenausgeber gegenüber den Karteninhaber zur Erfüllungsübernahme im Hinblick auf Forderungen des Vertragsunternehmens verpflichtet. Den Ausgleich seiner Verbindlichkeiten erhält er als Aufwendungsersatz gemäß §§ 675, 670 BGB. Die einzelnen in der Kreditkartenabrechnung enthaltenen Forderungen werden vom Karteninhaber gemäß § 781 BGB anerkannt und bilden ein abstraktes Schuldanerkenntnis, sofern der Karteninhaber hiergegen keine Einwendungen erhebt.

Die Hauptpflicht des Kartenausgebers aus dem Kreditkartenvertrag besteht also darin, die Zahlungsverbindlichkeiten des Karteninhabers zu erfüllen und somit den Karteninhaber von seiner Zahlungspflicht zu befreien. Der Karteninhaber schuldet demgegenüber insbesondere die Zahlung einer Jahresgebühr, der Kartenausgeber erhält mithin das zuvor vereinbarte jährliche Entgelt.

Die Unterzeichnung eines Beleges oder auch die Nennung oder schriftliche Übermittlung von Kreditkartendaten gilt als Weisung des Karteninhabers an das Kreditkartenunternehmen, die durch seine Nutzung entstandenen Verbindlichkeiten zu tilgen. Diese Weisung wird durch das Vertragsunternehmen als Bote des Karteninhabers an die Kreditkartengesellschaften übermittelt. Wenn der Forderungsbetrag zugunsten des Vertragsunternehmens ausgeglichen wird, entsteht aus der Auftragsdurchführung der vorerwähnte Erstattungsanspruch des Kartenausgebers gegen den Kreditkarteninhaber aus §§ 675, 670 BGB, und zwar in Höhe der Forderung.

Das Kreditkartenunternehmen trägt die Beweislast dafür, dass der Kreditkarteninhaber den Auftrag erteilt hat und dass diese auch von ihm herrührt. Dieser Beweis wird grundsätzlich durch Vorlage des vom Karteninhaber unterzeichneten Beleges erbracht. Bei einem unterschriftslosen Verfahren (Mailorder- oder Telefonorder-Verfahren) und Bestreiten durch den Karteninhaber kann dieser Beweis durch das Kartenunternehmen zwar regelmäßig nicht geführt werden. Hier bestehen jedoch gegebenenfalls Schadensersatzansprüche des Kartenunternehmens gegen den Karteninhaber, wenn dieser die ihm obliegenden Sorgfaltspflichten verletzt hat.

Sobald der Verlust einer Kreditkarte gegenüber dem kartenausgebenden Institut angezeigt wird, hat der Karteninhaber für missbräuchliche Verfügungen, die nach diesem Zeitpunkt getätigt werden, nicht mehr einzustehen. Für Schäden, die vor Eingang der Verlustanzeige eintreten, beschränkt sich die Haftung des Karteninhabers in der Regel auf einen Höchstbetrag von 50 Euro je Karte. Dies gilt nicht, wenn eine grob fahrlässige Verletzung der Verpflichtungen des Karteninhabers, wie z. B. der Pflicht zur sorgfältigen Aufbewahrung der Karte, der Geheimhaltung der PIN oder der unverzüglichen Benachrichtigung nach Bekanntwerden des Verlustes, zum Missbrauch beigetragen hat. In der Regel sind die Haftungsbestimmungen des Verbrauchers bei den kartenausgebenden Instituten in Deutschland identisch. Grundsätzlich sind aber im Einzelfall die jeweiligen Allgemeinen Geschäftsbedingungen zu beachten, da dort die Haftungsbedingungen aufgeführt sind.

Fraglich ist, in welchem Umfang der Karteninhaber für Schäden einzustehen hat, die durch missbräuchliche Verfügungen vor Eingang der Verlustanzeige entstanden sind. Sofern die „gefälschte" Unterschrift von der Akzeptanzstelle nicht erkannt werden konnte, fehlt es an einer Weisung des Karteninhabers gemäß § 665 BGB. Infolgedessen kann kein Aufwendungsersatzanspruch entstehen, und der Schaden verbleibt in vollem Umfang bei dem Kreditkartenunternehmen. Die Akzeptanz der Kreditkarte würde jedoch erheblichen Schaden nehmen, sofern ein Vertragsunternehmen für den Schaden einer missbräuchlichen Verwendung einer Kreditkarte aufkommen müsste, wenn zugleich die missbräuchliche Verwendung nicht erkennbar war.

Im sogenannten Valutaverhältnis, d. h. dem Rechtsverhältnis zwischen dem Karteninhaber und dem Vertragsunternehmen, besitzt der Karteninhaber gegen das Vertragsunternehmen einen Anspruch darauf, mit der ihm zur Verfügung gestellten Kreditkarte zahlen zu können, der ihm aus dem Vertrag zugunsten Dritter zwischen dem Kreditkartenunternehmen unter dem Vertragsunternehmen gewährt wird. Ein Kontrahierungszwang, mithin eine Verpflichtung des Vertragsunternehmens zum Abschluss eines Vertrages mit dem Karteninhaber besteht indessen nicht. Wenn mit der Kreditkarte gezahlt wird, so gilt dies noch nicht als Leistungsbewirkung im Sinne von § 364 Abs. 2 BGB, da die Kausalforderung des Vertragsunternehmens gegen den Karteninhaber aus dem zugrunde liegenden Kaufvertrag bis zu ihrer Erfüllung bestehen bleibt.

In jüngster Zeit haben mehrere Kreditinstitute Verträge mit Kreditkartenorganisationen wie z. B. Visa oder MasterCard geschlossen und geben deren Karten für den Bargeldbezug aus. Statt mit der klassischen ec-Karte können die Kunden dieser Kreditinstitute mit ihrer Kreditkarte in der Regel kostenlos an allen kreditkartenfähigen Automaten in Deutschland Bargeld abheben. Die Kreditkarte verliert in dieser Anwendung ihre Kreditfunktion und dient als reines Zahlungsinstrument. Zahlungen belasten das Girokonto des Kunden bei dieser Art der Verwendung nicht erst zu einem vereinbarten Abrechnungs- bzw. Einzugstermin, sondern genauso schnell wie bei ec-Kartentransaktionen.

4. Kredite

Das Wort Kredit bezeichnet das Vertrauen (lateinisch: credere = glauben, vertrauen) in die Fähigkeit und Bereitschaft des Kunden, seine bei der Bank bestehenden Verbindlichkeiten ordnungsgemäß zurückzuzahlen. Aus Sicht der Kreditinstitute ist mit einem Kredit die zeitlich befristete Überlassung von Geldkapital gegen Zahlung eines Entgelts, nämlich der Zinsen, für dessen Nutzung gemeint. Für den Kunden stellt der Kredit Fremdkapital dar und dient der Finanzierung.

4.1. Kreditfähigkeit und Kreditwürdigkeit

Als Kredite werden von den Kreditinstituten Mittel vergeben, die diese von Sparern und anderen Einlegern entgegengenommen haben und an diese vertragsgemäß zurückzahlen müssen. Daher wird vor einer Kreditvergabe sowohl die Kreditfähigkeit als auch die Kreditwürdigkeit geprüft. Kreditfähigkeit ist die Fähigkeit, rechtswirksam Kreditverträge schließen zu können, was bei natürlichen voll geschäftsfähigen Personen, juristischen Personen des privaten und öffentlichen Rechts sowie Personenhandelsgesellschaften (OHG, KG) der Fall ist. Beschränkt geschäftsfähige Minderjährige bedürfen zum Abschluss von Kreditverträgen der Zustimmung der gesetzlichen Vertreter (Eltern), die wiederum die Genehmigung des Familiengerichts benötigen.

Unter der Kreditwürdigkeit ist die Fähigkeit des Kreditnehmers zu verstehen, seinen Verpflichtungen aus dem Kreditvertrag im Hinblick auf die Rückzahlung der Darlehensmittel und der Erbringung der Zinsen nachzukommen. Häufig wird anstelle der Kreditwürdigkeit auch der Begriff „Bonität" verwendet. Entscheidende Merkmale für die Prüfung dieser (wirtschaftlichen) Kreditwürdigkeit sind bei privaten Haushalten die Einkommensverhältnisse und die Vermögenssituation. Bei Unternehmen wird auf deren Ertrags- und Liquiditätslage sowie auf die Vermögens- und Kapitalstruktur abgestellt.

Durch die vom Baseler Ausschuss für Bankenaufsicht vorgeschlagenen Eigenkapitalvorschriften („Basel II"), die gemäß den EU-Richtlinien 2006/48/EG und 2006/49/EG seit dem 01.01.2007 in allen Mitgliedsländern der Europäischen Union angewendet werden müssen, hat sich die Kreditwürdigkeitsprüfung der Banken in den letzten Jahren verändert. Ein Teil der Vorschriften beschäftigt sich mit den Mindesteigenkapitalanforderungen der Banken. Ziel dieser Regelungen ist es, bei der Bemessung der Eigenkapitalvorschriften die Risiken der Bank noch genauer und angemessener als bisher zu berücksichtigen. Deshalb muss die Bank je nach

Risiko eines Kredites nun mehr oder weniger Eigenkapital für einen Kredit hinterlegen. Um zu ermitteln, wie risikoreich ein Kredit ist, werden die Bankkunden daher heute einem sogenannten Rating unterzogen. Das Rating ist eine Bonitätsprüfung, bei der eine Aussage darüber getroffen wird, mit welcher Wahrscheinlichkeit der Kreditnehmer seinen Kredit vollständig und pünktlich zurückzahlen kann. Die Bank kann dieses Rating selbst (intern) durchführen oder eine externe Ratingagentur beauftragen, was in der Regel nur bei großen Firmenkunden geschieht. Bei einem Rating werden viele verschiedene Faktoren beachtet und jeweils mit einer Punktzahl bewertet. Die einzelnen Faktoren werden nach ihrer Bedeutung gewichtet.

Bei der Bonitätsprüfung eines Unternehmens würde man beispielsweise folgende Kriterien mit einbeziehen:

- Beurteilung des Managements;
- Bewertung des Marktes und der Branche;
- Organisation und Steuerung des Leistungsprozesses;
- Mitarbeiter (Qualifikation, Motivation, Fluktuation);
- wirtschaftliche Verhältnisse (Analyse des Jahresabschlusses und der Vermögensverhältnisse anhand von Kennzahlen der Finanzanalyse);
- Warnhinweise (Kontoüberziehungen, Pfändungen, mangelnde Kommunikation).

Durch die Bewertung dieser Kriterien ergibt sich die notwendige Eigenkapitalhinterlegung.

Geringere Eigenkapitalanforderungen gelten, wenn der Kredit dem sogenannten Retail-Portfolio zugeordnet werden kann. Eine derartige Zuordnung ist möglich bei Krediten von Privatkunden oder kleinen Unternehmen mit einem Kreditvolumen von bis zu 1.000.000 Euro.

Banken und Sparkassen gewähren Kredite entweder als Blankokredite, bei denen aufgrund der Bonität und der daraus resultierenden Kreditwürdigkeit des Kunden auf die Stellung von Kreditsicherheiten verzichtet wird, oder als gesicherte Kredite, bei denen in Realkredite und (gedeckte) Personalkredite unterschieden wird. Realkredite sind durch Grundpfandrechte (Grundschulden, Hypotheken) gesicherte Darlehen. Personalkredite werden durch andere Sicherheiten (Personalsicherheiten) wie z. B. Bürgschaften besichert. Die Kreditbesicherung wird durch einen zusätzlichen Sicherungsvertrag im Rahmen der Kreditvereinbarungen vorgenommen, in welchem die Rechte und Pflichten des Kunden als Sicherungsgeber und des Kreditinstituts als Sicherungsnehmer festgelegt werden.

4.2. Der Kreditvertrag

Der Kreditvertrag ist die Grundlage jedes Kreditgeschäftes. Im Kreditvertrag verpflichtet sich der Kreditgeber, dem Kreditnehmer einen Geldkredit (z. B. Darlehen, Kontokorrentkredit) oder einen Haftungskredit (z. B. Bürgschaft) zur Verfügung zu stellen.

Weiterhin sind in einem Kreditvertrag in der Regel die Art des Kredites, die Höhe sowie die Laufzeit des Darlehens festgelegt. Daneben werden auch die Rückzahlung der Kreditmittel, Kündigungsregelungen, Kreditkosten und eine etwaige Besicherung geregelt.

4.3. Einteilung der Kredite

Aufgrund der großen Anzahl an Krediten ist eine systematische Einteilung wichtig. Diese Einteilung kann nach vielen verschiedenen Merkmalen erfolgen.

Zunächst kann man in Privatkredite, d. h. Kredite an Privatkunden und Firmenkredite, d. h. Kredite an Unternehmenskunden, unterscheiden.

Eine weitere Unterscheidung liegt in der unterschiedlichen Fristigkeit der Kredite: Kurzfristige Kredite sind Kredite mit einer Laufzeit bis zu einem Jahr (beispielsweise Kontokorrentkredite). Kredite mit einer Laufzeit von einem Jahr zu vier Jahren (beispielsweise Ratenkredite) werden als mittelfristige Kredite bezeichnet. Langfristige Kredite (beispielsweise Investitionskredite oder Realkredite) haben eine Laufzeit von mehr als vier Jahren.

Auch wird nach der Art des jeweiligen Mitteleinsatzes unterschieden:

Wenn dem Kunden Bar- oder Buchgeld zur Verfügung gestellt wird, spricht man von Geldleihe wie beispielsweise bei einem Kontokorrentkredit. Demgegenüber wird bei einer Kreditleihe dem Kunden gedanklich die eigene Kreditwürdigkeit des Kreditinstituts – beispielsweise bei der Bürgschaft durch ein Kreditinstitut, einem sogenannten Aval – zur Verfügung gestellt.

In den folgenden Abschnitten sollen die wichtigsten Kreditarten erläutert werden.

4.4. Die Kreditarten

4.4.1. Der Kontokorrentkredit / Der Dispositionskredit / Die Überziehungsmöglichkeit

Ein **Kontokorrentkredit** (zum Begriff des Kontokorrents vgl. § 355 HGB) ist ein Kredit, den der Kreditnehmer (Geschäftskunde) durch Verfügungen über sein Kontokorrentkonto bis zur festgesetzten Kreditgrenze (Kreditlinie – Kreditlimit) in Anspruch nehmen kann. Dadurch besteht für den Kunden eine hohe Flexibilität, er kann den Kredit je nach seinem individuellen Bedarf mehr oder weniger hoch in Anspruch nehmen. Ein bestimmter Verwendungszweck ist zwar in der Regel nicht vereinbart, Firmenkunden nutzen den Kontokorrentkredit jedoch in erster Linie zur Abwicklung des täglichen Zahlungsverkehrs.

Der **Dispositionskredit** (gesetzliche Regelung: „**Eingeräumte Überziehungsmöglichkeit**" gemäß § 504 Abs. 1 BGB) ist ein einem Privatkunden eingeräumter Überziehungskredit auf seinem Girokonto in bestimmter Höhe, bei dem ein bestimmter Verwendungszweck regelmäßig nicht vereinbart ist.

Rechtlich betrachtet handelt es sich trotz der anderslautenden Bezeichnung auch hier um einen Kontokorrentkredit. Die Höhe des Dispositionskredits ist in der Praxis regelmäßig von der Höhe des auf dem Konto eingehenden Nettoeinkommens des Privatkunden abhängig. Es handelt sich um eine besondere Form eines Verbraucherbraucherdarlehensvertrages nach (§§488, 491 ff. BGB).

Nach der Formulierung des § 504 Abs. 1 BGB hat der Darlehensgeber den Darlehensnehmer in regelmäßigen Zeitabständen über die Angaben zu unterrichten, die sich aus Art. 247 § 16 EGBGB ergeben.

Nach dieser Bestimmung gilt, dass die Unterrichtung folgende Angaben enthalten muss:

1. *den genauen Zeitraum, auf den sie sich bezieht,*
2. *Datum und Höhe der an den Darlehensnehmer ausbezahlten Beträge,*
3. *Saldo und Datum der vorangegangenen Unterrichtung,*
4. *den neuen Saldo,*
5. *Datum und Höhe der Rückzahlungen des Darlehensnehmers,*
6. *den angewendeten Sollzinssatz,*
7. *die erhobenen Kosten und*

8. den gegebenenfalls zurückzuzahlenden Mindestbetrag.

Bei einer „Eingeräumten Überziehungsmöglichkeit" gemäß § 504 Abs. 1 BGB handelt es sich trotz der anders lautenden Bezeichnung um einen Verbraucherdarlehensvertrag im Sinne der §§ 488, 491 BGB. Da hier in der Regel weder eine Laufzeit noch eine anderslautende Kündigungsvereinbarung getroffen wurde, ist das Kreditinstitut berechtigt, die „Eingeräumte Überziehungsmöglichkeit" ohne Einhaltung einer Kündigungsfrist und ohne Angabe von Gründen zu kündigen oder die eingeräumte Kreditlinie zu reduzieren. Das Kreditinstitut muss allerdings hierbei auf die „berechtigten Belange" des Kunden Rücksicht nehmen. Die Kündigung darf beispielsweise nicht zur Unzeit erfolgen und auch nicht rechtsmissbräuchlich sein. Ferner muss das Kreditinstitut dem Kunden gemäß Nr. 19 Abs. 5 der AGB-Banken eine angemessene Frist für die Rückführung der „Eingeräumten Überziehungsmöglichkeit" einräumen, so dass er z.b. über die Ablösung des Dispositionskredits mit einer anderen Bank oder Sparkasse verhandeln kann.

Gesetzlich geregelt ist auch die sogenannte **„Geduldete Überziehung"** (§ 505 Abs. 1 BGB):

Vereinbart ein Unternehmer in einem Vertrag mit einem Verbraucher über ein laufendes Konto ohne eingeräumte Überziehungsmöglichkeit ein Entgelt für den Fall, dass er eine Überziehung des Kontos duldet, müssen in diesem Vertrag die Angaben nach Art. 247 § 17 Abs. 1 EGBGB in Textform enthalten sein und dem Verbraucher in regelmäßigen Zeitabständen in Textform mitgeteilt werden.

Die Unterrichtung muss dazu folgende Angaben enthalten:

1. den Sollzinssatz, die Bedingungen für seine Anwendung und, soweit vorhanden, Indizes oder Referenzzinssätze, auf die sich der Sollzinssatz bezieht,

2. sämtliche Kosten, die ab dem Zeitpunkt der Überziehung anfallen, sowie die Bedingungen, unter denen die Kosten angepasst werden können.

Eine „geduldete Überziehung" im Sinne des § 505 Abs. 1 BGB liegt also vor, wenn ein Kreditinstitut in einem Verbrauchervertrag über ein laufendes Konto ohne eine vertraglich eingeräumte Überziehungsmöglichkeit dennoch eine Überziehung des Kontos gegen Berechnung eines Entgelts duldet. Bei der „geduldeten Überziehung" besteht rechtlich noch kein Verbraucherdarlehensvertrag im Sinne der §§ 488, 491 BGB; dieser kommt vielmehr erst mit der Auszahlung des Darlehens zustande.

Kommt es zu einer „erheblichen Überziehung von mehr als einem Monat", muss der Darlehensgeber nach § 505 Abs. 2 BGB den Darlehensnehmer unverzüglich in Textform gemäß § 126 b BGB über die sich aus Art. 247 § 17 Abs. 2 EGBGB ergebenden Einzelheiten unterrichten.

Die Unterrichtung muss hier folgende Angaben enthalten:

1. *das Vorliegen einer Überziehung,*
2. *den Betrag der Überziehung,*
3. *den Sollzinssatz und*
4. *etwaige Vertragsstrafen, Kosten und Verzugszinsen.*

Für eingeräumte Dispositionskredite berechnen Kreditinstitute Zinsen zu einem variablen Satz auf den jeweiligen Sollsaldo, die im Blick auf die Vorschrift des § 505 Abs. 2 BGB und die ansonsten entstehenden Angabepflichten nicht in kürzeren Abständen als vierteljährlich belastet werden. Wenn dem Kunden jedoch – was regelmäßig der Fall ist – außer den Zinsen für die in Anspruch genommene Überziehung weitere Kosten, z. B. Kontoführungsgebühren, Entgelte für einzelne Buchungsposten, Portoauslagen usw. in Rechnung gestellt werden, werden bei Verbrauchern die Zinsen üblicherweise nicht „in kürzeren Perioden als drei Monaten" belastet. Daraus erklärt sich, dass bei Privatkunden die Rechnungsabschlüsse (dazu bereits oben) bei Banken und Sparkassen üblicherweise nicht monatlich, sondern vielmehr vierteljährlich erfolgen.

4.4.2. Der Lombardkredit

Von einem echten Lombardkredit spricht man bei einem Darlehen, das über einen festen Betrag lautet, in einer Summe zur Verfügung gestellt und durch eine Verpfändung von beweglichen Sachen oder Rechten besichert wird. Demgegenüber wird der unechte Lombardkredit dem Kunden aus einem Kontokorrentkonto bereitgestellt und durch Verpfändung börsengängiger Wertpapiere besichert.

Der Name „Lombardkredit" leitet sich von der oberitalienischen Region „Lombardei" ab, in der Kaufleute bereits im Mittelalter Geld gegen Sicherheiten ausgeliehen haben. Die verschiedenen Lombardkredite werden auch nach der Art der dafür verpfändeten Sache eingeteilt, z. B. Warenlombard, Effektenlombard, Forderungslombard. Bei einem Lombardkredit wird im Wesentlichen auf die Werthaltigkeit des Pfandobjektes und weniger auf die Person des Kreditnehmers abgestellt. Die Beleihung richtet sich nach dem Wert und der Art des Pfandes. Beispielsweise erhält man bei der Verpfändung von Bundesanleihen einen höheren Prozentsatz des Wertes als Kredit ausbezahlt, als bei Standardaktien. Die Beleihungssätze können bei Vertragsabschluss zwischen den Parteien frei vereinbart werden.

Der Zinssatz eines Lombardkredits ist häufig relativ hoch, liegt aber unter dem Zins für einen Kredit in laufender Rechnung.

Hinzuweisen ist in diesem Zusammenhang auch auf die diversen Pfandleihhäuser, bei denen dem Kunden ein sogenannter Pfandkredit gegen die Verpfändung – verbunden mit der Übergabe und vorübergehender Verwahrung – eines Gegenstandes (Kfz, Elektroartikel, Musikinstrumente, Schmuck, Gold, etc.) gewährt wird.

4.4.3. Der Diskontkredit

Der Diskontkredit ist ein kurzfristiger Kredit, bei dem die Bank einen noch nicht fälligen Wechsel von dem Kreditnehmer erwirbt und diesem im Gegenzug den Nennbetrag des Wechsels abzüglich der Zinsen für die Zeit zwischen dem Erwerb und der Fälligkeit des Wechsels gewährt. Der Kreditnehmer erhält somit eine sofortige Liquidität.

Die Bank hat drei Möglichkeiten, wie sie mit dem Wechsel umgehen kann. Sie kann ihn bis zur Fälligkeit behalten, sie kann den Wechsel an andere Kreditinstitute weiterreichen (Rediskontierung) oder sie kann den Wechsel als Sicherheit verpfänden (Refinanzierung).

Eine Besonderheit des Diskontkredits besteht darin, dass die Vorschriften zum Darlehensrecht (§§ 488 ff. BGB) keine Anwendung finden und statt dessen neben einigen anderen Vorschriften in erster Linie Kaufrecht anzuwenden ist. Dies hängt damit zusammen, dass es bei einem Diskontkredit stärker auf die Bonität des Wechsels, als auf die Bonität des Kreditnehmers ankommt.

Falls der Wechsel bei dessen Fälligkeit vom Bezogenen nicht bezahlt wird, kann die Bank gemäß Art. 46 WG Protest erheben und ihren Rückgriffsanspruch geltend machen.

4.4.4. Der Avalkredit

Bei einem Avalkredit wird im Gegensatz zu den anderen Kreditarten kein Geld bereitgestellt. Vielmehr gibt die Bank für ihren Kunden ein Zahlungsversprechen gegenüber einem Dritten ab (Kreditleihe).

Das Zahlungsversprechen kann beispielsweise als Bürgschaft oder Bankgarantie ausgestaltet sein. Im ersten Fall verbürgt sich die Bank dafür, dass ihr Kunde sein Schuldverhältnis erfüllt. Meist wird vereinbart, dass die Bank auf erstes Anfordern zu zahlen hat. Gibt die Bank eine Garantie ab, so hat sie für einen zukünftigen Erfolg einzustehen, den in der Regel ihr Kunde zu erbringen hat. Die Bürgschaft ist im Gegensatz zur Garantie akzessorisch, d. h. sie ist vom Bestand der Forderung abhängig. Die Bankgarantie (letter of credit) wird häufig bei Auslandsgeschäften genutzt. Die Bank kann beispielsweise eine Leistungs-, Lieferungs- und Gewährleistungsgarantie abgeben. Dadurch wird der Vertragspartner des Bankkunden vor einer nicht vertragsgemäßen Lieferung oder Leistung geschützt. Des Weiteren kommt auch eine Anzahlungsgarantie in Betracht. Diese Garantie gibt dem Vertragspartner die Sicherheit, dass er eine bereits gezahlte Anzahlung zurückerhält, falls eine Lieferung oder Leistung nicht stattfindet.

Für die Bereitstellung des Avals erhält die Bank eine Avalprovision. Diese Avalprovision ist meist bei der Einräumung des Avals fällig. Bei Avalen mit einer längeren Laufzeit kann allerdings auch vereinbart werden, dass die Avalprovision monatlich oder vierteljährlich zu zahlen ist.

4.4.5. Leasing

Unter Leasing ist die Vermietung oder Verpachtung beweglicher oder unbeweglicher Güter durch Finanzierungsinstitute, Leasinggesellschaften oder durch die Hersteller der Güter zu verstehen. Damit ist Leasing eine Sonderform der Finanzierung, bei welcher der Vermietende oder Verpachtende zum Leasinggeber und der Mieter oder Pächter zum Leasingnehmer wird. Leasing ist kein Bankgeschäft im Sinne von § 1 KWG. Leasinggesellschaften sind oft Tochterunternehmen von Kreditinstituten.

Hinsichtlich der Dauer und Kündbarkeit eines Leasingvertrages wird zwischen dem Financial-Leasing (Finanzierungsleasing) und dem Operate-Leasing unterschieden: Financial-Leasing ist Leasing mit mittel- oder langfristigen Vertragslaufzeiten bei einer unkündbaren Grundmietzeit, wobei die Mietobjekte regelmäßig nach den Bedürfnissen der Mieter angekauft oder hergestellt werden. Demgegenüber werden beim Operate-Leasing kurzfristige Vertragslaufzeiten – zumeist Tage, Wochen oder Monate – vereinbart. Häufiger Anwendungsfall sind beispielsweise Autovermieter.

Ein weiterer Unterschied besteht zwischen direktem Leasing (Herstellerleasing) durch den Hersteller der Güter oder dessen rechtlich ausgegliederte; aber wirtschaftlich abhängige Leasinggesellschaft und indirektem Leasing durch eine herstellerunabhängige Leasinggesellschaft.

Hinsichtlich der Art des Leasinggegenstandes wird in Immobilienleasing (Vermietung und Verpachtung von Grundstücken, Gebäuden und Betriebsanlagen) sowie Mobilienleasing (Vermietung von Maschinen, Betriebsvorrichtungen und Ausrüstungsgegenständen – Equipmentleasing – sowohl von Investitionsgütern als auch von Konsumgütern) unterschieden.

Unter Berücksichtigung von Dienstleistungsaspekten ist zu differenzieren in Fullserviceleasing (Übernahme von Wartung, Reparaturen und Versicherungen), Teilserviceleasing (Aufteilung von Wartungs-, Reparatur- und Versicherungspflichten) und Netleasing (Wartungs-, Reparatur und Versicherungspflichten beim Leasingnehmer).

Als Sonderform des Leasing ist das sogenannte „Sale-and-Lease-Back-Leasing" zu erwähnen, bei welchem der Leasingnehmer in seinem Eigentum stehende Wirtschaftsgüter – oft Immobilien oder Fabrikanlagen, die von ihm genutzt werden, an eine Leasinggesellschaft verkauft, um sie danach von der Leasinggesellschaft zurückzumieten und weiter zu nutzen.

Bei Vollamortisationsverträgen decken die Leasingzahlungen während der unkündbaren Grundmietzeit mindestens die Anschaffungs- oder Herstellungskosten für den Leasinggegenstand einschließlich der Finanzierungskosten sowie einer Risiko- und Gewinnspanne des Leasinggebers ab. Demgegenüber erhält der Leasinggeber bei Teilamortisationsverträgen lediglich einen Teil seiner Anschaffungskosten, der Refinanzierungskosten sowie seiner Risiko- und Verwaltungskosten und Gewinnzuschläge.

4.4.6. Factoring

Factoring ist der laufende Ankauf von Forderungen aus Warenlieferungen oder Dienstleistungen durch ein Finanzierungsinstitut, die Factoringgesellschaft. Angekauft werden noch nicht fällige Forderungen, die aus der regelmäßigen Belieferung gewerblicher Abnehmer stammen. Rechtlich betrachtet ist der Factoringvertrag ein Kaufvertrag. Factoring ist kein Bankgeschäft im Sinne von § 1 Abs. 1 KWG, Factoringgesellschaften sind daher also keine Kreditinstitute.

Die Factoringgesellschaften übernehmen als Factor durch die Zurverfügungstellung der Finanzierung eine Finanzierungsfunktion. Sie erfüllen ferner durch die Tragung des Kreditausfallrisikos auch die sogenannte Delkrederefunktion. Dies ist eine Kreditversicherungsfunktion, bei der ein Dritter (der Factor) im Falle eines teilweisen oder vollständigen Forderungsausfalls aufgrund der Zahlungsunfähigkeit eines Debitors (Schuldners) haftet. Beim sogenannten „echten Factoring" *muss* die Factoringgesellschaft diese Funktion erfüllen und nimmt somit das Forderungsausfallrisiko dem Factoringnachfrager ab. Im Falle der Insolvenz des Debitors besteht dann kein Rückgriffsrecht auf den Factoringnachfrager. Für die Versicherungsleistung erhebt der Factor eine sogenannte Delkrederegebühr (Versicherungsgebühr/Risikoprämie), diese beträgt abhängig von der Bonität des Klienten zwischen 0,2 % und 1,2 % der Rechnungssumme. Teilweise ist die Übernahme des Delkredererisikos durch ein Limit beschränkt.

Beim sogenannten „unechten Factoring" wird die Delkrederefunktion vom Factor dagegen nicht übernommen.

Die Factoringunternehmen bieten darüber hinaus bei Vereinbarung eines Forderungseinzugs und anderer Serviceleistungen auch eine Dienstleistungsfunktion.

Factoringgesellschaften sind stets darum bemüht, möglichst alle Forderungen – auch die mit geringem Ausfallrisiko – zu erwerben, um dadurch eine möglichst ausgewogene Risikostreuung zu erreichen.

4.4.7. Der Akzeptkredit

Bei einem Akzeptkredit handelt es sich, wie auch schon beim Avalkredit, nicht um eine Geldleihe, sondern um eine Kreditleihe. Durch die Vereinbarung eines Akzeptkredites verpflichtet sich die Bank, vom Kreditnehmer ausgestellte Wechsel bis zu einer vereinbarten Kreditgrenze zu akzeptieren. Der Kreditnehmer kann den Wechsel an einen Dritten verkaufen und erhält dadurch Liquidität. Es sind folglich drei Personen an einem entsprechenden Geschäft beteiligt: der Kreditnehmer/Wechselaussteller, das Kreditinstitut und der Wechselgläubiger, wobei es sich hier häufig ebenfalls um ein Kreditinstitut handelt. Durch den Akzeptkredit ist das Kreditinstitut dem Wechselgläubiger gegenüber zur Zahlung verpflichtet. Zwischen der Bank und dem Kreditnehmer ist vereinbart, dass der Kreditnehmer vor der Fälligkeit des Wechsels für eine ausreichende Deckung zu sorgen hat. Dennoch trägt die Bank das Liquiditätsrisiko und vergibt einen Akzeptkredit daher häufig nur an Kunden mit einer guten Bonität.

Anwendung findet der Akzeptkredit beispielsweise bei kurzfristigen Warengeschäften mit einem großen Volumen. Dabei achtet man darauf, dass die Laufzeit des Akzeptkredites auf die mit dem Geschäftspartner vereinbarte Zahlungsfrist abgestimmt wird, sodass der Wechsel aus dem Verkaufserlös eingelöst werden kann. Weiterhin werden Akzeptkredite auch im Außenhandel genutzt. Denn die Grundidee eines Akzeptkredits besteht darin, einen Kredit in einer fremden Währung zu schöpfen. Ein Akzeptkredit kann z. B. sinnvoll sein, wenn die benötigte Währung von der Hausbank nicht zinsgünstig bereitgestellt werden kann. In diesem Fall kann der Wechsel an eine Bank verkauft werden, bei der die benötigte Währung die Landeswährung ist. Für die Gewährung des Akzeptkredits erhält die Bank vom Kreditnehmer eine Akzeptprovision. Wenn die kreditgewährende Bank den Wechsel selbst diskontiert, spricht man von einem Eigendiskont oder Selbstdiskont. Ist diese Selbstdiskontierung bereits bei Vertragsabschluss beabsichtigt, so ist das Geschäft als Darlehen anzusehen.

4.4.8. Das Darlehen

Das Darlehen (auch: der Darlehensvertrag ist ein zweiseitig verpflichtender schuldrechtlicher Vertrag, durch den dem Darlehensnehmer Geld (Gelddarlehen – § 488 BGB) oder vertretbare Sachen (Sachdarlehen – § 607 BGB) auf Zeit zum Gebrauch überlassen werden. Vertretbare Sachen im Sinne des Gesetzes sind nach § 91 BGB bewegliche Sachen, die im Verkehr nach Zahl, Maß oder Gewicht bestimmt zu werden pflegen. Die Bestimmungen für das *Gelddarlehen* (§§ 488 ff. BGB) und das *Sachdarlehen* (§§ 607 ff. BGB) sind im BGB voneinander getrennt.

Durch einen Gelddarlehensvertrag wird ein Darlehensgeber nach § 488 Abs. 1 S. 1 BGB verpflichtet, dem Darlehensnehmer einen Geldbetrag in der vereinbarten Höhe zur Verfügung zu stellen. Der Darlehensnehmer ist seinerseits gemäß § 488 Abs. 1 S. 2 BGB verpflichtet, einen geschuldeten Zins zu zahlen und bei Fälligkeit das zur Verfügung gestellte Darlehen zurückzuzahlen. Die vereinbarten Zinsen sind, soweit nichts anderes bestimmt ist, nach dem Ablauf je eines Jahres und, wenn das Darlehen vor dem Ablauf eines Jahres zurückzuzahlen ist, bei der Rückzahlung zu entrichten.

Der Darlehensvertrag kommt nach der herrschenden Konsensualtheorie bereits durch die Einigung der Parteien zustande.

Wie bei jedem Vertrag ist eine Einigung bezüglich der wesentlichen Inhalte erforderlich, hier also über die Höhe des Geldbetrages und die Verzinsung. Im Rahmen der Vertragsfreiheit kann eine zusätzliche Darlehensgebühr vereinbart werden. Diese kann sich nach der Höhe des Darlehens richten und von Bank zu Bank variieren.

Das Vertragsverhältnis zwischen Darlehensgeber und Darlehensnehmer ist ein Dauerschuldverhältnis. Wenn – was im Verkehr mit Kreditinstituten regelmäßig der Fall ist – der Darlehensnehmer verpflichtet ist, einen Zins an den Darlehensgeber (die Bank oder Sparkasse) zu entrichten, handelt es sich um einen gegenseitigen Vertrag.

Bei einem unentgeltlichen Darlehen, z. B. Darlehen unter Angehörigen, liegt jedoch kein gegenseitiger Vertrag vor, weil die Rückzahlungspflicht nicht die Gegenleistung für den Empfang des Darlehens darstellt.

Ist für die Rückzahlung des Darlehens ein Zeitpunkt nicht bestimmt, hängt nach § 488 Abs. 3 BGB die Fälligkeit des Darlehens davon ab, dass der Darlehensgeber oder der Darlehensnehmer den Darlehensvertrag kündigt. Die Kündigungsfrist beträgt nach dieser Bestimmung drei Monate. Sind Zinsen nicht geschuldet, so ist der Darlehensnehmer jedoch auch ohne Kündigung zur Rückzahlung berechtigt.

Das Recht des *Verbraucherdarlehensvertrags* (dazu im nächsten Abschnitt), also eines zwischen einem Unternehmer (z. B. einer Bank oder Sparkasse) und einem Verbraucher geschlossenen Gelddarlehensvertrages, das zuvor im Verbraucherkreditgesetz (VerbrKrG) geregelt war, ist zwischenzeitlich in die §§ 491 ff. BGB eingegliedert.

Möglich ist die Unwirksamkeit eines Darlehensvertrags wegen Wuchers: Ein sittenwidriges oder Wuchergeschäft ist nämlich nach § 138 BGB nichtig. Nichtig ist daher insbesondere ein Rechtsgeschäft, durch das jemand unter Ausbeutung der Zwangslage, der Unerfahrenheit, des Mangels an Urteilsvermögen oder der erheblichen Willensschwäche eines anderen sich oder einem Dritten für eine Leistung Vermögensvorteile versprechen oder gewähren lässt, die in einem auffälligen Missverhältnis zu der Leistung stehen. In Betracht kommt aber auch der „Zinswucher", von dem gesprochen wird, wenn der vereinbarte Zins den am Markt üblicherweise gehandelten Zins um 100 % übersteigt (z. B. 24 % p. a. statt 12 % p. a.).

Bei Darlehen sind folgende Unterscheidungen üblich:

Fälligkeitsdarlehen, Festdarlehen (endfälliges Darlehen): Das Darlehen wird am Ende der Laufzeit in einem einmaligen Betrag zurückgezahlt.

Annuitätendarlehen: Der jährlich zu zahlende Betrag aus Tilgung und Zinsen ist immer gleich hoch. Dadurch steigt der Tilgungsanteil während der Laufzeit an und der Zinsanteil sinkt entsprechend.

Tilgungsdarlehen: Die Tilgung bleibt während der Laufzeit konstant, die Zinsen werden aus dem verbleibenden Kapital berechnet. Dadurch sinken die Raten während der Laufzeit.

Laufzeitdarlehen, LAUDA, Ratendarlehen: Der Zinsbetrag für die gesamte Laufzeit wird am Anfang der Laufzeit in einem Betrag dem Darlehensbetrag zugerechnet. Anschließend wird bis zum Ende der Laufzeit der gleiche Betrag (Rate) zurückgezahlt.

Partiarisches Darlehen: Der Darlehensgeber erhält statt oder zusätzlich zu den Zinsen eine Gewinnbeteiligung.

Bauspardarlehen

Massedarlehen (im Insolvenzverfahren)

Abrufdarlehen, Abzahlungsdarlehen, Ratenkredit (Konsumentendarlehen); Darlehen werden hier unter verschiedenen Produktbezeichnungen angeboten (z. B. "easy credit", Beamtendarlehen etc.), ohne dass diese Werbebezeichnungen eine besondere Darlehensart darstellen würden.

Zur Sicherung eines Kredits können durch den Darlehensnehmer Sicherheiten gestellt werden, wie z. B. die Sicherungsübereignung von Sachen, die Abtretung von Forderungen, die Bürgschaft eines Geschäftsführers und die Bestellung von Grundschulden (vgl. dazu weiter unten bei „Kreditsicherheiten"). Der schuldrechtliche Sicherungsvertrag zwischen dem Sicherungsgeber und dem Sicherungsnehmer, der für die dinglichen Sicherungsgeschäfte den Rechtsgrund (die *causa*) bildet, ist dann die Sicherungsabrede – und nicht der Darlehensvertrag zwischen dem Kreditinstitut und dem Darlehensnehmer.

Der Effektivzins eines Darlehens ist ein ausgezeichneter Kostenindikator bei der Suche nach preisgünstigen Darlehen. Es gibt klare gesetzliche Regelungen zur Berechnung des Effektivzinses (vgl. hierzu die Regelungen in der PAngV).

Für eine genaue Berechnung lässt sich jedoch auch sehr gut die klassische Rentenrechnung einsetzen, wenn *Betrag und Zeitpunkt aller mit dem Darlehen verbundenen Ein- und Auszahlungen* vom Darlehensanbieter abgefragt werden können:

- *Auszahlungen,*
- *Darlehensbetrag oder Darlehensbeträge,*
- *Einzahlungen,*
- *Zinsen,*
- *Verzugszinsen,*
- *Tilgungen,*
- *Gebühren (Darlehen, Girokonto usw.),*
- *Versicherungskosten,*

- *Restschuld (bei vorzeitiger Tilgung).*

Der Darlehens<u>nehmer</u> kann nach § 489 Abs. 1 BGB einen Darlehensvertrag mit *gebundenem Sollzinssatz* ganz oder teilweise <u>ordentlich</u> kündigen,

- *wenn die Sollzinsbindung vor der für die Rückzahlung bestimmten Zeit endet und keine neue Vereinbarung über den Sollzinssatz getroffen ist, unter Einhaltung einer Kündigungsfrist von einem Monat frühestens für den Ablauf des Tages, an dem die Sollzinsbindung endet; ist eine Anpassung des Sollzinssatzes in bestimmten Zeiträumen bis zu einem Jahr vereinbart, so kann der Darlehensnehmer jeweils nur für den Ablauf des Tages, an dem die Sollzinsbindung endet, kündigen;*

- *in jedem Fall nach Ablauf von zehn Jahren nach dem vollständigen Empfang unter Einhaltung einer Kündigungsfrist von sechs Monaten; wird nach dem Empfang des Darlehens eine neue Vereinbarung über die Zeit der Rückzahlung oder den Sollzinssatz getroffen, so tritt der Zeitpunkt dieser Vereinbarung an die Stelle des Zeitpunkts des Empfangs.*

Sollzinssatz ist nach § 489 Abs. 5 BGB der gebundene oder veränderliche periodische Prozentsatz, der pro Jahr auf das in Anspruch genommene Darlehen angewendet wird.

Der Sollzinssatz ist gebunden, wenn für die gesamte Vertragslaufzeit ein Sollzinssatz oder mehrere Sollzinssätze vereinbart sind, die als feststehende Prozentzahl ausgedrückt werden. Ist für die gesamte Vertragslaufzeit keine Sollzinsbindung vereinbart, gilt der Sollzinssatz nur für diejenigen Zeiträume als gebunden, für die er durch eine feste Prozentzahl bestimmt ist.

Der Darlehens<u>nehmer</u> kann nach § 489 Abs. 2 BGB einen Darlehensvertrag mit *veränderlichem* Zinssatz jederzeit **ordentlich** unter Einhaltung einer Kündigungsfrist von drei Monaten kündigen.

Eine Kündigung des Darlehens<u>nehmers</u> gilt jedoch gemäß § 489 Abs. 3 BGB als nicht erfolgt, wenn er den geschuldeten Betrag nicht binnen zwei Wochen nach Wirksamwerden der Kündigung zurückzahlt.

Das Kündigungsrecht des Darlehens<u>nehmers</u> kann nicht durch Vertrag ausgeschlossen oder erschwert werden (vgl. § 489 Abs. 4 BGB).

Im Hinblick auf das Recht zur **ordentlichen** Kündigung eines Darlehensvertrages durch den Darlehens<u>geber</u> gilt:

Ist eine Kündigungsfrist vertraglich vereinbart, so kann die Bank im Rahmen dieser Frist kündigen.

Die Bank kann Darlehensverträge, für die weder eine Laufzeit noch eine abweichende Kündigungsregelung vereinbart ist, jederzeit unter Einhaltung einer angemessenen Kündigungsfrist **ordentlich** kündigen.

Bei der Bemessung der Kündigungsfrist muss die Bank bzw. Sparkasse jedoch auf die berechtigten Belange des Kunden Rücksicht nehmen. Dies bedeutet, dass die Bank bzw. Sparkasse dem Kunden die Möglichkeit geben muss, zu einem anderen Kreditinstitut zu wechseln.

Rechtliche Grundlage dieser Kündigung sind die AGB der Banken bzw. Sparkassen.

Nr. 26 AGB-Sparkassen formuliert in diesem Zusammenhang:

(1) Ordentliche Kündigung

Soweit keine zwingenden Vorschriften entgegenstehen und weder eine Laufzeit noch eine abweichende Kündigungsregelung vereinbart ist, können sowohl der Kunde als auch die Sparkasse die gesamte Geschäftsbeziehung oder einzelne Geschäftszweige jederzeit ohne Einhaltung einer Kündigungsfrist kündigen. Kündigt die Sparkasse, so wird sie den berechtigten Belangen des Kunden angemessen Rechnung tragen, insbesondere nicht zur Unzeit kündigen.

Die entsprechende Bestimmung in der AGB der Banken lautet:

19. Kündigungsrechte der Bank

(1) Kündigung unter Einhaltung einer Kündigungsfrist

Die Bank kann die gesamte Geschäftsverbindung oder einzelne Geschäftsbeziehungen, für die weder eine Laufzeit noch eine abweichende Kündigungsregelung vereinbart ist, jederzeit unter Einhaltung einer angemessenen Kündigungsfrist kündigen ...

Bei der Bemessung der Kündigungsfrist wird die Bank auf die berechtigten Belange des Kunden Rücksicht nehmen...

(2) Kündigung unbefristeter Kredite

Kredite und Kreditzusagen, für die weder eine Laufzeit noch eine abweichende Kündigungsregelung vereinbart ist, kann die Bank jederzeit ohne Einhaltung einer Kündigungsfrist kündigen. Die Bank wird bei der Ausübung dieses Kündigungsrechts auf die berechtigten Belange des Kunden Rücksicht nehmen.

Soweit das Bürgerliche Gesetzbuch Sonderregelungen für die Kündigung eines Verbraucherdarlehensvertrages vorsieht, kann die Bank nur nach Maßgabe dieser Regelungen kündigen.

Die **außerordentliche** Kündigung eines Darlehensvertrages wird in § 490 BGB behandelt. Sie ist sowohl für den Darlehens<u>geber</u> (vgl. § 490 Abs. 1 BGB) als auch für den Darlehens<u>nehmer</u> (vgl. § 490 Abs. 2 BGB) möglich:

Wenn in den Vermögensverhältnissen des Darlehensnehmers oder in der Werthaltigkeit einer für das Darlehen gestellten Sicherheit eine wesentliche Verschlechterung eintritt oder einzutreten droht, durch die die Rückzahlung des Darlehens, auch unter Verwertung der Sicherheit, gefährdet wird, kann der Darlehens<u>geber</u> nach § 490 Abs. 1 BGB den Darlehensvertrag <u>vor</u> Auszahlung des Darlehens im Zweifel stets, <u>nach</u> Auszahlung nur in der Regel fristlos kündigen.

Wichtig für eine außerordentliche Kündigung sind aber in der Praxis insbesondere die Regelungen in den Allgemeinen Geschäftsbedingungen der Banken und Sparkassen.

Nr 26 AGB-Sparkassen lautet dazu:

(2) Kündigung aus wichtigem Grund

Ungeachtet anderweitiger Vereinbarungen können sowohl der Kunde als auch die Sparkasse die gesamte Geschäftsbeziehung oder einzelne Geschäftszweige jederzeit fristlos kündigen, wenn ein wichtiger Grund vorliegt, aufgrund dessen dem Kündigenden die Fortsetzung der Geschäftsbeziehung nicht zugemutet werden kann. Dabei sind die berechtigten Belange des anderen Vertragspartners zu berücksichtigen. Für die Sparkasse ist ein solcher Kündigungsgrund insbesondere gegeben, wenn aufgrund der nachfolgend beispielhaft aufgeführten Umstände die Einhaltung der Zahlungsverpflichtungen des Kunden oder die Durchsetzbarkeit der Ansprüche der Sparkasse – auch unter Verwertung etwaiger Sicherheiten – gefährdet wird:

a) wenn eine wesentliche Verschlechterung oder eine erhebliche Gefährdung der Vermögensverhältnisse des Kunden oder in der Werthaltigkeit der für ein Darlehen gestellten Sicherheiten eintritt, insbesondere wenn der Kunde die Zahlungen einstellt oder erklärt, sie einstellen zu wollen, oder wenn von dem Kunden angenommene Wechsel zu Protest gehen;

b) wenn der Kunde seiner Verpflichtung zur Bestellung oder zur Verstärkung von Sicherheiten....nach Aufforderung durch die Sparkasse nicht innerhalb angemessener Frist nachkommt;

c) wenn der Kunde unrichtige Angaben über seine Vermögensverhältnisse gemacht hat;

d) wenn gegen den Kunden eine Zwangsvollstreckung eingeleitet wird;

e) wenn sich die Vermögensverhältnisse eines Mitverpflichteten oder des persönlich haftenden Gesellschafters wesentlich verschlechtert haben oder erheblich gefährdet sind, sowie bei Tod oder Wechsel des persönlich haftenden Gesellschafters.

Besteht der wichtige Grund in der Verletzung einer Pflicht aus dem Vertrag, ist die Kündigung erst nach erfolglosem Ablauf einer zur Abhilfe bestimmten Frist oder nach erfolgloser Abmahnung zulässig. Etwas anderes gilt nur, wenn der Kunde die Leistung ernsthaft und endgültig verweigert, er die Leistung zu einem im Vertrag bestimmten Termin oder innerhalb einer bestimmten Frist nicht bewirkt, obwohl die Sparkasse den Fortbestand ihres Leistungsinteresses vertraglich an die Rechtzeitigkeit der Leistung gebunden hat, oder wenn besondere Umstände vorliegen, die unter Abwägung der beiderseitigen Interessen eine sofortige Kündigung rechtfertigen.

Ähnliche Formulierungen finden sich in Nr. 19 der AGB der Banken:

(3) Kündigung aus wichtigem Grund ohne Einhaltung einer Kündigungsfrist

Eine fristlose Kündigung der gesamten Geschäftsverbindung oder einzelner Geschäftsbeziehungen ist zulässig, wenn ein wichtiger Grund vorliegt, der der Bank deren Fortsetzung auch unter Berücksichtigung der berechtigten Belange des Kunden unzumutbar werden lässt. Ein wichtiger Grund liegt insbesondere vor, wenn der Kunde unrichtige Angaben über seine Vermögensverhältnisse gemacht hat, die für die Entscheidung der Bank über eine Kreditgewährung oder über andere mit Risiken für die Bank verbundene Geschäfte (z.B. Aushändigung einer Zahlungskarte) von erheblicher Bedeutung waren, oder wenn eine wesentliche Verschlechterung der Vermögensverhältnisse des Kunden oder der Werthaltigkeit einer Sicherheit eintritt oder einzutreten droht und dadurch die Rückzahlung des Darlehens oder die Erfüllung einer sonstigen Verbindlichkeit gegenüber der Bank – auch unter Verwertung einer hierfür bestehenden Sicherheit – gefährdet ist oder wenn der Kunde seiner Verpflichtung zur Bestellung oder Verstärkung von Sicherheiten....oder aufgrund einer sonstigen Vereinbarung nicht innerhalb der von der Bank gesetzten angemessenen Frist nachkommt.

Besteht der wichtige Grund in der Verletzung einer vertraglichen Pflicht, ist die Kündigung erst nach erfolglosem Ablauf einer zur Abhilfe bestimmten angemessenen Frist oder nach erfolgloser Abmahnung zulässig, es sei denn, dies ist wegen der Besonderheiten des Einzelfalles ....entbehrlich.

Das **außerordentliche** Kündigungsrecht des Darlehens<u>nehmers</u> aus § 490 Abs. 2 BGB bei grundpfandrechtlich gesicherten Darlehen wird weiter unten im Abschnitt „Immobiliendarlehen" behandelt.

4.4.9. Das Verbraucherdarlehen

Verbraucherdarlehensverträge sind gemäß § 491 Abs. 1 BGB entgeltliche Darlehensverträge zwischen einem Unternehmer als Darlehensgeber und einem Verbraucher als Darlehensnehmer.

Keine Verbraucherdarlehensverträge im Sinne des Gesetzes sind gemäß § 491 Abs. 2 BGB Verträge,

- *bei denen der Nettodarlehensbetrag weniger als 200 Euro beträgt,*
- *bei denen sich die Haftung des Darlehensnehmers auf eine dem Darlehensgeber zum Pfand übergebene Sache beschränkt,*
- *bei denen der Darlehensnehmer das Darlehen binnen drei Monaten zurückzuzahlen hat und nur geringe Kosten vereinbart sind,*
- *die von Arbeitgebern mit ihren Arbeitnehmern als Nebenleistung zum Arbeitsvertrag zu einem niedrigeren als dem marktüblichen effektiven Jahreszins abgeschlossen werden und anderen Personen nicht angeboten werden,*
- *die nur mit einem begrenzten Personenkreis aufgrund von Rechtsvorschriften in öffentlichem Interesse abgeschlossen werden, wenn im Vertrag für den Darlehensnehmer günstigere als marktübliche Bedingungen und höchstens der marktübliche Sollzinssatz vereinbart sind.*

Nach § 13 BGB ist ein Verbraucher jede natürliche Person, die ein Rechtsgeschäft zu einem Zweck abschließt, die weder ihrer gewerblichen noch ihrer selbstständigen beruflichen Tätigkeit zugerechnet werden kann. Unternehmer ist demgegenüber eine natürliche oder juristische Person oder eine rechtsfähige Personengesellschaft, die bei Abschluss eines Rechtsgeschäfts in Ausübung ihrer gewerblichen oder selbstständigen beruflichen Tätigkeit handelt (§ 14 Abs. 1 BGB). Eine rechtsfähige Personengesellschaft ist eine Personengesellschaft, die mit der Fähigkeit ausgestattet ist, Rechte zu erwerben und Verbindlichkeiten einzugehen (§ 14 Abs. 2 BGB).

Um beurteilen zu können, ob es sich bei einer natürlichen Person um einen Verbraucher handelt, muss folglich auf den Zweck des Vertrages abgestellt werden. Wenn dieser dem privaten Bereich zuzuordnen ist, handelt es sich um einen Verbraucher.

Nach § 491 a Abs. 1 BGB muss der Darlehensgeber den Darlehensnehmer vor Vertragsschluss umfassend über die Einzelheiten des Verbraucherdarlehensvertrages informieren. Form, Zeitpunkt und Inhalt der vorvertraglichen Information in ist Art. 247 EGBGB geregelt.

Der Darlehensnehmer kann gemäß § 491 a Abs. 2 BGB vom Darlehensgeber auch einen Entwurf des Verbraucherdarlehensvertrags verlangen. Dies gilt nicht, solange der Darlehensgeber zum Vertragsabschluss nicht bereit ist.

Der Darlehensgeber ist nach § 491 a Abs. 3 BGB ferner verpflichtet, dem Darlehensnehmer *vor* Abschluss eines Verbraucherdarlehensvertrags angemessene Erläuterungen zu geben, damit der Darlehensnehmer in die Lage versetzt wird, zu beurteilen, ob der Vertrag dem von ihm verfolgten Zweck und seinen Vermögensverhältnissen gerecht wird. Hierzu sind gegebenenfalls die vorvertraglichen Informationen, die Hauptmerkmale der vom Darlehensgeber angebotenen Verträge sowie ihre vertragstypischen Auswirkungen auf den Darlehensnehmer, einschließlich der Folgen bei Zahlungsverzug, zu erläutern.

Die Unterrichtung muss rechtzeitig vor dem Abschluss eines Verbraucherdarlehensvertrags in Textform (vgl. § 126 b BGB) erfolgen und hat nach Art. 247 § 2 EGBGB unter Verwendung eines standardisierten Musters zu erfolgen. Sie gilt als erfüllt, wenn der Darlehensgeber dem Darlehensnehmer das ordnungsgemäß ausgefüllte Muster in Textform übermittelt hat. Ist der Darlehensvertrag zugleich ein Fernabsatzvertrag, gelten mit der Übermittlung des entsprechenden Musters auch die hierfür geltenden Anforderungen als erfüllt.

Die Unterrichtung *vor* Vertragsschluss muss nach Art. 247 § 3 EGBGB im Einzelnen folgende Informationen enthalten:

1. *den Namen und die Anschrift des Darlehensgebers,*
2. *die Art des Darlehens,*
3. *den effektiven Jahreszins,*
4. *den Nettodarlehensbetrag,*
5. *den Sollzinssatz,*
6. *die Vertragslaufzeit,*
7. *Betrag, Zahl und Fälligkeit der einzelnen Teilzahlungen,*
8. *den Gesamtbetrag,*
9. *die Auszahlungsbedingungen,*
10. *alle sonstigen Kosten, insbesondere in Zusammenhang mit der Auszahlung oder der Verwendung eines Zahlungsauthentifizierungsinstruments, mit dem sowohl Zahlungsvorgänge als auch Abhebungen getätigt werden können, sowie die Bedingungen, unter denen die Kosten angepasst werden können,*

11. den Verzugszinssatz und die Art und Weise seiner etwaigen Anpassung sowie gegebenenfalls anfallende Verzugskosten,
12. einen Warnhinweis zu den Folgen ausbleibender Zahlungen,
13. das Bestehen oder Nichtbestehen eines Widerrufsrechts,
14. das Recht des Darlehensnehmers, das Darlehen vorzeitig zurückzuzahlen,
15. die sich aus § 491 a Abs. 2 des Bürgerlichen Gesetzbuchs ergebenden Rechte,
16. die sich aus § 29 Abs. 7 des Bundesdatenschutzgesetzes ergebenden Rechte.

Gesamtbetrag ist die Summe aus dem Nettodarlehensbetrag und den Gesamtkosten.

Nettodarlehensbetrag ist der Höchstbetrag, auf den der Darlehensnehmer aufgrund des Darlehensvertrags Anspruch hat.

Die Gesamtkosten und der effektive Jahreszins sind nach der Preisangabenverordnung (PAngV) zu berechnen.

Der Gesamtbetrag und der effektive Jahreszins sind ferner anhand eines repräsentativen Beispiels zu erläutern. Dabei sind sämtliche in die Berechnung des effektiven Jahreszinses einfließenden Annahmen anzugeben und die vom Darlehensnehmer genannten Wünsche zu einzelnen Vertragsbedingungen zu berücksichtigen.

Der Darlehensgeber hat darauf hinzuweisen, dass sich der effektive Jahreszins unter Umständen erhöht, wenn der Verbraucherdarlehensvertrag mehrere Auszahlungsmöglichkeiten mit unterschiedlichen Kosten oder Sollzinssätzen vorsieht und die Berechnung des effektiven Jahreszinses auf der Vermutung beruht, dass die für die Art des Darlehens übliche Auszahlungsmöglichkeit vereinbart werde.

Die Angabe zum Sollzinssatz muss die Bedingungen und den Zeitraum für seine Anwendung sowie die Art und Weise seiner Anpassung enthalten. Ist der Sollzinssatz von einem Index oder Referenzzinssatz abhängig, sind diese anzugeben.

Sieht der Verbraucherdarlehensvertrag mehrere Sollzinssätze vor, sind die Angaben für alle Sollzinssätze zu erteilen.

Die Unterrichtung muss nach Art. 247 § 4 EGBGB folgende weitere Angaben enthalten, soweit sie für den in Betracht kommenden Vertragsabschluss erheblich sind:

1. einen Hinweis, dass der Darlehensnehmer infolge des Vertragsabschlusses Notarkosten zu tragen hat,
2. Sicherheiten, die der Darlehensgeber verlangt,
3. den Anspruch auf Vorfälligkeitsentschädigung und dessen Berechnungsmethode, soweit der Darlehensgeber diesen Anspruch geltend macht, falls der Darlehensnehmer das Darlehen vorzeitig zurückzahlt,
4. gegebenenfalls den Zeitraum, für den sich der Darlehensgeber an die übermittelten Informationen bindet.

Wählt der Darlehensnehmer für die Vertragsanbahnung Kommunikationsmittel, die die Übermittlung der vorstehenden Informationen in der vorgesehenen Form nicht gestatten, ist die vollständige Unterrichtung unverzüglich nachzuholen. Bei Telefongesprächen muss die Beschreibung der wesentlichen Merkmale enthalten.

Hinsichtlich des Vertragsabschlusses eines Verbraucherdarlehensvertrages gilt § 492 BGB:

(1) Verbraucherdarlehensverträge sind, soweit nicht eine strengere Form vorgeschrieben ist, schriftlich abzuschließen. Der Schriftform ist genügt, wenn Antrag und Annahme durch die Vertragsparteien jeweils getrennt schriftlich erklärt werden. Die Erklärung des Darlehensgebers bedarf keiner Unterzeichnung, wenn sie mithilfe einer automatischen Einrichtung erstellt wird.

(2) Der Vertrag muss die Angaben nach Art. 247 §§ 6 bis 13 des Einführungsgesetzes zum Bürgerlichen Gesetzbuche enthalten.

(3) Nach Vertragsschluss stellt der Darlehensgeber dem Darlehensnehmer eine Abschrift des Vertrags zur Verfügung. Ist ein Zeitpunkt für die Rückzahlung des Darlehens bestimmt, kann der Darlehensnehmer vom Darlehensgeber jederzeit einen Tilgungsplan nach Art. 247 § 14 des Einführungsgesetzes zum Bürgerlichen Gesetzbuche verlangen.

(4) Die Absätze 1 und 2 gelten auch für die Vollmacht, die ein Darlehensnehmer zum Abschluss eines Verbraucherdarlehensvertrags erteilt. Satz 1 gilt nicht für die Prozessvollmacht und eine Vollmacht, die notariell beurkundet ist.

(5) Erklärungen des Darlehensgebers, die dem Darlehensnehmer gegenüber nach Vertragsabschluss abzugeben sind, bedürfen der Textform.

Der Verbraucherdarlehensvertrag muss gemäß Art. 247 § 7 EGBGB klar und verständlich ferner folgende Angaben enthalten, soweit diese für den Vertrag bedeutsam sind:

1. *einen Hinweis, dass der Darlehensnehmer Notarkosten zu tragen hat,*
2. *die vom Darlehensgeber verlangten Sicherheiten und Versicherungen, im Falle von entgeltlichen Finanzierungshilfen insbesondere einen Eigentumsvorbehalt,*
3. *die Berechnungsmethode des Anspruchs auf Vorfälligkeitsentschädigung, soweit der Darlehensgeber beabsichtigt, diesen Anspruch geltend zu machen, falls der Darlehensnehmer das Darlehen vorzeitig zurückzahlt,*
4. *den Zugang des Darlehensnehmers zu einem außergerichtlichen Beschwerde und Rechtsbehelfsverfahren und gegebenenfalls die Voraussetzungen für diesen Zugang.*

Verlangt der Darlehensgeber zum Abschluss eines Verbraucherdarlehensvertrags, dass der Darlehensnehmer zusätzliche Leistungen des Darlehensgebers annimmt oder einen weiteren Vertrag abschließt, insbesondere einen Versicherungsvertrag oder Kontoführungsvertrag (Verträge mit Zusatzleistungen), hat der Darlehensgeber dies gemäß Art. 247 § 8 EGBGB zusammen mit der vorvertraglichen Information anzugeben. In der vorvertraglichen Information und im Vertrag sind Kontoführungsgebühren sowie die Bedingungen, unter denen sie angepasst werden können, anzugeben.

Dienen die vom Darlehensnehmer geleisteten Zahlungen nicht der unmittelbaren Darlehenstilgung, sind die Zeiträume und Bedingungen für die Zahlung der Sollzinsen und der damit verbundenen wiederkehrenden und nicht wiederkehrenden Kosten im Verbraucherdarlehensvertrag aufzustellen.

Verpflichtet sich der Darlehensnehmer mit dem Abschluss eines Verbraucherdarlehensvertrags auch zur Vermögensbildung, muss aus der vorvertraglichen Information und aus dem Verbraucherdarlehensvertrag klar und verständlich hervorgehen, dass weder die während der Vertragslaufzeit fälligen Zahlungsverpflichtungen noch die Ansprüche, die der Darlehensnehmer aus der Vermögensbildung erwirbt, die Tilgung des Darlehens gewährleisten, es sei denn, dies wird vertraglich so vereinbart.

Die Informationspflicht *während* des Vertragsverhältnisses regelt § 493 BGB:

Ist in einem Verbraucherdarlehensvertrag der Sollzinssatz gebunden und endet die Sollzinsbindung vor der für die Rückzahlung bestimmten Zeit, muss der Darlehensgeber gemäß § 493 Abs. 1 BGB den Darlehensnehmer spätestens drei Monate vor Ende der Sollzinsbindung darüber unterrichten, ob er zu einer neuen Sollzinsbindungsabrede bereit ist. Erklärt sich der Darlehensgeber hierzu bereit, muss die Unterrichtung den zum Zeitpunkt der Unterrichtung vom Darlehensgeber angebotenen Sollzinssatz enthalten.

Der Darlehensgeber muss den Darlehensnehmer nach § 493 Abs. 2 BGB spätestens drei Monate vor Beendigung eines Verbraucherdarlehensvertrags auch darüber unterrichten, ob er zur Fortführung des Darlehensverhältnisses bereit ist. Erklärt sich der Darlehensgeber zur Fortführung bereit, muss die Unterrichtung die zum Zeitpunkt der Unterrichtung gültigen Pflichtangaben gemäß § 491 a Abs. 1 BGB enthalten.

Die Anpassung des Sollzinssatzes eines Verbraucherdarlehensvertrags mit veränderlichem Sollzinssatz wird nach der Bestimmung des § 493 Abs. 3 BGB erst wirksam, nachdem der Darlehensgeber den Darlehensnehmer über die Einzelheiten unterrichtet hat. Abweichende Vereinbarungen über die Wirksamkeit sind zulässig.

Wurden Forderungen aus dem Darlehensvertrag abgetreten, treffen nach der Regelung des § 493 Abs. 4 BGB die genannten Pflichten auch den neuen Gläubiger, wenn nicht der bisherige Darlehensgeber mit dem neuen Gläubiger vereinbart hat, dass im Verhältnis zum Darlehensnehmer weiterhin allein der bisherige Darlehensgeber auftritt.

Der Anwendungsbereich der Verbraucher schützenden Normen wird wegen der vergleichbaren Schutzwürdigkeit auch auf Existenzgründer erweitert, wobei die Anwendung auf Darlehen beschränkt ist, bei denen der auszuzahlende Betrag 75.000 Euro nicht übersteigt. Der Darlehensvertrag muss der Aufnahme der gewerblichen oder selbstständigen Tätigkeit des Existenzgründers dienen (vgl. § 512 BGB). Es muss sich also um eine zukünftige Tätigkeit handeln, die zum Zeitpunkt des Vertragsschlusses noch nicht ausgeübt wird. Dabei ist darauf hinzuweisen, dass vorbereitende Tätigkeiten, wie z. B. das Anmieten von Geschäftsräumen, noch nicht den Beginn der Geschäftstätigkeit darstellen. Das Ende der Gründungsphase ist in der Regel bei dem ersten Geschäftsabschluss zu ziehen. Die Beweislast dafür, dass die Voraussetzungen des § 512 BGB gegeben sind, trägt der Existenzgründer.

Der Verbraucherdarlehensvertrag und die auf Abschluss eines solchen Vertrags vom Verbraucher erteilte Vollmacht sind nichtig, wenn die Schriftform insgesamt nicht eingehalten ist oder wenn eine der in Art. 247

§§ 6 und 9 bis 13 EGBGB vorgeschriebenen Angaben fehlt (§ 494 Abs. 1 BGB).

Ungeachtet eines solchen Mangels wird der Verbraucherdarlehensvertrag nach der Bestimmung des § 494 Abs. 2 BGB jedoch gültig, *soweit* der Darlehensnehmer das Darlehen empfängt oder in Anspruch nimmt. Jedoch ermäßigt sich der dem Verbraucherdarlehensvertrag zugrunde gelegte Sollzinssatz auf den gesetzlichen Zinssatz (§ 246 BGB: 4 % Jahreszins), wenn die Angabe des Sollzinssatzes, des effektiven Jahreszinses oder des Gesamtbetrags fehlt.

Nicht angegebene Kosten werden nach § 494 Abs. 4 BGB vom Darlehensnehmer nicht geschuldet. Ist im Vertrag nicht angegeben, unter welchen Voraussetzungen Kosten oder Zinsen angepasst werden können, so entfällt die Möglichkeit, diese zum Nachteil des Darlehensnehmers anzupassen.

Wurden Teilzahlungen vereinbart, ist nach § 494 Abs. 5 BGB deren Höhe vom Darlehensgeber unter Berücksichtigung der verminderten Zinsen oder Kosten neu zu berechnen.

Fehlen im Vertrag Angaben zur Laufzeit oder zum Kündigungsrecht, ist der Darlehensnehmer nach der Regelung in § 494 Abs. 6 BGB jederzeit zur Kündigung berechtigt. Fehlen Angaben zu Sicherheiten, können sie nicht gefordert werden. Dies gilt jedoch nicht, wenn der Nettodarlehensbetrag 75.000 Euro übersteigt.

Der Darlehensgeber stellt dem Darlehensnehmer eine Abschrift des Vertrags zur Verfügung, in der die sich hieraus ergebenden Vertragsänderungen berücksichtigt sind (vgl. § 494 Abs. 7 BGB).

Vor dem Abschluss eines Vertrags über entgeltliche Finanzierungshilfen muss gemäß § 509 BGB die Kreditwürdigkeit des Verbrauchers bewertet werden. Hierbei handelt es sich nach § 506 Abs. 2 BGB um Verträge zwischen einem Unternehmer und einem Verbraucher über die entgeltliche Nutzung eines Gegenstandes, wenn vereinbart ist, dass der Verbraucher zum Erwerb des Gegenstandes verpflichtet ist, der Unternehmer vom Verbraucher den Erwerb des Gegenstandes verlangen kann, oder der Verbraucher bei Beendigung des Vertrags für einen bestimmten Wert des Gegenstandes einzustehen hat. Grundlage für die Bewertung können Auskünfte des Verbrauchers und erforderlichenfalls Auskünfte von Stellen sein, die geschäftsmäßig personenbezogene Daten, die zur Bewertung der Kreditwürdigkeit von Verbrauchern genutzt werden dürfen, zum Zweck der Übermittlung erheben, speichern oder verändern. Die Bestimmungen zum Schutz personenbezogener Daten bleiben unberührt.

Bei einem Verbraucherdarlehensvertrag steht dem Darlehensnehmer grundsätzlich ein Widerrufsrecht zu. Dieses Widerrufsrecht ist neben dem Schriftformerfordernis eine weitere Regelung zum Schutz des Verbrauchers. Durch das Widerrufsrecht soll der Verbraucher sich auch noch nachträglich vom Vertrag lösen können. Innerhalb der Widerrufsfrist soll dem Verbraucher die Möglichkeit gegeben werden, den Vertrag in seiner ganzen Tragweite zu überdenken und erst dann zu entscheiden, ob er an diesem Vertrag festhalten möchte.

Das Widerrufsrecht richtet sich nach §§ 495, 355 BGB:

> (1) Wird einem Verbraucher durch Gesetz ein Widerrufsrecht nach dieser Vorschrift eingeräumt, so ist er an seine auf den Abschluss des Vertrags gerichtete Willenserklärung nicht mehr gebunden, wenn er sie fristgerecht widerrufen hat. Der Widerruf muss keine Begründung enthalten und ist in Textform oder durch Rücksendung der Sache innerhalb der Widerrufsfrist gegenüber dem Unternehmer zu erklären; zur Fristwahrung genügt die rechtzeitige Absendung.

> (2 Die Widerrufsfrist beträgt 14 Tage, wenn dem Verbraucher spätestens bei Vertragsschluss eine den Anforderungen des § 360 Abs. 1 entsprechende Widerrufsbelehrung in Textform mitgeteilt wird. Bei Fernabsatzverträgen steht eine unverzüglich nach Vertragsschluss in Textform mitgeteilte Widerrufsbelehrung einer solchen bei Vertragsschluss gleich, wenn der Unternehmer den Verbraucher gemäß Art. 246 § 1 Abs. 1 Nr. 10 des Einführungsgesetzes zum Bürgerlichen Gesetzbuche unterrichtet hat. Wird die Widerrufsbelehrung dem Verbraucher nach dem gemäß Satz 1 oder Satz 2 maßgeblichen Zeitpunkt mitgeteilt, beträgt die Widerrufsfrist einen Monat. Dies gilt auch dann, wenn der Unternehmer den Verbraucher über das Widerrufsrecht gemäß Art. 246 § 2 Abs. 1 Satz 1 Nr. 2 des Einführungsgesetzes zum Bürgerlichen Gesetzbuche zu einem späteren als dem in Satz 1 oder Satz 2 genannten Zeitpunkt unterrichten darf.

> (3) Die Widerrufsfrist beginnt, wenn dem Verbraucher eine den Anforderungen des § 360 Abs. 1 entsprechende Belehrung über sein Widerrufsrecht in Textform mitgeteilt worden ist. Ist der Vertrag schriftlich abzuschließen, so beginnt die Frist nicht, bevor dem Verbraucher auch eine Vertragsurkunde, der schriftliche Antrag des Verbrauchers oder eine Abschrift der Vertragsurkunde oder des Antrags zur Verfügung gestellt wird. Ist der Fristbeginn streitig, so trifft die Beweislast den Unternehmer.

(4) Das Widerrufsrecht erlischt spätestens sechs Monate nach Vertragsschluss. Diese Frist beginnt bei der Lieferung von Waren nicht vor deren Eingang beim Empfänger. Abweichend von Satz 1 erlischt das Widerrufsrecht nicht, wenn der Verbraucher nicht entsprechend den Anforderungen des § 360 Abs. 1 über sein Widerrufsrecht in Textform belehrt worden ist, bei Fernabsatzverträgen über Finanzdienstleistungen ferner nicht, wenn der Unternehmer seine Mitteilungspflichten gemäß Art. 246 § 2 Abs. 1 Satz 1 Nr. 1 und Satz 2 Nr. 1 bis 3 des Einführungsgesetzes zum Bürgerlichen Gesetzbuche nicht ordnungsgemäß erfüllt hat.

Die Widerrufs- und Rückgabebelehrung ist in § 360 BGB wie folgt geregelt:

(1) Die Widerrufsbelehrung muss deutlich gestaltet sein und dem Verbraucher entsprechend den Erfordernissen des eingesetzten Kommunikationsmittels seine wesentlichen Rechte deutlich machen. Sie muss Folgendes enthalten:

    1. einen Hinweis auf das Recht zum Widerruf,

    2. einen Hinweis darauf, dass der Widerruf keiner Begründung bedarf und in Textform oder durch Rücksendung der Sache innerhalb der Widerrufsfrist erklärt werden kann,

    3. den Namen und die ladungsfähige Anschrift desjenigen, gegenüber dem der Widerruf zu erklären ist, und

    4. einen Hinweis auf Dauer und Beginn der Widerrufsfrist sowie darauf, dass zur Fristwahrung die rechtzeitige Absendung der Widerrufserklärung oder der Sache genügt.

(2) Auf die Rückgabebelehrung ist Absatz 1 Satz 1 entsprechend anzuwenden. Sie muss Folgendes enthalten:

    1. einen Hinweis auf das Recht zur Rückgabe,

    2. einen Hinweis darauf, dass die Ausübung des Rückgaberechts keiner Begründung bedarf,

    3. einen Hinweis darauf, dass das Rückgaberecht nur durch Rücksendung der Sache oder, wenn die Sache nicht als Paket versandt werden kann, durch Rücknahmeverlangen in Textform innerhalb der Rückgabefrist ausgeübt werden kann,

    4. den Namen und die ladungsfähige Anschrift desjenigen, an den die Rückgabe zu erfolgen hat oder gegenüber dem das Rücknahmeverlangen zu erklären ist, und

5. einen Hinweis auf Dauer und Beginn der Rückgabefrist sowie darauf, dass zur Fristwahrung die rechtzeitige Absendung der Sache oder des Rücknahmeverlangens genügt.

(3) Die dem Verbraucher gemäß § 355 Abs. 3 Satz 1 mitzuteilende Widerrufsbelehrung genügt den Anforderungen des Absatzes 1 und den diesen ergänzenden Vorschriften dieses Gesetzes, wenn das Muster der Anlage 1 zum Einführungsgesetz zum Bürgerlichen Gesetzbuche in Textform verwendet wird. Die dem Verbraucher gemäß § 356 Abs. 2 Satz 2 in Verbindung mit § 355 Abs. 3 Satz 1 mitzuteilende Rückgabebelehrung genügt den Anforderungen des Absatzes 2 und den diesen ergänzenden Vorschriften dieses Gesetzes, wenn das Muster der Anlage 2 zum Einführungsgesetz zum Bürgerlichen Gesetzbuche in Textform verwendet wird. Der Unternehmer darf unter Beachtung von Absatz 1 Satz 1 in Format und Schriftgröße von den Mustern abweichen und Zusätze wie die Firma oder ein Kennzeichen des Unternehmers anbringen.

Ein Widerrufsrecht besteht nach § 495 Abs. 3 BGB nicht bei Darlehensverträgen,

1. die einen Darlehensvertrag, zu dessen Kündigung der Darlehensgeber wegen Zahlungsverzugs des Darlehensnehmers berechtigt ist, durch Rückzahlungsvereinbarungen ergänzen oder ersetzen, wenn dadurch ein gerichtliches Verfahren vermieden wird und wenn der Gesamtbetrag (Art. 247 § 3 EGBGB) geringer ist als die Restschuld des ursprünglichen Vertrags,

2. die notariell zu beurkunden sind, wenn der Notar bestätigt, dass die Rechte des Darlehensnehmers aus den §§ 49 1a BGB und 492 BGB gewahrt sind, oder

3. die § 504 Abs. 2 BGB oder § 505 BGB entsprechen.

Wenn es zu einem Widerruf gekommen ist, haben die Parteien die empfangenen Leistungen zurückzugewähren und die gezogenen Nutzungen herauszugeben (§§ 357 Abs. 1, 346 Abs. 1 BGB).

Für Abtretungen von Darlehensforderungen gilt:

Eine Vereinbarung, durch die der Darlehensnehmer auf das Recht verzichtet, Einwendungen, die ihm gegenüber dem Darlehensgeber zustehen, gemäß § 404 BGB einem Abtretungsgläubiger entgegenzusetzen oder eine ihm gegen den Darlehensgeber zustehende Forderung gemäß § 406 BGB auch dem Abtretungsgläubiger gegenüber aufzurechnen, ist unwirksam (§ 496 Abs. 1 BGB).

Wird eine Forderung des Darlehensgebers aus einem Darlehensvertrag an einen Dritten abgetreten oder findet in der Person des Darlehensgebers ein Wechsel statt, ist der Darlehensnehmer unverzüglich darüber sowie über die Kontaktdaten des neuen Gläubigers gemäß Art. 246 § 1 Abs. 1 Nr. 1 bis 3 EGBGB zu unterrichten (§ 496 Abs. 2 S. 1 BGB).

Die Unterrichtung ist bei Abtretungen nur entbehrlich, wenn der bisherige Darlehensgeber mit dem neuen Gläubiger vereinbart hat, dass im Verhältnis zum Darlehensnehmer weiterhin allein der bisherige Darlehensgeber auftritt. (§ 496 Abs. 2 S. 2 BGB). Fallen diese Voraussetzungen fort, ist die Unterrichtung unverzüglich nachzuholen (§ 496 Abs. 2 S. 3 BGB).

Im Falle des Verzugs muss der Darlehensnehmer nach §§ 497 Abs. 1 S. 1, 288 Abs. 1 BGB den geschuldeten Betrag mit fünf Prozentpunkten über den Basiszinssatz (§ 247 BGB) verzinsen. Der Basiszinssatz beträgt 3,62 Prozent (Stichtag: 31.12.2001). Er verändert sich zum 1. Januar und 1. Juli eines jeden Jahres um die Prozentpunkte, um welche die Bezugsgröße seit der letzten Veränderung des Basiszinssatzes gestiegen oder gefallen ist. Bezugsgröße ist der Zinssatz für die jüngste Hauptrefinanzierungsoperation der Europäischen Zentralbank vor dem ersten Kalendertag des betreffenden Halbjahrs. Im Einzelfall kann der Darlehensgeber einen höheren oder der Darlehensnehmer einen niedrigeren Schaden nachweisen.

Die nach Eintritt des Verzugs anfallenden Zinsen sind zwecks Vermeidung eines Zinseszinseffekts gemäß § 497 Abs. 2 BGB auf einem gesonderten Konto zu verbuchen und dürfen nicht in ein Kontokorrent mit dem geschuldeten Betrag oder anderen Forderungen des Darlehensgebers eingestellt werden.

Zahlungen des Darlehensnehmers, die zur Tilgung der gesamten fälligen Schuld nicht ausreichen, werden gemäß § 497 Abs. 3 BGB abweichend von der ansonsten üblichen Tilgungsverrechnung nach § 367 Abs. 1 BGB hier zunächst auf die Kosten der Rechtsverfolgung, dann auf den übrigen geschuldeten Betrag und erst zuletzt auf die Zinsen angerechnet. Dadurch soll erreicht werden, dass der Darlehensnehmer bereits früher mit der Rückzahlung seiner eigentlichen Verbindlichkeiten beginnen kann und demgemäß die Hauptverbindlichkeiten eher zurückgezahlt werden.

Der Darlehensgeber (Bank oder Sparkasse) darf Teilzahlungen nicht zurückweisen (§ 497 Abs. 3 S. 2 BGB).

Für Kündigungen von Verbraucherdarlehensverträgen gilt:

Wegen Zahlungsverzugs des Darlehensnehmers kann der Darlehensgeber den Verbraucherdarlehensvertrag gemäß § 498 Abs. 1 BGB bei Teilzahlungsdarlehen nur kündigen, wenn der Darlehensnehmer mit mindestens zwei aufeinanderfolgenden Teilzahlungen ganz oder teilweise und mit mindestens 10 Prozent, bei einer Laufzeit des Verbraucherdarlehensvertrags von mehr als drei Jahren mit mindestens 5 Prozent des Nennbetrags des Darlehens in Verzug ist und der Darlehensgeber dem Darlehensnehmer erfolglos eine zweiwöchige Frist zur Zahlung des rückständigen Betrags mit der Erklärung gesetzt hat, dass er bei Nichtzahlung innerhalb der Frist die gesamte Restschuld verlange.

Der Darlehensgeber *soll* nach dieser Gesetzesbestimmung dem Darlehensnehmer spätestens mit der Fristsetzung ein Gespräch über die Möglichkeiten einer einverständlichen Regelung anbieten.

Kündigt der Darlehensgeber den Verbraucherdarlehensvertrag, so vermindert sich die Restschuld um die Zinsen und sonstigen laufzeitabhängigen Kosten des Darlehens, die bei staffelmäßiger Berechnung auf die Zeit nach Wirksamwerden der Kündigung entfallen (§ 498 Abs. 2 BGB).

Eine Vereinbarung über ein Kündigungsrecht des Darlehensgebers ist unwirksam, wenn eine bestimmte Vertragslaufzeit vereinbart wurde oder die Kündigungsfrist zwei Monate unterschreitet (§ 499 Abs. 1 BGB). Bei entsprechender Vereinbarung ist der Darlehensgeber gemäß § 499 Abs. 2 BGB berechtigt, die Auszahlung eines Darlehens, bei dem eine Zeit für die Rückzahlung nicht bestimmt ist, aus einem sachlichen Grund zu verweigern. Beabsichtigt der Darlehensgeber dieses Recht auszuüben, hat er dies dem Darlehensnehmer unverzüglich mitzuteilen und ihn über die Gründe möglichst vor, spätestens jedoch unverzüglich nach der Rechtsausübung zu unterrichten. Die Unterrichtung über die Gründe unterbleibt, soweit hierdurch die öffentliche Sicherheit oder Ordnung gefährdet würde.

Der Darlehensnehmer kann nach § 500 Abs. 1 BGB einen Verbraucherdarlehensvertrag, bei dem eine Zeit für die Rückzahlung nicht bestimmt ist, ganz oder teilweise auch kündigen, ohne eine Frist einzuhalten.

Eine Vereinbarung über eine Kündigungsfrist von mehr als einem Monat ist nach dieser Vorschrift unwirksam.

Nach § 500 Abs. 2 BGB kann der Darlehensnehmer seine Verbindlichkeiten aus einem Verbraucherdarlehensvertrag jederzeit ganz oder teilweise vorzeitig erfüllen.

Soweit der Darlehensnehmer seine Verbindlichkeiten vorzeitig erfüllt oder die Restschuld vor der vereinbarten Zeit durch Kündigung fällig wird, vermindern sich nach § 501 BGB die Gesamtkosten um die Zinsen und sonstigen laufzeitabhängigen Kosten, die bei gestaffelter Berechnung auf die Zeit nach der Fälligkeit oder Erfüllung entfallen (Kostenermäßigung).

Im Fall der vorzeitigen Rückzahlung eines Verbraucherdarlehens kann der Darlehensgeber nach § 502 BGB eine angemessene Vorfälligkeitsentschädigung für den unmittelbar mit der vorzeitigen Rückzahlung zusammenhängenden Schaden verlangen, wenn der Darlehensnehmer zum Zeitpunkt der Rückzahlung Zinsen zu einem bei Vertragsabschluss vereinbarten, gebundenen Sollzinssatz schuldet.

Die Vorfälligkeitsentschädigung darf nach dieser Bestimmung folgende Beträge jeweils nicht überschreiten:

1. *1 Prozent bzw., wenn der Zeitraum zwischen der vorzeitigen und der vereinbarten Rückzahlung weniger als ein Jahr beträgt, 0,5 Prozent des vorzeitig zurückgezahlten Betrags,*

2. *den Betrag der Sollzinsen, den der Darlehensnehmer in dem Zeitraum zwischen der vorzeitigen und der vereinbarten Rückzahlung entrichtet hätte.*

Der Anspruch auf Vorfälligkeitsentschädigung ist gemäß § 502 Abs. 2 BGB jedoch ausgeschlossen, wenn die Rückzahlung aus den Mitteln einer Versicherung bewirkt wird, die aufgrund einer entsprechenden Verpflichtung im Darlehensvertrag abgeschlossen wurde, um die Rückzahlung zu sichern, oder im Vertrag die Angaben über die Laufzeit des Vertrags, das Kündigungsrecht des Darlehensnehmers oder die Berechnung der Vorfälligkeitsentschädigung unzureichend sind.

4.4.10. Besonderheiten bei verbundenen Verträgen

Häufig kommt es vor, dass Verbraucher zur Finanzierung eines Kaufes einen Darlehensvertrag abschließen. Teilweise wird dieser auch direkt vom Verkäufer vermittelt. Falls es sich dabei um verbundene Verträge handelt, will der Gesetzgeber den Verbraucher schützen, da dieser beide Verträge häufig als eine Einheit auffasst.

§ 358 Abs. 3 BGB legt fest, wann verbundene Verträge vorliegen:

Ein Vertrag über die Lieferung einer Ware oder die Erbringung einer anderen Leistung und ein Verbraucherdarlehensvertrag sind verbunden, wenn das Darlehen ganz oder teilweise der Finanzierung des anderen Vertrages dient und beide Verträge eine wirtschaftliche Einheit bilden. Eine wirtschaftliche Einheit ist insbesondere anzunehmen, wenn der Unternehmer selbst die Gegenleistung des Verbrauchers finanziert, oder im Falle der Finanzierung durch einen Dritten, wenn sich der Darlehensgeber bei der Vorbereitung oder dem Abschluss des Verbraucherdarlehensvertrages der Mitwirkung des Unternehmers bedient. (...).

Falls verbundene Verträge im Sinne dieser Vorschrift gegeben sind und der Verbraucher seine Willenserklärung im Bezug auf den Vertrag zur Lieferung einer Ware oder zur Erbringung einer anderen Leistung wirksam widerrufen hat, so ist er gemäß § 358 Abs. 1 BGB auch nicht mehr an seine Willenserklärung gebunden, die auf den Abschluss des Verbraucherdarlehensvertrages gerichtet war. Entsprechendes gilt gemäß § 358 Abs. 2 S. 1 BGB für den umgekehrten Fall.

Der Unternehmer ist gemäß § 355 Abs. 2 BGB verpflichtet, den Verbraucher über sein Widerrufsrecht zu belehren. Wenn ein verbundenes Geschäft vorliegt, muss der Unternehmer gemäß § 358 Abs. 1, 2 S. 1, 2 BGB zusätzlich darauf hinweisen, dass durch den Widerruf eines Vertrages auch der andere Vertrag nicht wirksam zustande kommt.

Des Weiteren regelt § 358 Abs. 4 S. 3 BGB, dass der Darlehensgeber im Verhältnis zum Verbraucher hinsichtlich der Rechtsfolgen des Widerrufs oder der Rückgabe in die Rechte und Pflichten des Unternehmers aus dem verbundenen Vertrag eintritt, wenn das Darlehen dem Unternehmer bei Wirksamwerden des Widerrufs oder der Rückgabe bereits zugeflossen ist. Durch diese Vorschrift wird erreicht, dass sich der Verbraucher bei einer Rückabwicklung nur an eine Vertragspartei, nämlich den Darlehensgeber, halten kann und die Rückabwicklung nicht im Dreiecksverhältnis erfolgen muss.

Zum Schutz des Verbrauchers ist neben den Widerrufsregelungen (§ 358 BGB) ein Einwendungsdurchgriff (§ 359 BGB) vorgesehen. Diese Vorschrift soll den Verbraucher davor schützen, dass er den Darlehensbetrag zurückzahlen muss, obwohl er aus dem mit dem Darlehensvertrag verbundenen Vertrag keine oder keine vertragsgemäße Leistung erhalten hat. Daher ist der Verbraucher gemäß § 359 S. 1 BGB befugt, die Darlehensrückzahlung zu verweigern, wenn ihn Einwendungen aus dem verbunden Vertrag gegenüber dem Unternehmer, mit dem er den verbundenen Vertrag geschlossen hat, zur Verweigerung seiner Leistungen berechtigen würden. Durch diese Regelungen soll sichergestellt werden, dass der Verbraucher keinen Nachteil dadurch erhält, dass er die beiden Verträge bei unterschiedlichen Personen und nicht nur mit einem Vertragspartner abgeschlossen hat.

Daneben ist darauf hinzuweisen, dass ein Verbraucher, dem eine Nacherfüllungsrecht zusteht, die Rückzahlung erst dann verweigern kann, wenn die Nacherfüllung fehlgeschlagen ist, § 359 S. 3 BGB.

Die Norm des § 358 Abs. 2 und 4 BGB ist entsprechend auf Verträge über Zusatzleistungen anzuwenden, die der Verbraucher in unmittelbarem Zu-

sammenhang mit dem Verbraucherdarlehensvertrag abgeschlossen hat
(§ 359 a Abs. 2 BGB).

Auch wenn die Voraussetzungen für ein verbundenes Geschäft nicht vorliegen, ist nach § 359 a Abs. 1 BGB die Bestimmung von § 358 Abs. 1 und 4 BGB entsprechend anzuwenden, wenn die Ware oder die Leistung des Unternehmers aus dem widerrufenen Vertrag in einem Verbraucherdarlehensvertrag genau angegeben ist.

§ 358 Abs. 2 und 4 BGB ist entsprechend auf Verträge über Zusatzleistungen anzuwenden, die der Verbraucher in unmittelbarem Zusammenhang mit dem Verbraucherdarlehensvertrag abgeschlossen hat.

§ 358 Abs. 2, 4 und 5 BGB sowie § 359 BGB sind nicht anzuwenden auf Verbraucherdarlehensverträge, die der Finanzierung des Erwerbs von Finanzinstrumenten dienen.

§ 359 BGB ist ferner nicht anzuwenden, wenn das finanzierte Entgelt weniger als 200 Euro beträgt.

§ 360 BGB regelt Einzelheiten zur Widerrufs- und Rückgabebelehrung:

Die _Widerrufsbelehrung_ muss deutlich gestaltet sein und dem Verbraucher entsprechend den Erfordernissen des eingesetzten Kommunikationsmittels seine wesentlichen Rechte deutlich machen. Sie muss Folgendes enthalten:

1. *einen Hinweis auf das Recht zum Widerruf,*

2. *einen Hinweis darauf, dass der Widerruf keiner Begründung bedarf und in Textform oder durch Rücksendung der Sache innerhalb der Widerrufsfrist erklärt werden kann,*

3. *den Namen und die ladungsfähige Anschrift desjenigen, gegenüber dem der Widerruf zu erklären ist, und*

4. *einen Hinweis auf Dauer und Beginn der Widerrufsfrist sowie darauf, dass zur Fristwahrung die rechtzeitige Absendung der Widerrufserklärung oder der Sache genügt.*

Die _Rückgabebelehrung_ ist muss Folgendes enthalten:

1. *einen Hinweis auf das Recht zur Rückgabe,*

2. *einen Hinweis darauf, dass die Ausübung des Rückgaberechts keiner Begründung bedarf,*

3. *einen Hinweis darauf, dass das Rückgaberecht nur durch Rücksendung der Sache oder, wenn die Sache nicht als Paket versandt wer-*

den kann, durch Rücknahmeverlangen in Textform innerhalb der Rückgabefrist ausgeübt werden kann,

4. den Namen und die ladungsfähige Anschrift desjenigen, an den die Rückgabe zu erfolgen hat oder gegenüber dem das Rücknahmeverlangen zu erklären ist, und

5. einen Hinweis auf Dauer und Beginn der Rückgabefrist sowie darauf, dass zur Fristwahrung die rechtzeitige Absendung der Sache oder des Rücknahmeverlangens genügt.

Die Widerrufsbelehrung genügt gemäß § 360 Abs. 3 S. 1 BGB den Anforderungen, wenn das Muster der Anlage 1 zum EGBGB in Textform verwendet wird.

Die Rückgabebelehrung genügt § 360 Abs. 3 S. 2 BGB den Anforderungen, wenn das Muster der Anlage 2 zum EGBGB in Textform verwendet wird.

Ein Unternehmer darf jedoch in Format und Schriftgröße von den Mustern abweichen und Zusätze wie die Firma oder ein Kennzeichen des Unternehmers anbringen (§ 360 Abs. 3 S. 3 BGB).

4.4.11. Der Immobiliardarlehensvertrag

Der Immobiliardarlehensvertrag ist eine Sonderform des Verbraucherdarlehensvertrages. Es handelt sich nach § 503 Abs. 1 BGB um Verträge, bei denen die Zurverfügungstellung eines Darlehens von der Sicherung durch ein Grundpfandrecht abhängig gemacht wird und zu Bedingungen erfolgt, die für grundpfandrechtlich abgesicherte Verträge und deren Zwischenfinanzierung üblich sind.

Für Immobiliardarlehensvertrag gelten gegenüber anderen Verbraucherdarlehensverträgen einige Erleichterungen: So ist z. B. der Gesamtbetrag der Raten nicht im Vertrag anzugeben, da die Laufzeit des Darlehens meist die Zinsbindungsfrist überschreitet und eine Angabe eines Gesamtbetrages daher von bloßen Annahmen über die künftigen Zinsen abhängen würde.

Die ordentliche Kündigung eines Immobiliardarlehensvertrages durch den Darlehensnehmer folgt den Regeln des § 489 BGB (siehe oben). Wichtig ist hier in der Praxis der § 489 Abs. 1 Ziff. 2 BGB, da es sich bei Immobiliardarlehen regelmäßig bei um Darlehen mit einer sehr langen Laufzeit von über 10 Jahren und häufig mit einem gebundenen Sollzinssatz handelt. Sie können mit einer Kündigungsfrist von sechs Monaten gekündigt werden. Danach müssen sie innerhalb von zwei Wochen zurückgeführt werden.

Besonderheiten gelten im Hinblick auf die außerordentliche Kündigung von Immobiliardarlehensverträgen:

Das Recht des Darlehens<u>gebers</u> zur <u>außerordentlichen</u> Kündigung – auch von Immobiliardarlehensverträgen – ist in § 490 Abs. 1 BGB geregelt und kommt insbesondere dann in Betracht, wenn sich die Vermögensverhältnisse des Kreditnehmers oder die Werthaltigkeit der Sicherheit wesentlich verschlechtert haben und dadurch der Rückzahlungsanspruch des Kreditgebers gefährdet wird.

Bei Immobiliardarlehen, bei denen der Sollzinssatz gebunden ist und bei welchen seit dem vollständigen Empfang des Darlehens sechs Monate abgelaufen sind, besitzt der Darlehens<u>nehmer</u> bei Vorliegen eines wichtigen Grundes gemäß § 490 Abs. 2 BGB ein <u>außerordentliches</u> Kündigungsrecht, allerdings unter Einhaltung einer Kündigungsfrist von drei Monaten. Ein derartiger wichtiger Grund liegt insbesondere vor, wenn der Darlehensnehmer ein Bedürfnis nach einer anderweitigen Verwertung des beliehenen Objekts hat (beispielsweise die Veräußerung des Grundstücks bei Umzug, aber auch andere private Gründe wie Ehescheidung, Krankheit, Arbeitslosigkeit oder Überschuldung). Der Darlehensnehmer hat dann dem Kreditinstitut als Vorfälligkeitsentschädigung denjenigen Schaden zu ersetzen, der diesem aus der vorzeitigen Kündigung entsteht.

Zur Berechnung der Vorfälligkeitsentschädigung gibt es hier zwei Berechnungsmethoden: die sogenannte „Aktiv-Aktiv-Methode" und die so genannte „Aktiv-Passiv-Methode". Die Aktiv-Aktiv-Methode geht davon aus, dass der vorzeitig zurückgezahlte Darlehensbetrag erneut als verzinsliches Darlehen am Markt einen Abnehmer findet. In diesem Fall entsteht dem Darlehensgeber ein Zinsmargenschaden durch die entgangenen Nutzen und ein Zinsverschlechterungsschaden, falls nur noch ein geringerer Zins erzielt werden kann. Die Aktiv-Passiv-Methode geht demgegenüber davon aus, dass der Darlehensbetrag am Kapitalmarkt angelegt wird, sodass sich der Schaden aus der Differenz zwischen den Darlehenszinsen und der Rendite, die am Kapitalmarkt erreicht wird, ergibt.

§ 502 BGB gilt für Immobiliardarlehensverträge nicht.

Der Verzugszinssatz beträgt bei Immobiliarverbraucherdarlehen gemäß § 502 Abs. 2 BGB abweichend von § 497 Abs. 1 BGB für das Jahr 2,5 Prozentpunkte über dem Basiszinssatz.

Die Verzugszinsen müssen *nicht* auf einem gesonderten Konto verbucht werden. Zahlungen des Darlehensnehmers, die zur Tilgung der gesamten fälligen Schuld nicht ausreichen, müssen hier *nicht* – wie bei sonstigen Verbraucherdarlehensverträgen – zunächst auf die Kosten der Rechtsverfolgung, dann auf den übrigen geschuldeten und zuletzt auf die Zinsen angerechnet werden.

Die Kündigung eines Immobiliardarlehens gegenüber einem Verbraucher darf gemäß § 498 S. 1 Nr. 1 BGB nur erfolgen, wenn der Darlehensnehmer mit mindestens zwei aufeinanderfolgenden Teilzahlungen ganz oder teilweise und mit mindestens 2,5 Prozent des Nennbetrags des Darlehens in Verzug ist.

Die Bestimmungen des § 499 BGB zum Kündigungsrecht des Darlehensgebers und zur Leistungsverweigerung gelten hier nicht. Auch der § 500 BGB zum Kündigungsrecht des Darlehensnehmers und zur vorzeitigen Rückzahlung findet auf Immobiliardarlehensverträge keine Anwendung.

Bei Immobiliardarlehensverträgen sind in der vorvertraglichen Information und im Verbraucherdarlehensvertrag die Angaben nach Art. 247 § 3 Abs. 1 Nr. 1 bis 7, 10 und 13 EGBGB (Informationspflichten) sowie nach Art. 247 § 3 Abs. 4 (Angaben zum Sollzinssatz) und nach § 8 EGBGB (Verträge mit Zusatzleistungen) zwingend.

Die vorvertragliche Information muss hier auch einen deutlich gestalteten Hinweis darauf enthalten, dass der Darlehensgeber Forderungen aus dem Darlehensvertrag ohne Zustimmung des Darlehensnehmers abtreten und das Vertragsverhältnis auf einen Dritten übertragen darf, soweit nicht die Abtretung im Vertrag ausgeschlossen wird oder der Darlehensnehmer der Übertragung zustimmen muss (Art. 247 § 9 Abs.1 EGBGB).

Der Vertrag muss nach Art. 247 § 9 Abs.1 EGBGB ferner die Angaben zum Widerrufsrecht nach Art. 247 § 6 Abs. 2 EGBGB enthalten.

4.4.12. Die Verjährung

Bei der Frage der Verjährung von Forderungen aus Kreditverträgen sind sowohl der Rückzahlungsanspruch als auch die Zinsansprüche zu beachten. Die regelmäßige Verjährungsfrist beträgt für beide Ansprüche nach § 195 BGB drei Jahre; die Verjährungsfrist beginnt mit dem Schluss des Jahres zu laufen, in dem der Anspruch entstanden ist und der Gläubiger von dem den Anspruch begründenden Umständen und der Person des Schuldners Kenntnis erlangt hat oder ohne grobe Fahrlässigkeit erlangen müsste, § 199 Abs. 1 BGB.

Daneben beginnt mit der Entstehung des Anspruches gemäß § 199 Abs. 4 BGB eine absolute Verjährungsfrist von zehn Jahren zu laufen, die unabhängig von der Kenntnis oder grob fahrlässiger Unkenntnis ist.

Eine besondere Verjährungsfrist von zehn Jahren gilt gemäß § 196 BGB auch für Ansprüche auf Übertragung des Eigentums an einem Grundstück sowie auf Begründung, Übertragung oder Aufhebung eines Rechts an einem Grundstück oder auf Änderung des Inhalts eines solchen Rechts sowie die Ansprüche auf die Gegenleistung.

5. Kreditsicherheiten – Grundzüge und Unterscheidungen - Personalsicherheiten

Die Kreditgewährung wird grundsätzlich durch die Bonität des Kreditnehmers ermöglicht. Reicht dessen Bonität jedoch allein nicht aus, werden die Kredite durch weitreichende Sicherheiten abgedeckt. Diese Sicherung ist erforderlich, da der Kreditnehmer mit fremden Geldern umgeht. Die Sicherungsanforderungen, die an den Kreditnehmer gestellt werden, schützen das Kreditinstitut vor Vermögensverlusten. Die Sicherheiten selbst sind das Mittel, aus dem der Kredit zurückgeführt werden kann, sofern der Kreditnehmer den Kredit bei Fälligkeit nicht zurückzahlen kann oder will. Im Regelfall sind die Willenserklärungen der Parteien bei Kreditgewährung nicht darauf gerichtet, dass die Rückzahlung des Kredites aus der Sicherheit erfolgt.

Dies geht daraus hervor, dass die Kreditsicherung allein dem „Ernstfall" dienen soll.

Kredite können auch ohne das Stellen von Sicherheiten gewährt werden. Diese Ausnahme – es wird dann von „Blankokrediten" gesprochen – ist nur bei erstklassigen Schuldnern möglich, wie es z. B. die Bundesrepublik Deutschland, große Aktiengesellschaften oder Kreditnehmer mit einwandfreier Bonität sind. Im Rahmen der Nr. 13 (2) AGB-Banken und Nr. 22 (1) AGB-Sparkassen kann von den Kreditinstituten eine Nachbesicherung von Blankokrediten verlangt werden.

Kreditinstitute haben damit grundsätzlich die Wahl, ob die gewährten Kredite besichert werden sollen oder nicht. Eine gesetzliche Norm besteht indessen nicht, sodass die Besicherung allein eine wirtschaftliche Frage ist, die wiederum auch von der Marktsituation abhängt.

Als Besicherungsformen werden persönlich besicherte Kredite und dinglich besicherte Kredite unterschieden.

Die rechtliche Grundlage der Besicherung im Kreditgeschäft sind beispielsweise die Normen des Bürgschaftsrechts oder des Schuldbeitritts bei Personalsicherheiten ebenso wie die sachenrechtlichen Vorschriften zum Eigentum, zur Hypothek und zur Grundschuld. Darüber hinaus werden die AGB der Banken und Sparkassen als rechtliche Grundlage herangezogen. Berücksichtigung im Kreditbesicherungsrecht finden auch Spezialgesetze, Richterrecht und gewohnheitsrechtlich anerkannte Sicherungskonstruktionen wie die Sicherungsübereignung von Gegenständen.

Der Sicherungszweck wird in der sogenannten Sicherungszweckerklärung festgelegt, die unabhängig von dem zugrunde liegenden Kreditvertrag abgeschlossen wird. Wenn die Sicherheit beispielsweise für nur ein bestimmtes oder mehrere genau bezeichnete Darlehen zur Verfügung gestellt wird, handelt es sich um eine „enge Sicherungszweckerklärung". Von einer „weiten Sicherungszweckerklärung" wird dann gesprochen, wenn die Sicherheit für alle Kredite des Darlehensnehmers haftet.

Kreditsicherheiten können entweder vom Kreditnehmer selbst oder von Dritten gestellt werden. Im letzen Fall hat der Dritte ein berechtigtes Interesse daran, dass die von ihm zur Verfügung gestellte Sicherheit nur für ein bestimmtes, ihm bekanntes Kreditverhältnis haften soll. Eine Haftung der Drittsicherheit beispielsweise für alle Verbindlichkeiten des Kreditnehmers läge nicht im Interesse des Drittsicherungsgebers. Daher ist eine „weite Sicherungszweckerklärung" nur dann zulässig, wenn Darlehensnehmer und Sicherungsgeber identisch sind. Der Grund liegt darin, dass dann der Sicherungsgeber von allen Kreditverbindlichkeiten weiß, da er die Kredite selbst beantragt hat. Anders liegt der Fall, wenn Sicherungsgeber und Darlehensnehmer nicht personenidentisch sind: Dann besitzt der Sicherungsgeber keine Kenntnis von Umfang und Höhe der zu besichernden Verbindlichkeiten. Nach der sogenannte „Anlass-Rechtsprechung" des BGH haftet die Sicherheit nur für diejenigen Verbindlichkeiten, die „Anlass" der Sicherheitenbestellung waren. Eine „weite Sicherungszweckerklärung" ist bei einer Drittbesicherung wegen Verstoßes gegen AGB-rechtliche Bestimmungen unwirksam. Für andere – z. B. später zusätzlich aufgenomene – Kredite haftet diese Sicherheit daher nicht.

Verpflichten sich für die Rückzahlung des Kredits neben dem Kreditnehmer eine oder mehrere Personen, so stellen diese sogenannten Personalsicherheiten. Im Kreditbesicherungsrecht werden diese Personalsicherheiten häufig neben anderen Sicherheiten eingesetzt. Im Bereich der Personalsicherheiten ist die Bürgschaft (dazu unten) wegen ihrer rechtlichen Verankerung im BGB und der bankrechtlich sinnvollen Ausarbeitung bis ins Detail die häufigste Besicherungsform.

Die Besicherung durch eine Garantie ist demgegenüber ein Versprechen, für den Eintritt eines bestimmten Erfolges einzutreten und findet vor allem international Anwendung.

Die Patronatserklärung hat im Handels- und Gesellschaftsrecht Bedeutung, da hier die Muttergesellschaft für die ausreichende finanzielle Grundlage ihrer Tochtergesellschaft eintritt.

Neben diesen Besicherungsformen bestehen noch der Schuldbeitritt und die Schuldübernahme als atypische Besicherungsrechte.

5.1. Die Bürgschaft

Das Instrument der Bürgschaft dient der Sicherung einer Forderung des Gläubigers gegen einen Hauptschuldner. Der Bürgschaftsvertrag gemäß § 765 BGB wird durch drei unterschiedliche Rechtsbeziehungen charakterisiert:

Die erste Rechtsbeziehung besteht zwischen dem Bürgen und dem Gläubiger.

Die zweite Rechtsbeziehung besteht zwischen dem Hauptschuldner und dem Gläubiger. Zwischen diesen Parteien besteht das zugrunde liegende Rechtsverhältnis, für das die Personalsicherheit bestellt werden soll. In der Regel resultiert das „Basis-Rechtsverhältnis" aus einem Darlehen.

Das dritte Rechtsverhältnis besteht zwischen dem Bürgen und dem Hauptschuldner. Dieses Rechtsverhältnis wird auch als Innenverhältnis bezeichnet.

Es bedarf stets eines Rechtsgrundes zur Eingehung der Bürgschaft. Häufige Rechtsgründe für die Eingehung einer Bürgschaft sind in der Praxis der Auftrag, ein Geschäftsbesorgungsvertrag oder eine Schenkung.

5.1.1. Die Entstehung der Bürgschaft

Für das wirksame Entstehen einer Bürgschaft müssen bestimmte Voraussetzungen vorliegen. Zunächst müssen sich der Gläubiger der Hauptschuld und der Bürge über den Abschluss des Bürgschaftsvertrages einigen. Der Bürgschaftsvertrag kann gemäß § 765 Abs. 2 BGB bereits vor dem Entstehen der Hauptschuld abgeschlossen werden. In diesem Zusammenhang besteht auch die Möglichkeit, Bedingungen und Zeitbestimmungen in den Bürgschaftsvertrag aufzunehmen.

Zu beachten ist, dass der Bürge vom Schuldner der Hauptforderung verschieden sein muss. Dies ergibt sich schon aus dem Sinn und Zweck der Bürgschaft. Voraussetzung für das wirksame Entstehen eines Bürgschaftsvertrages ist zudem, dass der Verbürgungswille beim Bürgen erkennbar ist. Die Beweislast für eine wirksame Verbürgung liegt beim Gläubiger der Hauptschuld. Dazu ist es nicht erforderlich, dass der Hauptschuldner an den Verhandlungen beteiligt wird. Eine zwingende Voraussetzung stellt ferner auch die Identität zwischen dem Gläubiger der Hauptforderung und dem Gläubiger der Bürgschaftsforderung dar. Bei Abschluss des Bürgschaftsvertrages muss die Person des Gläubigers jedoch noch nicht feststehen. Die Bürgschaft als überragendes persönliches Kreditsicherungsrecht birgt auch Gefahren für den Bürgen in sich. Aus diesem Grund ist bei minderjährigen Bürgen eine gerichtliche Genehmigung nach §§ 1643 Abs. 1, 1822 Nr. 10, 1908 BGB erforderlich.

Die Bürgschaft ist hinreichend bestimmt zu fassen. Für die Bestimmtheit genügt eine Bestimmbarkeit dahin gehend, dass der Hauptschuldner, der Gläubiger und die Hauptschuld durch Auslegung ermittelt werden können. In der Praxis wird für die Auslegung die Bürgschaftsurkunde herangezogen.

Bei bestehender Hauptforderung muss diese ihrem Umfang und ihrer Art nach bestimmbar sein. Ist die Hauptschuld dagegen noch nicht entstanden, handelt es sich also um eine künftige Forderung, muss wenigstens der Schuldgrund erkennbar sein. Im Wege der Bürgschaft ist auch zulässig, eine bestimmte Anzahl von Forderungen zu sichern. In diesem Fall wird von einer Globalbürgschaft gesprochen. Wird von einem Kreditinstitut eine Globalbürgschaft in Betracht gezogen, ist ergänzend das Recht der Allgemeinen Geschäftsbedingungen zu beachten. Bestehen an der Hauptschuld oder dem Bürgen Zweifel, so gehen diese zulasten des Gläubigers.

Grundsätzlich ist für die Bürgschaftserklärung – nicht jedoch für deren Annahme – das Schriftformerfordernis gemäß §§ 766 S. 1, 126 BGB zu beachten. Eine Ausnahme vom Schriftformerfordernis sieht § 350 HGB vor: Formfreiheit ist danach zulässig, sofern die Bürgschaft auf der Seite des Bürgen ein Handelsgeschäft ist. Ist der Bürgschaftsvertrag mangels Schriftlichkeit gemäß §§ 766 S. 1, 126 BGB unwirksam, kann dieser Mangel mit der Erfüllung der Hauptverbindlichkeit, § 766 S. 3 BGB geheilt werden.

Ein wesentliches Merkmal der Bürgschaft ist deren sogenannte Akzessorietät. Dies bedeutet, dass die Hauptschuld gemäß § 767 Abs. 1 BGB vom Bestand der Hauptschuld abhängig ist. Damit erlischt z. B. auch die Bürgschaft, wenn die Hauptschuld nicht mehr besteht. Dies bedeutet für den Bürgen eine Sicherheit, da sich die Bürgschaft in der Regel nicht auf Verbindlichkeiten erstreckt, die erst nach der Kündigung der Hauptschuld begründet werden. Etwas anderes gilt nur dann, wenn im Vertrag eine Prolongationsmöglichkeit vorgesehen ist, von dieser Gebrauch gemacht wurde und dies für den Bürgen absehbar war.

Die Hauptschuld kann auch mehrere Ansprüche sichern. Unter Umständen können auch Nebenansprüche der Hauptschuld ausdrücklich oder stillschweigend durch die Bürgschaft gesichert werden, wenn diese bei Übernahme der Bürgschaft schon bestanden haben. Die Bürgschaft bleibt weiter bestehen, auch wenn sich die Hauptschuld durch Verzug oder Verschulden ändert.

Von erheblicher Bedeutung für den Bürgen ist auch § 767 Abs. 1 BGB dahin gehend, dass seine Verpflichtung aus dem Bürgschaftsvertrag nicht erweitert werden darf. Treten dagegen Umstände oder Veränderungen ein, die die Stellung des Bürgen verbessern, wie z. B. eine vorzeitige Darlehensrückzahlung durch den Schuldner der Hauptforderung, kommt dies gemäß § 767 Abs. 1 S. 3 BGB auch dem Bürgen zugute.

5.1.2. Sittenwidrigkeit der Bürgschaft von Angehörigen

Eine Bürgschaft kann gemäß § 138 BGB nichtig sein, wenn sie sittenwidrig ist. Dies kann insbesondere bei Bürgschaften vor Angehörigen der Fall sein, wenn durch die Übernahme der Bürgschaft eine krasse finanzielle Überforderung gegeben ist. Eine solche liegt vor, wenn auf absehbare Zeit mit dem pfändbaren Teil der eigenen Mittel keine nennenswerten Tilgungsleistungen zu erbringen sind und nicht einmal die vertraglich vereinbarten Zinsen gezahlt werden können. Grundsätzlich ist davon auszugehen, dass der Bürge in derartigen Fällen nur aufgrund der emotionalen Bindung zu seinem Angehörigen die ihn finanziell krass überfordernde Bürgschaft übernommen und das Kreditinstitut dies in sittlich anstößiger Weise ausgenutzt hat. Für die Beurteilung der krassen finanziellen Überforderung ist auf den Zeitpunkt des Vertragsabschlusses abzustellen. Hierbei können nur aufgrund Schul- bzw. Berufsausbildung oder durch andere erwerbsrelevante Fähigkeiten begründete Aussichten auf alsbaldige wesentliche Verbesserung der finanziellen Leistungsfähigkeit berücksichtigt werden, nicht aber z. B. ein unerwarteter späterer Lottogewinn. Weiterhin ist bei der Beurteilung der Überforderung nur auf die Leistungsfähigkeit des Bürgen und nicht auf die des Hauptschuldners abzustellen.

5.1.3. Bürgschaft und Verstoß gegen AGB-Recht

Die Erweiterung des Sicherungszwecks einer formularmäßig übernommenen Bürgschaft auf alle bestehenden und künftigen Verbindlichkeiten des Hauptschuldners aus der gesamten bankmäßigen Geschäftsverbindung ist nach der Rechtsprechung des BGH unzulässig. Findet sich im Bürgschaftsformular die Bestimmung, dass die Bürgschaft „*alle gegenwärtigen und künftigen Ansprüche gegen den Darlehensnehmer aus der gesamten Geschäftsverbindung*" – sogenannter „weiter Sicherungszweck" – sichern soll, ist dies zum einen wegen eines Verstoßes gegen § 305 c Abs. 1 BGB unwirksam. Bestimmungen in Allgemeinen Geschäftsbedingungen, die nach den Umständen, insbesondere nach dem äußeren Erscheinungsbild des Vertrags, so ungewöhnlich sind, dass der Vertragspartner des Verwenders mit ihnen nicht zu rechnen braucht, werden nämlich nicht Vertragsbestandteil, weil sie „überraschend" ist.

Hinzu kommt: Bürgschaften werden regelmäßig auf vorformulierten Unterlagen – „Formularen" – abgegeben und besitzen damit den Charakter Allgemeiner Geschäftsbedingungen im Sinne von § 305 Abs. 1 BGB. Bestimmungen in Allgemeinen Geschäftsbedingungen sind unwirksam, wenn sie den Vertragspartner des Verwenders entgegen den Geboten von Treu und Glauben „unangemessen benachteiligen". Eine unangemessene Benachteiligung ist im Zweifel anzunehmen, wenn eine AGB-Bestimmung mit wesentlichen Grundgedanken der gesetzlichen Regelung, von der abgewichen wird, nicht zu vereinbaren ist. Eine Bürgschaftserklärung mit weitem Sicherungszweck weicht aber erkennbar vom gesetzlichen Leitbild des § 767 Abs. 1 S. 3 BGB ab, wonach für die Verpflichtung des Bürgen nur der jeweilige Bestand der Hauptverbindlichkeit maßgebend ist. Durch ein Rechtsgeschäft, das der Hauptschuldner nach der Übernahme der Bürgschaft vornimmt, wird die Verpflichtung des Bürgen nicht erweitert. Genau dies wäre aber bei einer weiten Sicherungszweckerklärung der Fall, dadurch würde eine „unangemessene Benachteiligung" des Bürgen im Sinne von § 307 Abs. 2 BGB eintreten. Bürgschaften mit weiten Sicherungszweckerklärungen sind mithin auch gemäß § 307 Abs. 1 BGB unwirksam.

Da die Bürgschaft eine geborene Drittsicherheit ist, ist hier also nur die Vereinbarung eines sogenannten „engen" Sicherungszwecks" zulässig: Stets erforderlich bei einer Bürgschaft ist mithin die Angabe, für welche konkreten Forderungen der Bank gegen den Hauptschuldner der Bürge haften soll. Die gesicherten Forderungen sind demnach genau zu bezeichnen. Der Bürge braucht folglich nicht damit zu rechnen, dass sich seine Bürgschaft über den durch den konkreten Anlass des Geschäfts bestimmten Rahmen hinaus auf sämtliche bestehenden und künftigen Forderungen aus der Bankverbindung erstrecken soll.

Wird dennoch eine Bürgschaft mit weitem Sicherungszweck abgegeben, obwohl nur der enge Sicherungszweck zulässig gewesen wäre, „reduziert" sich die Bürgenhaftung auf den „Anlasskredit", d. h. denjenigen Kredit, der Anlass für die Verbürgung gewesen ist – die sogenannte „Anlassrechtsprechung" des BGH.

Bürgschaften für zukünftige oder bedingte Verbindlichkeiten sind gemäß § 765 Abs. 2 BGB grundsätzlich zulässig. Die Erstreckung der Bürgschaftshaftung auf zukünftige Verbindlichkeiten ist dann nicht unangemessen benachteiligend, wenn der Bürge das Entstehen der zukünftigen Verbindlichkeiten – beispielsweise als Geschäftsführer einer GmbH – beeinflussen kann. Eine Haftung für zukünftige Ansprüche kann formularmäßig jedoch nur begründet werden, wenn der Bürge bei Abgabe der Bürgschaftserklärung weiß, aus welchem Grund und bis zu welcher Höhe solche Forderungen entstehen werden.

5.1.4. Bürgschaft, Mitschuldnerschaft, Beitritt und Mithaftung

Die Qualifizierung einer übernommenen Verpflichtung als Bürgschaft, Darlehensschuld, Beitritt oder Mithaftung ist ausschließlich von der von den Vertragsparteien gewollten Rechtsfolge abhängig. Eine kreditgebende Bank hat es daher nicht in der Hand, den Verpflichteten durch eine im Vertrag einseitig gewählte Formulierung wie „Mitdarlehensnehmer", „Mitantragsteller", „Mitschuldner" oder ähnliche Formulierungen zu einem gleichberechtigten Mitdarlehensnehmer zu machen und dadurch der Nichtigkeitsfolge des § 138 Abs. 1 BGB zu entgehen. Nach der Rechtsprechung ist als *echter Mitdarlehensnehmer* derjenige anzusehen, der für den Darlehensgeber erkennbar ein eigenes sachliches und/oder persönliches Interesse an der Kreditaufnahme hat sowie als im Wesentlichen gleichberechtigter Partner über die Auszahlung der Darlehensmittel mitentscheiden darf.

5.1.5. Inanspruchnahme des Bürgen

Die Bürgschaft ist ein Mittel der persönlichen Kreditsicherung. Daher kann der Gläubiger unter Vorliegen bestimmter Voraussetzungen auf den Bürgen zurückgreifen. Der Bürge kann jedoch erst vom Schuldner in Anspruch genommen werden, wenn die Forderung, also die Hauptschuld fällig ist. Ferner muss der Gläubiger den Hauptschuldner erfolglos gemahnt haben und einen Vollstreckungstitel erwirkt haben.

Diesen Schutz nennt das Gesetz in § 771 BGB die „Einrede der Vorausklage". Gemäß § 772 Abs. 1 BGB muss der Gläubiger vor seinem Vorgehen gegen den Gläubiger erfolglos die Vollstreckung in das bewegliche und gesamte Vermögen des Hauptschuldners versucht haben. Steht dem Gläubiger ein Pfandrecht oder ein Zurückbehaltungsrecht an einer beweglichen Sache des Hauptschuldners zu, so muss er nach § 772 Abs. 2 BGB auch aus dieser Sache Befriedigung suchen. Steht dem Gläubiger ein solches Recht an der Sache auch für eine andere Forderung zu, so gilt dies indessen nur, wenn beide Forderungen durch den Wert der Sache gedeckt werden.

Jedoch muss auch § 773 Abs. 1 BGB beachtet werden: Danach ist für den Bürgen die Einrede der Vorausklage ausgeschlossen, wenn der Bürge eine selbstschuldnerische Bürgschaft – dies ist gemäß § 349 S. 1 HGB regelmäßig bei Handelsgeschäften von Kaufleuten nach dem HGB der Fall – übernommen hat, der Hauptschuldner nicht oder nur schwer auffindbar ist, über das Vermögen des Hauptschuldners das Insolvenzverfahren eröffnet wurde oder anzunehmen ist, dass die Befriedigung des Gläubigers nicht allein aus der Zwangsvollstreckung in das Vermögen des Hauptschuldners zu erwarten ist. Damit wird deutlich, wie werthaltig das Sicherungsrecht der Bürgschaft für den Gläubiger ist und welche Gefahren für den Bürgen durch die Übernahme der Kreditsicherheit bestehen.

5.1.6. Beendigung der Bürgschaft

Das Einstehen des Bürgen für die Forderungen des Hauptschuldners kann auch beendet werden. Die Bürgschaft kann gemäß § 767 Abs. 1 S. 1 BGB als Folge der zwingenden Akzessorietät zwischen Bürgschaft und Hauptforderung durch das Erlöschen der Hauptverbindlichkeit enden.

Die gleiche Folge mit eben dieser Begründung tritt ein, wenn die Hauptforderung ohne Bürgschaftsanspruch abgetreten worden ist. Die Bürgschaft kann ferner auch durch Fristablauf beendet werden, wenn eine Bürgschaft auf Zeit gemäß § 777 Abs. 1 BGB vereinbart worden ist. Eine weitere Möglichkeit der Beendigung bietet die befreiende Schuldübernahme durch einen Dritten. In der Praxis kaum vorkommend kann die Bürgschaft auch dadurch beendet werden, dass der Gläubiger die Sicherheit der Bürgschaft aufgibt. Hier soll der Vollständigkeit halber darauf verwiesen werden, dass die Bürgschaft auch endet, wenn die Bürgschaftsschuld erfüllt worden ist.

Hinzuweisen ist weiterhin darauf, dass die Bürgschaft nicht durch den Tod des Bürgen erlischt, sondern als Nachlassverbindlichkeit gemäß §§ 1922, 1967 Abs. 1 BGB auf die Erben übergeht.

Die Verjährung von Hauptschuld und Bürgschaftsschuld erfolgen voneinander unabhängig. Die Verjährung des Bürgschaftsanspruchs beginnt gemäß § 199 Abs. 1 BGB am Ende des Jahres, in dem die Hauptschuld fällig geworden ist. Für den Bürgen besteht die Möglichkeit, sich gemäß § 768 Abs. 1 BGB auf die Verjährung der Hauptschuld zu berufen. Stundungen, Anerkenntnisse oder sonstige Unterbrechungen bzw. Hemmungen der Verjährung gegenüber dem Hauptschuldner beeinflussen die Verjährung gegenüber dem Bürgen nicht (vgl. § 768 Abs. 2 BGB).

5.1.7. Bürgschaft durch das Kreditinstitut

Bisher wurde davon ausgegangen, dass das Kreditinstitut Gläubiger einer Hauptforderung ist und sich den Kredit mittels einer Bürgschaft sichern lässt. Es ist aber auch möglich, dass die Bank die Position des Bürgen einnimmt und somit für Verbindlichkeiten als Sicherungsgeber eintritt. In der Praxis wird hierbei oft von der Bonität der Bank Gebrauch gemacht. Tritt die Bank als Bürge auf, spricht man bankrechtlich von einem Avalkredit. In diesem Rahmen werden dem Schuldner keine liquiden Mittel zur Verfügung gestellt, vielmehr nutzt der Bankkunde seine Hausbank als Sicherungsgeber. Die Bank stellt insoweit „Vertrauen" als Kredit zur Verfügung, sodass hier – im Gegensatz zur Geldleihe – von Kreditleihe gesprochen wird.

5.1.8. Besondere Formen der Bürgschaft

Das Sicherungsmittel der Bürgschaft steht in verschiedenen Ausgestaltungen zur Verfügung. Je nach den Anforderungen an den erwarteten Nutzen und die Notwendigkeit der Sicherung treten folgende Formen der Bürgschaft in der Praxis auf:

- Höchstbetragsbürgschaft;
- Mitbürgschaft, § 769 BGB;
- Zeitbürgschaft, § 777 Abs. 1 BGB;
- Ausfallbürgschaft;
- Bürgschaft auf erstes Anfordern;
- Nachbürgschaft;
- Rückbürgschaft;
- Mietbürgschaft;
- Prozessbürgschaft;
- Wechsel-/ Scheckbürgschaft.

5.2. Die Garantie

Die Garantie enthält das Versprechen, für einen bestimmten Erfolg einzustehen. Eine gesetzliche Regelung besteht im deutschen Recht nicht, und auch eine Formvorschrift für eine wirksame Garantieübernahme ist im Gesetz nicht vorgegeben. Darin ist ein deutlicher Unterschied zur Bürgschaft zu erkennen. Aufgrund der Ähnlichkeit zwischen beiden Sicherungsinstrumenten ist es in der Praxis oft schwer festzustellen, was von den Parteien gewollt ist. Allein die Bezeichnung der Parteien kann nicht als Abgrenzungskriterium herangezogen werden. Entscheidend für die Differenzierung ist die übernommene Einstandspflicht durch den Garanten bzw. Bürgen. Wenn ein eigenes wirtschaftliches Interesse des Garanten für die Übernahme der Garantieverpflichtung zu erkennen ist, kann dies ein Hinweis dafür sein, dass eine Garantie gewollt war. Falls Zweifel vorliegen, muss im Interesse des Verpflichteten von einer Bürgschaft ausgegangen werden. Im Gegensatz zur Bürgschaft ist die Garantie nicht akzessorisch, sondern abstrakt, d. h. unabhängig vom Schuldgrund. Dies schließt eine Überprüfbarkeit des Vorliegens des Garantiefalls durch den Garanten aus. Dieser muss vielmehr sogar bei bloßer Behauptung der Ansprüche die Bankgarantie erfüllen. Auch dieses Merkmal der Garantie macht dieses Sicherungsmittel in Deutschland vergleichsweise ungebräuchlich. Banken ziehen die Garantie lediglich heran, wenn es um die nachhaltige Sicherung eines notwendigen Erfolges geht.

Im internationalen Bankgeschäft wie aber auch im Wertpapierwesen gewinnt die Garantie im Gegensatz zum Inlandsgeschäft an Bedeutung. In einigen Fällen, wie z. B. der Gefahr von Devisenbeschränkungen, kann die Kreditsicherung durch eine Bürgschaft wegen ihrer Akzessorietät nicht gewährleistet werden. Dann greift das Kreditinstitut auf eine Garantie als Personalsicherheit zurück.

5.3. Die Patronatserklärung

Die Patronatserklärung gehört zu den sogenannten atypischen Banksicherheiten und ist eine Sammelbezeichnung für eine Vielzahl unterschiedlicher Erklärungen, die nicht unmittelbar in die Regelungen des Schuldrechts eingeordnet werden können. Die Gemeinsamkeit dieser Patronatserklärungen besteht darin, dass ein Patron einem Kreditgeber gegenüber zur Förderung oder Einhaltung der Kreditbereitschaft für einen Begünstigten eine garantieähnliche Verpflichtung übernimmt. Häufige Anwendung findet diese Form der Kreditsicherung im Zusammenspiel zwischen einer Mutter- und einer Tochtergesellschaft. Innerhalb der Patronatserklärungen wird zwischen der „harten" und der „weichen" Patronatserklärung unterschieden. Eine Formvorschrift für die Patronatserklärung besteht nicht.

5.3.1. Rechtliche Einordnung der Patronatserklärung

Fraglich ist die rechtliche Einordnung der Patronatserklärung in das System des BGB. So wurde versucht, die Patronatserklärung als Schuldmitübernahme zu definieren. Dies scheidet jedoch aus, da die Patronatserklärung gerade keine Erklärung zur Verpflichtung enthält, die Kreditverbindlichkeit als eigene Schuld zu übernehmen. Weiter wäre eine Subsumierung unter die Bürgschaft möglich. Der Sicherungsgeber, also der Patron, hat jedoch gerade nicht eine Bürgenstellung für den Begünstigten einnehmen wollen. Daraus folgt, dass der Kreditgeber keinen unmittelbaren Leistungsanspruch gegen den Patron hat.

Die Patronatserklärung ähnelt eher dem Sicherungsmittel der Garantie sehr. Wie bereits erläutert übernimmt der Garantiegeber eine von der Hauptschuld unabhängige Verpflichtung für die pünktliche Rückzahlung des Kredits und steht dabei auch für den sonstigen Erfolg ein. Gerade diese Verpflichtung unabhängig von der Hauptschuld übernimmt der Patron mit seiner Erklärung indessen nicht. Da die Patronatserklärung nicht unter die bisher genannten und erläuterten Sicherungsmittel zu subsumieren ist, stellt sie einen Vertrag eigener Art dar.

5.3.2. Die harte Patronatserklärung

Die harte Patronatserklärung schafft eine Verpflichtung des Patrons, für die rechtlichen Verpflichtungen gegenüber dem Begünstigten einzustehen. In der Praxis werden diese harten Patronatserklärungen häufig von Muttergesellschaften im Geschäftsbericht abgegeben. Liegt eine solche Erklärung vor, wird in der Regel davon ausgegangen, dass der Patron sich hinsichtlich der garantieähnlichen Verpflichtung rechtlich binden wollte.

Die harte Patronatserklärung weist im Gegensatz zur weichen Patronatserklärung die Besonderheit auf, dass eine solche Verpflichtung bilanzrechtlich berücksichtigt werden muss. Gemäß § 251 HGB ist diese Erklärung als Eventualverbindlichkeit zu bilanzieren. Damit gewährt die harte Patronatserklärung dem Kreditgeber einen rechtlichen Anspruch gegen den Sicherungsgeber und wird somit zum wirkungsvollen Mittel der Kreditsicherung.

5.3.3. Die weiche Patronatserklärung

Neben der harten Patronatserklärung besteht noch die weiche Patronatserklärung. Auch die weiche Patronatserklärung ist ein Vertrag eigener Art und bedeutet, dass der Patron zur Kenntnis genommen hat, dass der Begünstigte einen Kredit aufgenommen hat. Im Gegensatz zur harten Patronatserklärung erwachsen daraus jedoch keine rechtlichen Ansprüche des Kreditgebers gegen den Patron.

Die weiche Patronatserklärung muss auch nicht als Eventualverbindlichkeit bilanzrechtlich Berücksichtigung finden. Aus dieser Charakterisierung heraus ist zu erkennen, dass die weiche Patronatserklärung kein relevantes Mittel der Kreditsicherung darstellen kann und daher in der Praxis nur in Verbindung mit weiteren Sicherheiten wirkungsvolle Anwendung finden kann.

5.4. Der Schuldbeitritt

Eine weitere Personalsicherheit stellt das Sicherungsmittel des Schuldbeitritts dar. Der Schuldbeitritt wird auch als kumulative Schuldübernahme oder Schuldmitübernahme bezeichnet.

Der vertragliche Schuldbeitritt ist gesetzlich nicht geregelt. Er entsteht zum einen durch einen Vertrag zugunsten Dritter gemäß § 328 BGB. Dazu müssen sich der Altschuldner und der Beitretende, auch Neuschuldner genannt, über den Schuldbeitritt einigen.

Der Schuldbeitritt kann aber zum anderen auch durch eine bloße entsprechende Vereinbarung zwischen dem Gläubiger und dem Neuschuldner zustande kommen.

Bezeichnend für den Schuldbeitritt ist, dass der Beitretende als Neuschuldner neben den Altschuldner in das schon bestehende Schuldverhältnis in der Weise eintritt, dass er neben dem Schuldner haftet und somit zum Gesamtschuldner für die Verpflichtung des Erstschuldners wird. Im Gegensatz zur Bürgschaft gilt also der Grundsatz der Akzessorietät hier nicht. Aus dem Schuldbeitritt folgt die freiwillige Begründung einer Gesamtschuld i.S.v. §§ 421, 427 BGB.

Der Schuldbeitritt ist grundsätzlich nicht an ein bestimmtes Formerfordernis gebunden. Eine Ausnahme besteht nur bei einem Beitritt zu einem Verbraucherdarlehensvertrag, für den die Schriftform vorgeschrieben ist (vgl. § 492 Abs. 1 BGB).

Er bedarf auch nicht der Zustimmung des Gläubigers der Hauptforderung. Dies folgt daraus, dass der Schuldbeitritt die Position des Schuldners lediglich verbessert. Gemäß § 333 BGB steht dem Gläubiger jedoch ein Zurückweisungsrecht hinsichtlich des Schuldbeitritts zu. Ist aus den Umständen nicht eindeutig zu entnehmen, dass der Altschuldner und der Neuschuldner einen Schuldbeitritt vereinbaren wollten, so wird entsprechend § 329 BGB im Zweifel angenommen, dass lediglich eine Erfüllungsübernahme vorliegen soll. Ist ein Kredit durch einen Schuldbeitritt gesichert, so kann der Kreditgeber die Rückzahlung des Kredites ganz oder teilweise von jedem Verpflichteten verlangen.

Die häufigste Anwendung des Schuldbeitritts liegt beim Verbraucherkredit, insbesondere bei Krediten an Ehepartner oder Personen, die durch eine eheähnliche Lebensgemeinschaft verbunden sind. Mittels einer speziellen Formulierung in dem Krediteinräumungsschreiben der Banken, das vom Beitretenden unterschrieben werden muss, wird der Schuldbeitritt manifestiert. Entsprechend den Normen über die Schuldübernahme stehen beim Schuldbeitritt dem Beigetretenen Einwendungen und Einreden gemäß § 417 Abs. 1 und 2 BGB zu.

5.5. Sonderformen der Personalsicherheiten

Neben den eben dargestellten Personalsicherheiten werden in der Praxis weitere Mittel zur Sicherung der Kredite verwendet. So ist es auch möglich, einen Ergebnisabführungsvertrag i.V.m. Beherrschungsverträgen nach § 291 Abs. 1 AktG abzuschließen. Dieses konzernrechtliche Vertragswerk beinhaltet, dass für die Dauer des Vertrages die herrschende Gesellschaft die anfallenden Verluste der beherrschten Gesellschaft tragen muss. Diese vertragliche Sicherung der Kredite findet Anwendung bei Kapitalgesellschaften, um den Anfangskapitalstand der Tochtergesellschaft zu „garantieren".

Ebenso werden zur Besicherung von Krediten rechtsverbindliche Erklärungen verwendet. Relevant sind diese Erklärungen, wenn sich der Kreditnehmer im Falle der Verschlechterung der eigenen Bonität verpflichtet, ergänzende, weiterführende Sicherheiten zu stellen. Rechtsverbindliche Erklärungen bedeuten für den Kreditgeber in der Regel ein schwaches Sicherungsrecht. Aus diesem Grund verlangen die Banken und Sparkassen oft das Stellen von „harten" Sicherheiten, wie z. B. Grundpfandrechten.

In der bankrechtlichen Praxis werden zudem sogenannte Negativverklärungen zur Kreditsicherung herangezogen. Dies bedeutet, dass sich der Kreditnehmer verpflichtet, während der Laufzeit des Kredites keine Sicherheiten für einen anderen Gläubiger zu bestellen. Ausnahmen werden hinsichtlich der Negativverklärung dahin gehend gemacht, dass jedoch branchenübliche Eigentumsvorbehalte von Lieferanten und das AGB-Pfandrecht der Kreditinstitute (vgl. Nr. 14 AGB-Banken und Nr. 21 AGB-Sparkassen) zulässig sind. Häufig kommt es zu einer Kombination von Negativ- und Positivverklärung durch den Kreditnehmer. Somit besteht für den wirtschaftenden Kreditnehmer weiter die Möglichkeit zu geschäftlichen Handlungen, und der Kreditgeber ist hinreichend abgesichert.

6. Realsicherheiten

Kredite können auch durch dingliche Sicherungsrechte, sogenannte Realsicherheiten, besichert werden. Als solche werden sie auf gesetzlicher Grundlage des Sachenrechts entweder durch Pfandrechte an beweglichen Sachen, an unbeweglichen Sachen oder an Rechten (Forderungen) besichert.

6.1. Die Sicherungsübereignung

Die Sicherungsübereignung wird durch die nur sicherungsweise (z. B. zur Besicherung der Darlehensforderung eines Kreditinstituts gegen seinen Kunden) Übereignung einer beweglichen Sache von dem Sicherungsgeber auf den Sicherungsnehmer gekennzeichnet. Im Sicherungsfall ist der Sicherungsnehmer berechtigt, das Sicherungsgut zu verwerten und sich aus dem Verkaufserlös zu befriedigen. Eine Sicherungsübereignung ist formlos wirksam, aus Beweisgründen empfiehlt es sich jedoch, diese schriftlich festzuhalten.

Kreditsicherheiten aus dem Umlaufvermögen des Kreditnehmers können nach §§ 1204 ff. BGB lediglich als Faustpfandrecht herangezogen werden. Das Umlaufvermögen erstreckt sich dabei auf das Warenlager, Vorräte, fertige und halb fertige Erzeugnisse des Unternehmers. Diese werden aber vom Unternehmer zur Aufrechterhaltung des Geschäftsbetriebes benötigt. Somit kann der Besitz des Umlaufvermögens nicht gemäß § 1205 BGB als Faustpfand an den Kreditgeber übergehen. Daher hat die Rechtsprechung zugelassen, dass auch ohne die Verschaffung des unmittelbaren Besitzes Gegenstände aus dem Umlaufvermögen zur Kreditsicherung herangezogen werden können, und zwar durch die – gesetzlich nicht geregelte – Konstruktion der Sicherungsübereignung. In der Konsequenz bedeutet dies die lediglich sicherungsweise und damit treuhänderische (fiduziarische) Übereignung von beweglichen Sachen, ohne dass diese mit der dafür erforderlichen Übertragung des unmittelbaren Besitzes – § 854 Abs. 1 BGB – verpfändet werden müssten.

Übliche Klauseln gestatten dem Sicherungsgeber, über das Sicherungsgut im Rahmen eines ordnungsgemäßen Geschäftsbetriebes zu verfügen. Handelt es sich bei dem Sicherungsgeber um einen Produktionsbetrieb, so erlaubt der Sicherungsnehmer auch die Ver- und Bearbeitung der Sachen, die der Sicherungsübereignung unterliegen.

Durch eine vertragliche Eigentumsübereignung schaffen Sicherungsgeber und Sicherungsnehmer gemäß § 930 BGB ein Besitzmittlungsverhältnis (Besitzkonstitut) i.S.v. § 868 BGB. Der Sicherungsnehmer erhält an den beweglichen Sachen demgemäß mittelbaren Besitz im Sinne dieser Bestimmung. Diese Konstellation bedeutet eine Eingrenzung des Gebots der Publizität, was die offenkundige Erkennbarkeit der Eigentumsverhältnisse festschreibt. Zweck des Publizitätsgebots ist, dass aus dem Besitz gefolgert werden kann, wer Eigentümer der Sache ist. Dies ist auch der Grundsatz, auf dem beispielsweise der gutgläubige Erwerb gemäß § 932 BGB beruht. Das Gebot der Publizität ist im Mobiliarsachenrecht insoweit jedoch eingeschränkt worden, da es mit den Anforderungen an das Betreiben eines Geschäftsbetriebs und damit den Verkehrsbedürfnissen kollidiert. Die Gefahr der Sicherungsübereignung liegt folglich darin, dass dem Sicherungsgeber lediglich ein Scheineigentum zugerechnet wird. Mehrfache Übereignungen durch einen – insbesondere unredlichen – Sicherungsgeber an unterschiedliche Sicherungsnehmer lassen sich damit nicht ausschließen.

Das Instrument der Sicherungsübereignung ist aus den eben dargelegten Gründen fest in Rechtsprechung, Rechtslehre und Gewohnheitsrecht verankert. In der Praxis findet die Sicherungsübereignung häufig Anwendung. Insbesondere ist bei der Sicherungsübereignung zu beachten, dass nur sonderrechtsfähige Sachen Gegenstand der mittelbaren Besitzübertragung werden können.

Dies ist wesentlich bei der Differenzierung von Zubehör und wesentlichen Bestandteilen. Wesentliche Bestandteile gemäß §§ 93 – 95 BGB teilen das Schicksal der Hauptsache. Damit sind sie nicht sonderrechtsfähig und können nicht für eine Sicherungsübereignung genutzt werden. Zubehör i.S.d. § 97 BGB dagegen ist sonderrechtsfähig und kann bei der Sicherungsübereignung verwendet werden, sofern es nicht der Zubehörhaftung für Grundpfandrechte unterliegt.

Die Sicherungsübereignung ist ein selbstständiges Vollrecht und kann auch ohne das Bestehen einer Forderung bestellt werden. Das bedeutet, dass die Sicherungsübereignung im Gegensatz zur Bürgschaft nicht akzessorisch ist. Die Sicherungsübereignung wird gern vom Kreditgeber verwendet, da mit ihr mehr Rechte gesichert werden können, als dem Kreditnehmer im Innenverhältnis zustehen. Um die so geschaffene eigennützige Sicherungs-Treuhand der Bank oder Sparkasse zu begrenzen, ist nach der hierzu ergangenen Rechtsprechung des BGH jedoch stets eine Regelung dahin gehend erforderlich, wann und in welcher Form nach Erledigung des Sicherungszwecks das Sicherungsgut wieder auf den Sicherungsgeber zu übertragen ist. Ebenso erforderlich sind sogenannte Freigaberegelungen, die im Falle einer etwaigen Übersicherung der Bank Anwendung finden.

6.1.1. Der Bestimmtheitsgrundsatz

Aus dem Treuhandgedanken und der Abweichung vom Publizitätsgebot durch die Sicherungsübereignung sind einschränkende Regelungen erforderlich. Das deutsche Recht folgt dem Grundsatz der Singularzession. Damit sind Eigentumsrechte an unbestimmten Gegenständen in deutschem Recht nicht zulässig. So ist es dogmatisch erforderlich, dass die Gegenstände der Sicherungsübereignung bestimmt oder wenigstens hinreichend bestimmbar sind. Die Bestimmtheit muss im Zeitpunkt des Vertragsabschlusses feststehen. Hinsichtlich der Zugehörigkeit einzelner Gegenstände dürfen damit keine Zweifel bestehen.

Der Maßstab zur Beurteilung, ob die Gegenstände bestimmt sind, ist zwar zunächst objektiv, aber durchaus auf subjektiver Grundlage zu definieren. Dies bedeutet, dass jeder, der die Parteienabrede zur Sicherungsübereignung kennt, an Hand einfacher Abgrenzungskriterien erkennen können muss, welche Sache übereignet ist und welche nicht. Dieser strengen Anforderung an die Bestimmtheit ist gerade bei wechselnden Warenbeständen oder auch beim vorweggenommenen (antizipierten) Besitzkonstitut, also einer vorweggenommen Sicherungsübereignung, an zukünftig im Lager befindlichen Gegenständen, schwer nachzukommen. Bloße Wertangaben genügen dem Bestimmtheitsgrundsatz nicht, es sind vielmehr konkrete Sachaussagen notwendig. Auswege aus dieser Problematik bieten eine detaillierte Beschreibung der sicherungsübereigneten Gegenstände oder auch deren räumliche Abgrenzung. In den Formularverträgen der Banken und Sparkassen hat die Rechtsprechung des BGH insoweit Niederschlag gefunden.

Ergänzend ist anzumerken, dass die Gegenstände, die der Sicherungsübereignung zugrunde liegen, regelmäßig dahin gehend überprüft werden müssen, ob die aktuelle Vertragslage noch mit dem tatsächlichen Bestand übereinstimmt.

6.1.2. Abgrenzung zu anderen Kreditsicherheiten

Problematisch im Rahmen der Sicherungsübereignung als Kreditsicherheit ist eine etwaige Kollision mit anderen Sicherungsrechten. So können beispielsweise die der Sicherungsübereignung zugrunde liegenden Gegenstände bereits belastetes Eigentum sein. Häufig unterliegen die Gegenstände beispielsweise einem Vermieterpfandrecht gemäß § 562 Abs. 1 BGB oder stehen noch im Eigentum eines Eigentumsvorbehaltverkäufers gemäß § 449 Abs. 1 BGB.

Ist an der sicherungsübereigneten Sache ein Vermieterpfandrecht (§ 562 Abs. 1 BGB) entstanden, so bleibt dieses auch im Falle der Sicherungsübereignung wirksam. Nach dem im Sachenrecht geltenden sogenannten Prioritätsprinzip („Wer zuerst kommt, mahlt zuerst") ist dies der Fall, wenn das Vermieterpfandrecht zeitlich vor der Sicherungsübereignung entstanden ist. Ist der Gegenstand dagegen zeitlich vor der Entstehung des Vermieterpfandrechts bereits zur Sicherung eines Kredites herangezogen worden, berührt das Pfandrecht die Sicherungsübereignung nicht.

Besteht an der Sache, die zur Sicherheit übereignet werden soll ein Eigentumsvorbehalt, so ist die Sicherungsübereignung zunächst fehlgeschlagen und lediglich ein sogenanntes Anwartschaftsrecht als Vorstufe zum Eigentum entstanden. Daher waren früher in den Sicherungsübereignungsverträgen der Banken und Sparkassen Klauseln enthalten, die solche Gegenstände von der Sicherungsübereignung ausschlossen, die unter Eigentumsvorbehalten von Lieferanten standen.

Eine solche Regelung ist heute nicht mehr anwendbar, da nicht ohne Weiteres auf die Besicherung durch Waren unter Eigentumsvorbehalt verzichtet werden kann. Mit der Sicherungsübertragung überträgt der Sicherungsgeber daher sein bisheriges Anwartschaftsrecht am Eigentum auf den Sicherungsnehmer. Da der Bank im Wege der Sicherungsübereignung nur mittelbarer Besitz (§ 868 BGB), nicht aber unmittelbarer Besitz in Gestalt einer tatsächlichen Sachherrschaft (vgl. § 854 Abs. 1 BGB) verschafft wird, – was ja gerade das Wesen der Sicherungsübereignung ist – ist ein gutgläubiger Erwerb der Bank gemäß § 933 BGB ausgeschlossen.

Wenn der Sicherungsgeber das Sicherungsgut an mehrere Kreditgeber übereignet hat, ist – dem Prioritätsprinzip folgend – allein die erste Sicherungsübereignung wirksam. Dagegen sind die zeitlich nachrangigen Übereignungen unwirksam, da ein gutgläubiger Erwerb mangels unmittelbarer Besitzerlangung der nachfolgenden Bank gemäß § 933 BGB nach dem Sinn und Zweck der Sicherungsübereignung ausgeschlossen ist.

6.1.3. Übersicherung, Freigabe von Sicherungseigentum

Eine Sicherungsübereignung kann auch über das Ziel „hinausschießen". In einem solchen Fall spricht man von einer Übersicherung des Kredits. Die Übersicherung ist eine Folge der fehlenden Akzessorietät zwischen der Hauptforderung und dem Sicherungsmittel. Übersicherung liegt vor, wenn der Wert der Sicherheiten das zu sichernde Risiko deutlich übersteigt. Bei einer anfänglichen Übersicherung, also einer Übersicherung von Anfang des Kreditverhältnisses an, ist der Kreditsicherungsvertrag nicht bereits allein aufgrund dieser Tatsache gemäß § 138 BGB sittenwidrig. Von Sittenwidrigkeit mit der Folge der Nichtigkeit kann nur dann ausgegangen werden, wenn das Geschäft zum Zeitpunkt seines Abschlusses – gemessen an Inhalt, Beweggrund und Zweck und dem sich daraus ergebenden Gesamtcharakter – gegen die guten Sitten nach § 138 BGB verstößt. In der Regel liegt ein solcher sittenwidriger Gesamtcharakter erst bei einer Übersicherung von über 300 % des Kredits vor.

Tritt dagegen die Übersicherung nachträglich ein, was insbesondere unter Berücksichtigung eines stark wechselnden Warenbestandes geschehen kann, soll die im Sicherungsvertrag enthaltene Teilfreigabeverpflichtung zum Tragen kommen. Die unmittelbare Anwendbarkeit dieser Teilfreigabeverpflichtung ergibt sich aus §§ 133, 157, 242 BGB. Damit der Kreditgeber den Sicherungsgeber nicht in seiner wirtschaftlichen und unternehmerischen Bewegungsfreiheit gefährdend einschränkt, ist diese Teilfreigabe als Verpflichtung ausgestaltet. In der Praxis sind die Freigabeverpflichtungen in Nr. 16 Abs. 2 AGB-Banken und Nr. 22 Abs. 2 AGB-Sparkassen als Vertragsrecht festgeschrieben.

Formularmäßige Sicherungsverträge der Banken und Sparkassen müssen keine ausdrückliche Freigabeklausel, keine zahlenmäßig bestimmte Deckungsgrenze und keine Klausel hinsichtlich der Bewertung von Sicherungsgegenständen enthalten, sondern sind auch ohne derartige Klauseln wirksam. Dies ist möglich, da sich der Freigabeanspruch als ermessensunabhängiger gesetzlicher Anspruch aus dem treuhänderischen (fiduziarischen) Charakter der Sicherungsabrede wie auch aus der Interessenlage der Vertragsparteien ergibt.

Darüber hinaus sind ermessensunabhängige Orientierungshilfen zu erarbeiten, die aus dem gesetzlichen Verbot der Übersicherung oder aus den AGB der Banken und Sparkassen hergeleitet werden können. Als Orientierungsgröße wird die vertraglich vereinbarte Deckungsgrenze herangezogen. Wird bei der Kreditsicherung durch bewegliche Sachen diese Deckungsgrenze überschritten, setzt die Freigabeverpflichtung ein.

Diese Deckungsgrenze bedarf einer Festschreibung. Die Deckungsgrenze ist der Betrag, bis zu dem die gesicherte Forderung durch den Wert der Sicherheiten gedeckt sein muss. Dabei wird von einer Vollbesicherung der Kredite ausgegangen. Im Falle der Insolvenz kann nämlich nicht von einer vollen Verwertung der Sicherungsgegenstände ausgegangen werden. Damit liegt die Deckungsgrenze regelmäßig über 100 % des Warenwertes. Ist eine Deckungsgrenze zwischen den Parteien nicht vereinbart worden, so beträgt diese nach der Rechtsprechung unter Berücksichtigung der Verwertungs- und Verwaltungskosten 110 % der gesicherten Forderung, bezogen auf den realisierbaren Wert der Sicherungsgegenstände.

Bei der Ermittlung der Deckungsgrenze muss von dem realisierbaren Wert der einzelnen Sicherheiten ausgegangen werden (vgl. Nr. 16 (2) AGB-Banken). Dabei bezeichnet der realisierbare Wert den Erlös, der bei Eintritt des Sicherungsfalls tatsächlich auf dem Markt erzielt werden kann. Die Berücksichtigung der Marktlage, insbesondere der Verwertung im Insolvenzfall, erfolgt durch die Banken in der Weise, dass ein Abschlag zwischen 10 % und 40 % des Marktes für den realisierbaren Wert angenommen wird. Unterliegt der voraussichtlich realisierbare Wert starken Schwankungen oder der Unsicherheit der Werthaltigkeit, können Schätzwerte als Orientierungshilfe herangezogen werden. In diesem Fall entsteht der Freigabeanspruch für den Sicherungsgeber, wenn der geschätzte Wert 150 % der gesicherten Forderung übersteigt.

Der Sicherungsgeber muss den Freigabeanspruch mit der Begründung der Übersicherung bei der Bank beantragen. Alsdann steht es der Bank gemäß § 262 BGB frei, welche Sicherheiten sie dem Kunden zurückübertragen will. Die Schranke dieses Wahlrechts wird dort gezogen, wo wegen möglicher Kollisionsansprüche die Belange von Drittsicherungsgebern betroffen sind.

6.1.4. Das Sicherungseigentum in der Insolvenz

Fraglich ist, welche Sicherheit die Sicherungsübereignung im Falle der Insolvenz bieten kann. Gemäß § 51 InsO besteht für Sicherungsgegenstände nur ein Absonderungsrecht, jedoch kein Aussonderungsrecht. Dies folgt daraus, dass Sicherungseigentum allein eine Verwertungsbefugnis gewährt. Der Kreditgeber muss das Absonderungsrecht gegenüber dem Insolvenzverwalter geltend machen. Im Gegensatz zum Aussonderungsrecht nach § 47 InsO kann der Absonderungsberechtigte den Sicherungsgegenstand nicht – wie bei der Aussonderung vorgesehen – aus der Masse herausverlangen, sondern hat lediglich einen Anspruch auf eine vorrangige Befriedigung. Dem Insolvenzverwalter steht es gemäß § 166 Abs. 1 InsO folglich zu, das in seinem Besitz befindliche Sicherungsgut selbst zu verwerten. Im Falle der Verwertung des Sicherungsguts durch den Verwalter steht dem Absonderungsberechtigten nicht der gesamte Verkaufserlös zu, da nach § 171 InsO pauschal 4 % des Erlöses als Feststellungskosten und 5 % des Erlöses als Verwertungskosten in die Masse fließen. Ist die Sicherungsübereignung innerhalb der letzten drei Monate vor dem Antrag auf Insolvenzeröffnung vereinbart worden, unterliegt diese der Insolvenzanfechtung nach §§ 130, 131 InsO.

Gerät der Kreditnehmer mit der Zahlung der fälligen Forderungen in Verzug und hat der Sicherungsnehmer eine angemessene Frist gesetzt, so kann der Kreditgeber die Sicherheit auch außerhalb der Insolvenz verwerten.

6.2. Die Sicherungsabtretung

Die Sicherungsabtretung ist eine fiduziarische (treuhänderische) Abtretung von Forderungen aller Art gemäß §§ 398 ff. BGB. Der häufigste Anwendungsfall bezieht sich auf die Besicherung von Betriebsmittelkrediten. Der Sicherungsabtretung können Kaufpreisforderungen, Forderungen aus erbrachten Dienstleistungen, aber auch Miet- und Lohnforderungen unterliegen. Bei der Sicherungsabtretung wird zwischen der Einzelabtretung (Singular-) und der Globalzession unterschieden. Bei der Singularzession geht es um die Abtretung einzelner Ansprüche, während die Globalzession eine Vielzahl von Forderungen umfasst. Zudem besteht im Rahmen der Sicherungsabtretung noch die Möglichkeit einer sogenannten Mantelzession.

6.2.1. Wesen der Abtretung

Die Sicherungsabtretung hat zwei zwingende Voraussetzungen:

Das der Abtretung zugrunde liegende Verpflichtungsgeschäft kann ein Kaufvertrag, eine Schenkung oder eine sonstige vertragliche Vereinbarungen sein. Häufigster Anwendungsfall ist in dem hier dargestellten Sachzusammenhang ein Darlehensvertrag gemäß § 488 BGB.

Ferner bedarf die Sicherungsabtretung darüber hinaus auch eines besonderen schuldrechtlichen Sicherungsvertrags, durch den hinsichtlich der Sicherung der schuldrechtlichen Forderung die beiderseitigen Pflichten geregelt werden. Hier ist zu beachten, dass der schuldrechtliche Sicherungsvertrag den Rechtsgrund für die Übertragung der Sicherheit (Forderung, Recht) darstellt.

Die Sicherungsabtretung bedeutet die dingliche Übertragung der Sicherheit selbst, also die Abtretung der Forderung gemäß § 398 BGB. Die Abtretung ist also ein Verfügungsgeschäft. Durch die Abtretung wechselt der Gläubiger einer Forderung. Der bisherige Gläubiger wird als Zedent bezeichnet, der neue Gläubiger als Zessionar.

Der Zedent verliert das Recht, die Forderung vom Schuldner zu verlangen, der Zessionar erwirbt es.

Für die abgetretene Forderung bestellte akzessorische Sicherheiten (Hypotheken, Pfandrechte, Bürgschaften) gehen kraft Gesetzes (vgl. § 401 BGB) mit der Forderung auf den Zessionar über.

Grundsätzlich darf jeder Anspruch abgetreten werden. Unwirksam sind gemäß §§ 399, 400 BGB hingegen Abtretungen von:

- höchstpersönlichen Ansprüchen (z. B. Urlaubsanspruch, Unterhalts- und Rentenansprüche);
- Ansprüchen, die auf eine besondere Vertrauensbeziehung beruhen;
- Forderungen, deren Abtretung durch Vereinbarung mit dem Schuldner ausgeschlossen ist;
- unpfändbaren Forderungen;
- Forderungen, deren Abtretung gesetzlich untersagt ist (z. B. §§ 473, 717 BGB).

Auch kann die Abtretung dem Zustimmungserfordernis des Drittschuldners unterliegen.

Grundsätzlich ist der Abtretungsvertrag formfrei, das gilt auch dann, wenn die abgetretene Forderung auf einem formpflichtigen Vertrag beruht. Der Vorteil der Sicherungsabtretung gegenüber der Verpfändung besteht darin, dass gegenüber dem Schuldner keine Anzeige erforderlich ist. Somit ist die Möglichkeit einer stillen Abtretung (Zession) gegeben. Einer Mitwirkung oder Information des Schuldners der abgetretenen Forderung bedarf es nicht (stille Zession) – Ausnahme: § 42 Abs. 2 AO).

Weiter ist zu beachten, dass ein gutgläubiger Forderungserwerb ausgeschlossen ist.

Für die Abtretung von Gesellschaftsanteilen sind die Besonderheiten von §§ 719 BGB, 105 Abs. 2, 161 Abs. 2 HGB zu beachten.

Soweit gesetzliche Bestimmungen einen zwingenden Forderungsübergang anordnen, handelt es sich um einen sogenannten gesetzlichen Forderungsübergang („cessio legis"). Auf ihn sind gemäß § 412 BGB die Bestimmungen zur Abtretung entsprechend anzuwenden (mit Ausnahme der §§ 405, 411 BGB).

Ergänzend sei noch angemerkt, dass dem Prioritätsprinzip entsprechend die Vorschriften der §§ 404, 406, 407 BGB zu beachten sind.

Auch die Abtretung künftiger Forderungen ist möglich (z. B. bei einer Globalzession und einem verlängerten Eigentumsvorbehalt – dazu unten).

6.2.2. Bestimmbarkeit und Individualisierung

Die Sicherungsabtretung bietet den Vorteil, dass die Abtretung der Forderung nach außen nicht kenntlich gemacht werden muss. Um dennoch eine Abgrenzung zwischen den beim Sicherungsgeber verbleibenden Forderungen und den abgetretenen Forderungen vornehmen zu können, fordert die Rechtsordnung eine Individualisierung der abgetretenen Forderungen. Hierfür ist Voraussetzung, dass die abgetretenen Forderungen bestimmt oder wenigstens bestimmbar sind.

Die Anforderungen an die Bestimmbarkeit können variieren, setzen aber mindestens voraus, dass die abgetretenen Forderungen teilbar sind, die einzelnen Teile bestimmt oder bestimmbar sind und dass sie sich von gleichartigen Rechten unterscheiden. Die Rechtsprechung hat der Rechtsunsicherheit des Begriffs der Bestimmbarkeit inzwischen einen festen Rahmen gegeben. So genügen Formulierungen wie z. B. „die Abtretung aller zukünftigen Einnahmen" nicht den Voraussetzungen der Anforderungen hinreichender Bestimmtheit oder Bestimmbarkeit. Dagegen ist es jedoch als ausreichend anzusehen, wenn bestimmt wird, dass der pfändbare Teil des Arbeitslohnes abgetreten werden soll. Diese Anforderungen gelten auch für die Abtretung zukünftiger Forderungen.

6.2.3. Verbot der Übersicherung, Freigabeverpflichtung

Die Sicherungsabtretung birgt als Instrument der Kreditsicherung auch die Gefahr der Übersicherung. Insbesondere durch die Möglichkeit einer Globalzession, die starken Schwankungen der Sicherungsmasse unterliegt, ist der Sicherungsgeber einer eventuellen Knebelung ausgesetzt, die nach § 138 BGB sittenwidrig ist. Übersicherung liegt vor, wenn der Wert der Sicherheiten das gesicherte Risiko deutlich übersteigt. Für die Balance zwischen zu sicherndem Risiko und einer Übersicherung ist die Freigabeverpflichtung eingeführt worden.

Eine Freigabeverpflichtung entsteht, wenn die Grenze für das Entstehen des Freigabeanspruchs nicht nur vorübergehend überschritten ist. Strittig ist, ob eine Freigabeklausel im Sicherungsvertrag entbehrlich ist, sofern die Deckungsgrenze eindeutig ist. Dies setzt aber zunächst eine Fixierung der Deckungsgrenze voraus, wofür die gleichen Grundsätze herangezogen werden, wie sie bei der Sicherungsübereignung Anwendung finden. Die analoge Behandlung wird auch daraus gefolgert, dass beide Sicherungsinstrumente revolvierende (sich stets erneuernde) Sicherheiten darstellen. Wie bei der Sicherungsübereignung ist eine konkret-individuelle Grenze zwischen Sicherungsnehmer und Sicherungsgeber unpraktikabel.

Schnell bestünde die Gefahr der Untersicherung des Sicherungsnehmers. Dem Zweck des Sicherungsvertrages wird allein eine abstrakt-generelle Deckungsgrenze gerecht. Ist nichts anderes vereinbart oder weist der Abtretungsvertrag eine unangemessene Deckungsgrenze auf, liegt sie bei 110 % der gesicherten Forderungen. Daraus folgt, dass für den Sicherungsgeber ein Freigabeanspruch entsteht, sofern der Schätzwert um 150 % überschritten wird. Ergänzend muss hier festgehalten werden, dass sich der Schätzwert aus dem Nominalwert der abgetretenen Forderungen zum Zeitpunkt der Entscheidung über das Freigabebegehren ergibt.

6.2.4. Verwertung

Kann der Sicherungsgeber seiner Pflicht zur Bedienung der Verbindlichkeiten nicht nachkommen, besteht der Sinn des Kreditsicherungsmittels darin, dass es verwertet wird. Aufgrund der Charakteristik der Sicherungsabtretung, wonach eine Offenlegung bis zum Sicherungsfall nicht erforderlich ist, unterliegt die Verwertung der Sicherungsabtretung der Besonderheit, dass zunächst der Sicherungsgeber darüber informiert werden muss, dass der Drittschuldner über die vollzogene Forderungsabtretung benachrichtigt wird. Der Grund hierfür liegt darin, dass der Sicherungsnehmer aufgrund des Sicherungsvertrags verpflichtet ist, die Abtretung nicht gegenüber den Drittschuldnern anzuzeigen („offen zu legen").

Wird allerdings das Sicherungsmittel der Sicherungsabtretung durch die Kredit gebende Bank verwertet, wird indessen zuvor die Abtretung durch das Versenden entsprechender Mitteilungen (Blankoanzeigen) offen gelegt. Mit diesem Vorgehen wird die stille Zession beendet. Nach der Offenlegung stehen dem Kreditinstitut aus der Sicherungsabtretung alle Rechte eines vollen Berechtigten der Forderungen zu. Insbesondere bedeutet dies, dass der Drittschuldner nicht mehr mit schuldbefreiender Wirkung an den ursprünglichen Gläubiger leisten kann. Jedoch ist § 404 BGB zu beachten – bitte lesen! Weiter hat der Drittschuldner wie bisher die Möglichkeit zur Aufrechnung mit Gegenforderungen nach § 406 BGB.

Verstößt der Sicherungsnehmer gegen Abreden aus dem Sicherungsvertrag, können aus diesem Verhalten Schadensersatzansprüche aus positiver Forderungsverletzung gemäß §§ 241 Abs. 2, 280 BGB erwachsen.

Bei der Verwertung muss der Sicherungsnehmer auf die berechtigten Interessen des Sicherungsgebers Rücksicht nehmen und die für den Sicherungsgeber günstigste Verwertungsmöglichkeit nutzen.

Durch die Verwertung erlischt die gesicherte Forderung in Höhe des Verwertungserlöses. Falls der Verwertungserlös die gesicherte Forderung der Höhe nach übersteigt, ist der Überschussbetrag an den Sicherungsgeber auszukehren.

6.3. Die Mantelzession

Unter einer Mantelzession (Mantelabtretung) versteht man die Abtretung gegenwärtiger Forderungen zur Sicherung der Ansprüche eines Kreditgebers. Werden diese Forderungen beglichen, so muss der Zedent immer wieder neue Forderungen vorlegen, um den Kredit abzusichern. Aus diesem Grunde werden bei der Mantelzession tägliche Debitorenlisten geführt, welche die Abtretung belegen. Diese Debitorenliste dient jedoch nur der Kontrolle. Bei einer Mantelzession tritt der Zedent also eine bestimmte Anzahl gegenwärtiger Forderungen in einem sogenannten „Mantel" an den Sicherungsnehmer ab und verpflichtet sich, zusätzlich fortdauernd zukünftige Forderungen nach deren Entstehung auf den Sicherungsnehmer zu übertragen. Bei der Begleichung der abgetretenen Forderungen tritt an deren Stelle mithin sofort eine neu entstandene Forderung. Die Verpflichtung, auch zukünftige Forderungen abzutreten, ist notwendig, da sich die Sicherheit verringert, wenn die ursprünglich abgetretenen Forderungen durch die Geschäftspartner des Sicherungsgebers beglichen werden. Zu beachten ist, dass die Abtretung der zukünftigen Forderungen erst nach deren Entstehung erfolgt und nicht bereits bei Vertragsschluss. Die Abtretung erfolgt der Einfachheit halber meist durch die Übersendung von Rechnungsdurchschriften oder Schuldnerlisten. Die Gefahr einer Mantelzession besteht darin, dass der Sicherungsnehmer nicht gegen Verfügungen des Sicherungsgebers über die zukünftigen Forderungen abgesichert ist.

6.4. Globalzession

Von großer wirtschaftlicher Bedeutung ist das Sicherungsmittel der Globalzession. Bei einer Globalzession tritt der Zedent alle gegenwärtigen und zukünftigen Forderungen aus bestimmten Rechtsgeschäften oder gegen bestimmte Drittschuldner ab. Dabei ist jedoch zu beachten, dass unter die Globalzession keine Forderungen fallen dürfen, die einem sogenannten „verlängerten" Eigentumsvorbehalt eines Lieferanten unterliegen.

Von einem „einfachen" Eigentumsvorbehalt ist zunächst auszugehen, wenn sich der Verkäufer einer beweglichen Sache das Eigentum bis zur

Zahlung des Kaufpreises vorbehalten hat (vgl. § 449 Abs. 1 BGB) Es ist in derartigen Fällen anzunehmen, dass das Eigentum unter der aufschiebenden Bedingung (vgl. § 158 Abs. 1 BGB) der vollständigen Zahlung des Kaufpreises übertragen wird.

Der verlängerte Eigentumsvorbehalt ist hingegen eine besondere Form des Eigentumsvorbehalts, bei der zusätzlich vereinbart wird, dass an die Stelle des Vorbehaltseigentums, wenn dieses erlischt, die neue Sache oder eine daraus entstehende Forderung treten soll. Der verlängerte Eigentumsvorbehalt ist ein gebräuchliches Mittel, um die Kaufpreisforderung des Verkäufers für die Fälle der Weiterveräußerung oder Verarbeitung zu sichern.

Durch Weiterveräußerung oder Verarbeitung der Sache kann der ursprüngliche Eigentümer sein Eigentum verlieren:

- bei Weiterveräußerung durch gutgläubigen Erwerb gemäß § 932 BGB;
- bei Verbindung, Vermischung oder Verarbeitung durch Realakt (§§ 946 bis 950 BGB)

Beim verlängerten Eigentumsvorbehalt ist es dem Erwerber gestattet, die Sache weiter zu veräußern und zu verarbeiten. Er muss den bestehenden Eigentumsvorbehalt nicht offen legen.

Zwei Fälle sind zu unterscheiden:

Für den Fall der *Verarbeitung* der Sache wird zwischen den Parteien vereinbart, dass der Verkäufer Hersteller der durch Verarbeitung neu hergestellten Sache sein soll. Dadurch wird er Eigentümer der neuen Sache.

Für den Fall der *Weiterveräußerung* tritt der Käufer gemäß § 398 BGB alle künftigen Forderungen aus dem Weiterverkauf an den Verkäufer ab (Vorausabtretung, Sicherungsabtretung).

Beispiel: Ein Großhändler verkauft Waren unter verlängertem Eigentumsvorbehalt an einen Einzelhändler, welcher dieser an seinen Kunden verkauft. Der Kunde wird gemäß § 932 BGB – gutgläubig – Eigentümer, die dem Einzelhändler zustehende Kaufpreisforderung steht aufgrund des verlängerten Eigentumsvorbehalts dem Großhändler zu.

Dies macht erforderlich, dass der Sicherungsvertrag eine dingliche Verzichtsklausel hinsichtlich des verlängerten Eigentumsvorbehalts beinhaltet. Die Interessenkollision zwischen Sicherungsabtretung und dem Sicherungsmittel des Eigentumsvorbehalts wird hier ausnahmsweise nicht nach dem Grundsatz des Prioritätsprinzips geregelt.

Wegen der umfassenden Wirkung von Globalzessionen sind besondere Anforderungen an den Inhalt zu stellen. So sind Globalzessionsverträge gemäß § 138 BGB sittenwidrig, wenn in ihnen Forderungen erfasst sind, die die Kreditnehmer ihren Lieferanten aufgrund verlängerten Eigentumsvorbehalts künftig abtreten müssen. Eine solche Vereinbarung würde das Verhalten zum Vertragsbruch und somit eine nicht vertretbare Handlungsweise provozieren. Allein der knebelnde Abtretungsvertrag genügt aber hierfür nicht. So muss für die Sittenwidrigkeit nach § 138 BGB weiter eine zu missbilligende Gesinnung der Beteiligten vorliegen. Eine derartige zu missbilligende Gesinnung ist regelmäßig dann gegeben, wenn es dem Sicherungsnehmer bekannt war oder er davon ausgegangen ist, dass der Zedent Waren bezieht, die unter einem Eigentumsvorbehalt stehen.

Diese Konstellation ist jedoch durch die in den Verträgen der Banken und Sparkassen regelmäßig vorhandene dingliche Teilverzichtsklausel ausgeschlossen, da hier von vornherein Forderungen ausgenommen sind, die einem branchenüblichen Eigentumsvorbehalt unterliegen. Die dingliche Teilverzichtsklausel sieht vor, dass von vornherein nur solche Forderungen von der Globalzession erfasst werden, die nicht unter die Vorausabtretung aus dem verlängertem Eigentumsvorbehalt fallen. Nur die dingliche Teilverzichtsklausel ist dazu geeignet, eine Sittenwidrigkeit der Globalzession zu vermeiden.

6.5. Die Verpfändung und AGB-Pfandrechte

Verpfändung ist die Begründung eines Pfandrechts durch Rechtsgeschäft. Zur Bestellung des Pfandrechts ist erforderlich, dass der Eigentümer die Sache dem Gläubiger übergibt und beide darüber einig sind, dass dem Gläubiger das Pfandrecht zustehen soll, vgl. §§ 1204 ff. BGB. Unter Pfandrecht wird ein zur Sicherung einer Forderung bestelltes dingliches Recht verstanden. Der Pfandgläubiger ist berechtigt, sich zur Verwertung des Pfands aus dem Erlös zu befriedigen. Ein Pfandrecht bedeutet daher ein Sicherungs- und Verwertungsrecht zugunsten eines Sicherungsnehmers.

Es wird hierbei zwischen dem Pfandrecht an beweglichen Sachen (§§ 1204 ff. BGB) und dem Pfandrecht an Rechten, insbesondere Forderungen (§§ 1273 ff. BGB), unterschieden. Die Anwendung des Pfandrechts an beweglichen Sachen ist in der Bankpraxis jedoch selten, da die Übergabe von Pfandgegen-ständen an die Bank oft mit erheblichem Aufwand verbunden ist. Die Versicherungsleistung aus z. B. einer Kapitallebensversicherung oder die Verpfändung eines Sparguthabens kann jedoch durchaus häufig Gegenstand einer Verpfändung sein, wenn ein Schuldner diese

Forderungen der Bank als Gläubigerin zur Sicherung der gegen ihn bestehenden Kreditforderungen verpfändet.

Die Verpfändung kommt im Gegensatz zur Abtretung nur bei einer konkret vorhandenen Forderung eines Gläubigers zustande und muss dem Schuldner als „der dritten Partei" (hier der Lebensversicherungsgesellschaft oder dem Kreditinstitut, bei dem das Spartguthaben geführt wird) ausdrücklich angezeigt werden. Die Verpfändung muss also durch eine Anzeige an den Schuldner „offen gelegt" werden – vgl. § 1280 BGB. Die Pfändung kommt dann zum Tragen, wenn der Schuldner seinen Verpflichtungen nicht nachkommt und der Gläubiger das Pfandrecht geltend macht. Im Rahmen der Gestaltung von Regelungen zur Verpfändung ist aber auch auf Besonderheiten wie den Pfandschutz Rücksicht zu nehmen. So unterliegen z. B. einige Formen der Lebensversicherungen einem besonderen Pfändungsschutz. Nach § 850 b Abs. 1 Nr. 4 ZPO dürfen z. B. von einer Sterbegeldversicherung 3.579 Euro nicht gepfändet werden.

§ 851 c ZPO regelt den Pfändungsschutz bei Altersrenten:

Ansprüche auf Leistungen, die aufgrund von Verträgen gewährt werden, dürfen nur wie Arbeitseinkommen gepfändet werden, wenn

- die Leistung in regelmäßigen Zeitabständen lebenslang und nicht vor Vollendung des 60. Lebensjahres oder nur bei Eintritt der Berufsunfähigkeit gewährt wird,
- über die Ansprüche aus dem Vertrag nicht verfügt werden darf,
- die Bestimmung von Dritten mit Ausnahme von Hinterbliebenen als Berechtigte ausgeschlossen ist und
- die Zahlung einer Kapitalleistung, ausgenommen eine Zahlung für den Todesfall, nicht vereinbart wurde.

Um dem Schuldner den Aufbau einer angemessenen Alterssicherung zu ermöglichen, kann er unter Berücksichtigung der Entwicklung auf dem Kapitalmarkt, des Sterblichkeitsrisikos und der Höhe der Pfändungsfreigrenze, nach seinem Lebensalter gestaffelt, jährlich einen bestimmten Betrag unpfändbar auf der Grundlage eines Vertrags bis zu einer Gesamtsumme von 238.000 Euro ansammeln.

Der Schuldner darf vom 18. bis zum vollendeten 29. Lebensjahr 2.000 Euro, vom 30. bis zum vollendeten 39. Lebensjahr 4.000 Euro, vom 40. bis zum vollendeten 47. Lebensjahr 4.500 Euro, vom 48. bis zum vollendeten 53. Lebensjahr 6.000 Euro, vom 54. bis zum vollendeten 59. Lebensjahr 8.000 Euro und vom 60. bis zum vollendeten 65. Lebensjahr 9.000 Euro jährlich ansammeln.

Übersteigt der Rückkaufwert der Alterssicherung den unpfändbaren Betrag, sind drei Zehntel des überschießenden Betrags unpfändbar.

Verpfändet der Pfandgeber Kapital, so sind die Einnahmen aus diesem Kapital dem Pfandgeber zuzuordnen und nicht dem Pfandnehmer. Allerdings verhält es sich umgekehrt, wenn vereinbart wurde, dass der Pfandnehmer das Kapital auf eigene Rechnung nutzen darf. Dann sind die Einnahmen dem Pfandnehmer zuzuordnen.

AGB-Pfandrechte der Banken und Sparkassen stellen ein weiteres Instrument der Besicherung von Forderungen dar. Das so vertraglich vereinbarte Pfandrecht an Wertpapieren und Sachen ist in Nr. 14 AGB-Banken und Nr. 21 AGB-Sparkassen geregelt. Das AGB-Pfandrecht setzt eine vorweggenommene Einigung zwischen dem Kreditgeber und dem Kunden hinsichtlich der Anerkennung der AGB und der Inbesitznahme von Sachen durch den Kreditgeber voraus. Das Pfandrecht sichert alle bestehenden und künftigen, auch bedingten oder befristeten, auch gesetzlichen Ansprüche der Bank gegen den Kunden, die diese im Zusammenhang mit der Geschäftsverbindung erwirbt sowie darüber hinaus auch Ansprüche gegen Dritte, für deren Verbindlichkeiten der Kunde persönlich haftet. Das Besondere ist also, dass dem AGB-Pfandrecht auch Ansprüche unterliegen, die aus der bankmäßigen Geschäftsverbindung zwischen dem Kunden und der Bank resultieren. Beim vereinbarten Pfandrecht wird nicht dahin gehend unterschieden, ob die eingebrachten Sachen im Eigentum des Kreditnehmers oder eines Dritten stehen. Unter Berücksichtigung der fehlenden Differenzierung kann der Kreditgeber gutgläubig ein Pfandrecht an fremden eingebrachten Sachen erwerben. Ausgeschlossen vom gutgläubigen Erwerb des Pfandrechts sind Sachen, die nur für einen bestimmten Zweck verwendet werden dürfen. Häufig werden AGB-Pfandrechte vereinbart, wenn es um die Sicherung von Wertpapierdepots und Kontoguthaben geht.

6.6. Die Grundpfandrechte

Auch Grundpfandrechte dienen der Besicherung. Im privaten Bereich wird häufig von Hypotheken, Grundschulden und auch Bauspardarlehen Gebrauch gemacht, wenn es um die Finanzierung von Grundstückskäufen und Bauvorhaben geht. Im Bereich der Unternehmensfinanzierung finden die Grundpfandrechte Anwendung bei der Besicherung von Investitionskrediten.

Grundpfandrechte sind dingliche Rechte an Grundstücken und grundstücksgleichen Rechten (z. B. Wohnungseigentum, Erbbaurecht) und erstrecken sich auch auf wesentliche Bestandteile (§§ 93, 94 BGB) und Zubehör (§ 97 BGB) des belasteten Grundstücks.

Ein Grundstück ist ein abgegrenzter Teil der Erdoberfläche, der im Grundbuch mit eigenem Grundbuchblatt geführt wird. Hiervon zu unterscheiden ist der vermessungstechnische Begriff des Flurstücks. Grundstücke werden in dem beim Amtsgericht (Grundbuchamt) geführten Grundbuch erfasst, wohingegen Flurstücke im Kataster erfasst werden. Das Grundbuch ist ein amtliches Register, welches die Rechtsverhältnisse eines Grundstücks darlegt und Auskunft darüber gibt, wer Eigentümer eines Grundstücks ist sowie welche Lasten und Beschränkungen auf einem Grundstück ruhen. Das Grundbuch ist ein öffentliches Register, in das derjenige, der ein berechtigtes Interesse nachweist, Einsicht nehmen und beglaubigte Grundbuchblattabschriften verlangen kann. Grundpfandrechte werden in Abteilung III des Grundbuchs eingetragen und stellen aus Sicht des Grundstückseigentümers eine Belastung, aus Sicht des Begünstigten ein dingliches Verwertungsrecht mit bevorrechtigter Rechtsstellung dar.

Das wesentliche Merkmal der Grundpfandrechte besteht darin, dass diese der Höhe nach durch Beleihungsgrundsätze fixiert sind, welche bei den Sparkassen aufsichtsrechtlich festgelegt sind. § 14 PfandBG legt für Hypotheken als Beleihungsgrenze 60 % des beliehenen Grundstücks fest. Dieser Sicherungswert legt damit auch die Höhe des Kredites fest.

6.6.1. Die Hypothek

In der Praxis der Kreditbesicherung ist die Hypothek von der Grundschuld schon fast vollständig verdrängt worden. Nur sehr wenige Kredite werden in der Bankpraxis heute noch durch Hypotheken gesichert. Die Gründe sind in der breiteren Flexibilität der Grundschuld und dem weiteren Gestaltungsspielraum wegen fehlender Akzessorietät zu sehen. Zudem kann die Hypothek nicht von vornherein durch den Grundstückseigentümer bestellt werden. Dennoch wird auch wegen der grundsätzlichen Bedeutung und der umfangreichen Normen im BGB im folgenden Abschnitt auf die Entstehung und die praktische Handhabung der Hypothek eingegangen.

In der Regel stellt die Hypothek die Belastung eines Grundstückes dar. Es gibt allerdings auch Ausnahmefälle, in denen auch für bewegliche Sachen Hypotheken (jedoch keine Grundschuld) bestellt werden können. Dies gilt für die Schiffshypothek und die Flugzeughypothek. Eine Schiffshypothek kann an See- und Binnenschiffen bestellt werden, wenn das Schiff im

Schiffsregister des Amtsgerichtes des Heimathafens eingetragen ist. Eine Flugzeughypothek ist eine Spezialhypothek, bei welcher das Flugzeug als notfalls verwertbare Sicherheit für die herausgelegten Kredite dient.

6.6.1.1. Entstehung

Die Hypothek entsteht durch Einigung zwischen dem Kreditgeber und dem Kreditnehmer gemäß §§ 873, 1113 BGB. Bei der Buchhypothek richtet sich die Einigung nach § 1116 Abs. 2 BGB. Da die Hypothek ein streng akzessorisches – d. h. von Bestand und Höhe der zu besichernden Forderung abhängiges – Sicherungsmittel ist, hängt sie zwingend vom Bestehen einer zu sichernden Forderung ab. Liegt eine zu sichernde Forderung nicht vor oder entsteht diese erst zu einem späteren Zeitpunkt, tritt an die Stelle der Hypothek eine Eigentümergrundschuld gemäß §§ 1163, 1177 BGB, diese steht dem Eigentümer solange zu, bis die zu sichernde Forderung entstanden ist. Das wirksame Entstehen der Hypothek setzt weiter die Eintragung in das Grundbuch gemäß §§ 873, 1115 BGB voraus.

Voraussetzung für eine Eintragung in das Grundbuch ist zunächst, dass der Besteller der Hypothek auch dazu berechtigt ist. Die Vertragsparteien müssen sich zum Zeitpunkt der Eintragung in das Grundbuch über die Eintragung der Hypothek einig sein. Liegt die besondere Situation einer nachträglichen Verfügungsbeschränkung vor, findet § 878 BGB Anwendung. Wird die Hypothek durch einen Nichtberechtigten bestellt, so ist ein gutgläubiger Erwerb der Hypothek gemäß § 892 BGB möglich. Allein der öffentliche Glaube des Grundbuchs kann hier die fehlende Berechtigung zur Eintragung des Sicherungsrechtes heilen. Der gesetzliche Normalfall ist mit der Vereinbarung einer Briefhypothek gemäß § 1116 BGB festgeschrieben. Ist zwischen dem Kredit- und dem Sicherungsgeber die Bestellung einer Briefhypothek gemäß § 1117 BGB vereinbart, so ist die Übergabe des Hypothekenbriefes erforderlich. Die Vertragsparteien können jedoch gemäß § 1116 Abs. 2 BGB die Erteilung dieses Hypothekenbriefes ausschließen.

6.6.1.2. Übertragung der Hypothek

Das Sicherungsmittel der Hypothek kann auch auf Dritte übertragen werden. Nach § 1154 BGB erfolgt die formgerechte Abtretung durch einen gesetzlichen Forderungsübergang gemäß § 1153 Abs. 1 BGB. Damit findet die besondere Eigenschaft der strengen Akzessorietät der Hypothek ihre gesetzliche Verankerung. Bei der Abtretung muss zwischen Brief- und Buchhypothek unterschieden werden. Bei der Briefhypothek bedarf es einer schriftlichen Abtretungserklärung und der Briefübergabe gemäß § 1117 BGB. Bei der Buchhypothek genügt die Eintragung der Abtretung in das Grundbuch gemäß § 1154 Abs. 3 BGB. In beiden Fällen der Abtretung der Hypothek muss der Abtretende auch Inhaber der Forderung sein.

Auch im Sicherungsrecht kommt es vor, dass es an der Berechtigung des Verfügenden fehlt. So handelt es sich um einen Erwerb vom Nichtberechtigten, wenn der Abtretende zwar Inhaber der Forderung, aber nicht Inhaber der Hypothek ist. Dies ist der Fall, wenn die Einigung zwischen den Parteien oder die Übergabe des Hypothekenbriefes fehlerhaft gewesen sind. Der Erwerb der Hypothek vom Nichtberechtigten richtet sich nach § 892 BGB.

Erwerb von Nichtberechtigten liegt auch vor, wenn der Abtretende nicht Inhaber der Forderung (und damit auch nicht Inhaber der Hypothek) ist. In dieser Situation wird in Ansehung der Hypothek die Forderung gemäß § 1138 1. Alt. BGB unter den Voraussetzungen des § 892 BGB fingiert. Gemäß § 1153 BGB geht mit diesem fingierten Forderungserwerb die Hypothek auf den Erwerber über.

Der dritte Fall des Erwerbs vom Nichtberechtigten kann dann vorliegen, wenn der Abtretende weder Inhaber der Forderung noch Inhaber der Hypothek ist. Hier spricht man von der fehlerhaften Entstehung von Forderung und Hypothek. Auch in dieser Konstellation wird die Forderung gemäß §§ 1138 1. Alt., 892 BGB fingiert und der Mangel der Berechtigung hinsichtlich der Hypothek gemäß § 892 BGB überwunden.

6.6.1.3. Einreden des Eigentümers

Sinn und Zweck der Hypothek ist der Sicherungscharakter für den Kreditgeber. Gemäß § 1147 BGB muss der Eigentümer bei Fälligkeit der Hypothek die Zwangsvollstreckung in das Grundstück dulden. Gegen dieses Vorgehen stehen dem Eigentümer der Hypothek bestimmte Einreden zu, mit denen die Durchsetzung verhindert werden kann.

Der persönliche Schuldner kann dem Hypothekengläubiger Einreden entgegen halten, die sich nach § 1137 BGB richten. So kann der Schuldner die Einrede einer ihm zustehenden Forderung erheben. Unter den Voraussetzungen der §§ 1137, 1138 2. Alt. BGB ist jedoch ein gutgläubiger einredefreier Forderungserwerb möglich.

Der Eigentümer kann dem Hypothekengläubiger auch Einreden entgegenhalten, die ihm gegenüber der Hypothek zustehen. Diese Einreden können gemäß § 1157 S. 1 BGB auch gegenüber demjenigen Hypothekengläubiger erhoben werden, an den die Hypothek abgetreten worden ist, es sei denn, er hat sie nicht gutgläubig einredefrei erworben, §§ 1157 S. 2, 892 BGB.

6.6.1.4. Zahlung bei Hypothek

Ist der Schuldner mit dem Eigentümer identisch, so erlischt die Forderung durch Erfüllung gemäß § 362 BGB. In der Folge wandelt sich die Hypothek in eine Eigentümergrundschuld gemäß §§ 1163 Abs. 1, 1177 BGB. Sind Eigentümer und Schuldner nicht identisch, so erlischt die Forderung durch Erfüllung gemäß § 362 BGB, wenn der Schuldner auf die Hypothek hin zahlt. In diesem Fall entsteht wiederum eine Eigentümergrundschuld gemäß §§ 1163 Abs. 1, 1177 BGB. Das Entstehen einer Eigentümergrundschuld ist jedoch ausgeschlossen, wenn dem Schuldner ein Regressanspruch gegen den Eigentümer zusteht, der nach § 1164 BGB gesichert wird.

Zahlt der Eigentümer, geht die Forderung gemäß § 1143 Abs. 1 BGB auf den Eigentümer über und damit auch die Hypothek gemäß § 1153 Abs. 1 BGB. Abermals entsteht also eine Eigentümergrundschuld gemäß § 1177 Abs. 2 BGB.

Zahlt ein ablösungsberechtigter Dritter auf die Forderung, so tritt die Rechtsfolge gemäß §§ 1150, 268 BGB ein. Gemäß § 268 Abs. 3 BGB geht die Forderung über. Damit erwirbt der Dritte gemäß §§ 401, 412, 1153 Abs. 1 BGB die Hypothek.

6.6.1.5. Verwertung

Vor der Fälligkeit der gesicherten Forderung darf der Hypothekengläubiger nicht auf das belastete Grundstück zugreifen, ihm stehen weder ein Besitz- noch ein Nutzungsrecht an diesem Grundstück zu.

Zur Beurteilung, ob eine Verwertung zulässig ist, muss auf die Fälligkeit der Forderung abgestellt werden, da die Fälligkeit der Hypothek aufgrund der Akzessorietät (Abhängigkeit des Nebenrechts von dem zugehörigen Hauptrecht) durch diese festgelegt wird und nicht vor dieser eintreten kann.

Um die Verwertungsreife zu erreichen, ist in der Regel eine Kündigung des Kreditvertrages durch den Gläubiger erforderlich, die der vertraglich vorgesehenen Form entspricht. Hierdurch erfolgt wegen der Akzessorietät der Hypothek zugleich auch eine Kündigung des Sicherungsvertrages. Weiterhin muss sich der Gläubiger, soweit es sich nicht nur um die Geltendmachung von Zinsen handelt, gemäß § 1160 BGB auf Verlangen als Inhaber der Hypothek ausweisen.

Nach dem Eintritt der Verwertungsreife erfolgt die Realisierung der Hypothek in den Formen der Zwangsvollstreckung. Durch die Realisierung erlöschen die gesicherte Forderung und die Hypothek. Etwas anderes gilt nur dann, wenn der Schuldner und der Eigentümer nicht identisch sind; in diesem Fall geht die gesicherte Forderung, allerdings ohne die bereits erloschene Hypothek, auf den Eigentümer über (§ 1181 BGB).

6.6.2. Die Grundschuld

Die Grundschuld – § 1191 BGB – ist als dingliches Sicherungsrecht besonders geeignet, Forderungen grundpfandrechtlich zu besichern, die ihrer Höhe nach schwanken, und als Sicherheit nicht nur für eine bestimmte, sondern für eine Vielzahl wechselnder Forderungen gegenüber dem Grundstückseigentümer oder auch Dritten zu dienen. Dabei ist es besonders praktikabel, dass die Konditionen der Vertragsparteien wechseln können. Diese hohe Flexibilität der Grundschuld resultiert daraus, dass sie – anders als die Hypothek – nicht akzessorisch ist, d. h. sie ist nicht vom Bestand einer Forderung abhängig.

Von Vorteil ist weiter, dass die Grundschuld gemäß § 1196 BGB von vornherein durch den Eigentümer bestellt werden kann. Die sogenannte Eigentümergrundschuld wird dann automatisch zur Fremdgrundschuld, wenn der Eigentümer sie auf einen Dritten überträgt. Mit der Bestellung einer Eigentümergrundschuld kann der Eigentümer selbst ein zusätzliches Kreditsicherungsmittel schaffen. Es ist auch möglich, die Grundschuld für mehrere Personen in Bruchteils- oder Gesamthandsgemeinschaft zu bestellen.

Die Grundschuld kann mit einer Bedingung oder Befristung belegt sein.

Belastungsobjekte sind in der Regel Grundstücke, Miteigentumsanteile einschl. Wohnungseigentum gemäß §§ 1114, 1192 Abs. 1 BGB und grundstücksgleiche Rechte wie z. B. Erbbaurechte. In der Regel kann ein Grundstück nur mit einer Gesamtgrundschuld gemäß §§ 1114, 1192 Abs. 2 BGB als Kreditsicherheit zur Verfügung gestellt werden. Sind gemäß § 1191 Abs. 2 BGB Zinsen von der Geldsumme sowie anderen Nebenleistungen vereinbart, so verjähren diese nach drei Jahren, §§ 195, 199 Abs. 1 BGB. Die Frist beginnt mit dem Schluss des Jahres, in dem die Grundschuld bestellt wurde, bzw. mit deren Eintragung in das Grundbuch. Nebenleistungen sind gemäß § 1119 Abs. 2 BGB (%- Satz /einmalig) zu verzinsen.

6.6.2.1. Entstehen der Grundschuld

Die Entstehung der Grundschuld richtet sich nach deren vereinbarter Form. Wie bei der Hypothek können auch hier Kreditgeber und Sicherungsgeber zwischen einer Buchgrundschuld und einer Briefgrundschuld wählen. Der „Normalfall" der Briefgrundschuld ist in §§ 1192 Abs. 1, 1116 Abs. 2 BGB geregelt. Ist eine Buchgrundschuld zwischen dem Kreditgeber und dem Sicherungsgeber vereinbart, bedarf es der Einigung zwischen dem Grundstückseigentümer und dem Gläubiger der Forderung. Des Weiteren muss die Buchgrundschuld in das Grundbuch eingetragen sein. Haben sich die Parteien auf die Bestellung einer Briefgrundschuld verständigt, kommt zu den Voraussetzungen der Einigung und Eintragung noch die Übergabe des Grundschuldbriefes.

Auch die Entstehung der Grundschuld setzt – wie bei Verträgen üblich - Angebot und Annahme gemäß §§ 145 - 155 BGB voraus. Die Parteien können sich bei der grundsätzlich formfreien Entstehung der Grundschuld vertreten lassen. Soll die Grundschuld notariell beurkundet werden, sind die Voraussetzungen von § 873 Abs. 2 BGB zu beachten.

Die Einigung über die Entstehung einer Grundschuld birgt nicht nur rechtliche Vorteile im Sinne von § 107 BGB. Aus diesem Grunde bedarf es bei Minderjährigen der familiengerichtlichen Genehmigung gemäß §§ 1821 Abs. 1 Nr.1, 1643 Abs. 1, 1915 Abs. 1, 1908 i BGB.

Die Eintragung auf Antrag durch den Eigentümer oder Grundschuldgläubiger in das Grundbuch muss folgende Daten enthalten:

- Eintragung der Einigung;
- Angabe des Gläubigers;
- Geldbetrag und Zinssatz, §§ 873, 1192 Abs. 1, 1115 Abs. 1 BGB;
- eine eventuell bestehende Rangvereinbarung, § 879 Abs. 3 BGB.

Bis zur Eintragung der Grundschuld in das Grundbuch kann diese einseitig widerrufen werden. Ist die Einigung über die Bestellung jedoch durch einen Notar beurkundet worden, sind die Parteien an sie gemäß § 873 Abs. 2 BGB gebunden. Zur Bestellung der Grundschuld ist nur der nicht in der Verfügung beschränkte Eigentümer berechtigt. Eine nachträgliche Verfügungsbeschränkung gemäß § 878 BGB hat keine Auswirkungen auf die Wirksamkeit der Eintragung der Grundschuld.

6.6.2.2. Einwendungen und Einreden gegen die Grundschuld

Der gutgläubige einredefreie Erwerb einer Grundschuld ist ausgeschlossen – vgl. § 1157 BGB. Der Eigentümer kann dem Anspruch aus §§ 1192 Abs. 1, 1147 BGB vielmehr Einwendungen und Einreden gegen die Grundschuld entgegenhalten.

Eine Einwendung ist die Geltendmachung von Tatsachen, aus denen sich ergibt, dass die Grundschuld entweder niemals entstanden ist oder nachträglich erloschen oder unwirksam geworden ist. Dies ist beispielsweise der Fall, wenn die Grundschuld aufgrund fehlender Geschäftsfähigkeit nicht zustande gekommen ist oder sich eine zunächst entstandene Grundschuld kraft Gesetz in eine Eigentümergrundschuld umgewandelt hat.

Im Falle der Abtretung der Grundschuld können zunächst alle diejenigen Einreden, die dem Eigentümer gegen den alten Grundschuldgläubiger zustanden, auch dem neuen Grundschuldgläubiger entgegengehalten werden, wenn sie sich

    1. aus dem Grundbuch oder dem Grundschuldbrief ergeben

    2. oder dem Zessionar bekannt sind, §§ 1192 Abs. 1, 1157 S. 2, 892 BGB.

Nach §§ 1192 Abs. 1 a, 1157 BGB können aber ferner auch alle Einwendungen und Einreden, die dem Eigentümer (Kreditnehmer) aufgrund des Sicherungsvertrags mit dem bisherigen Gläubiger gegen die Grundschuld zustehen oder sich aus dem Sicherungsvertrag – insbesondere aus der Zweckbestimmungserklärung – ergeben, auch dem neuen Inhaber der Grundschuld entgegengesetzt werden.

6.6.2.3. Haftungsverband bei der Grundschuld

Die Grundschuld ist, wie bereits dargestellt, auch für eine Vielzahl von bestimmbaren Forderungen ein geeignetes Sicherungsmittel. Fraglich ist daher die genaue Bestimmung des Haftungsumfangs der Grundschuld. Im Haftungsumfang (dinglicher Haftungsverbund) der Grundschuld sind Grundstück und alle wesentlichen Bestandteile, §§ 93 – 95 BGB, d. h. fest verbundene Sachen (Gebäude), § 94 Abs. 1 BGB, eingefügte Sachen, § 94 Abs. 2 BGB und sonstige Bestandteile, §§ 1120, 953 BGB enthalten. Der Haftungsumfang erstreckt sich daneben auch auf das Zubehör gemäß § 97 BGB. Zubehör sind nach dem Gesetz *bewegliche Sachen, die, ohne Bestandteil der Hauptsache zu sein, dem wirtschaftlichen Zweck der Hauptsache zu dienen bestimmt sind und zu ihr in einem dieser Bestimmung entsprechenden räumlichen Verhältnis stehen.* Zubehör, das nicht im Eigentum des Grundstückseigentümers steht, gehört gemäß § 1120 Abs. 2 BGB nicht zum Haftungsumfang der Grundschuld.

Ebenso in den Haftungsumfang der Grundschuld fallen:
- Miet- und Pachtzinsen gemäß § 1123 BGB;
- Versicherungsforderungen gemäß §§ 1127, 1128 BGB;
- wiederkehrende Leistungen gemäß § 1126 BGB;
- Entgelte für Dauerwohnrechte gemäß § 40 WEG.

Bis zur Beschlagnahme kann der Eigentümer frei über die Sachen gemäß §§ 1121, 1122, 1123 BGB verfügen. Nach einer eventuellen Beschlagnahme hat der Eigentümer jedoch ein Veräußerungsverbot gemäß §§ 135, 136, BGB zu beachten. Zu diesem Zeitpunkt ist jedoch noch ein lastenfreier gutgläubiger Erwerb durch einen Dritten möglich. Dies folgt aus §§ 1121 Abs. 2, 23 ZVG, 136, 135 Abs. 2, 936 BGB.

Diese strengen Regelungen zur Enthaftung durch den Eigentümer dienen dem Schutz des Grundschuldgläubigers vor Entwertung, §§ 1192 Abs. 1, 1133 – 1135 BGB.

6.6.2.4. Die Sicherungszweckerklärung

Die Sicherungszweckerklärung stellt das Bindeglied zwischen dem Sicherungsvertrag, auch Sicherungsabrede genannt, und der Grundschuldbestellung selbst dar. Sinn der Sicherungszweckerklärung ist, die Lücke zu füllen, die durch das Fehlen der Akzessorietät zwischen der zu sichernden Forderung und der Bestellung der Grundschuld entsteht. Die Sicherungszweckerklärung ist nicht an die Einhaltung einer bestimmten Form gebunden und kann auch konkludent vereinbart werden. Im Bankrecht wird der Begriff der „erweiterten Sicherungsabrede" verwendet. Darunter wird die explizite Ausstellung einer gesonderten Urkunde für die Sicherungszweckerklärung verstanden, die der Sicherung aller bestehenden und künftigen, auch bedingten und befristeten Forderungen der Bank gegen den Kreditnehmer aus der gesamten Geschäftsverbindung dient. Dabei darf die Sicherungszweckerklärung weder eine überraschende Klausel gemäß §§ 305 c BGB darstellen noch den Sicherungsgeber gemäß § 307 Abs. 1 und 2 BGB unangemessen benachteiligen. Eine überraschende Klausel kommt nicht in Betracht, wenn der Kreditnehmer gleichzeitig der Sicherungsgeber ist. Stellt indessen jedoch ein Dritter (z. B. der Vater des Kreditnehmers) die Grundschuld auf seinem nicht im Eigentum des Schuldners stehenden Grundstück als Sicherheit zur Verfügung, liegt hier grundsätzlich eine überraschende Klausel und eine unangemessene Benachteiligung des Drittsicherungsgebers vor. Bei einer sogenannten „weiten Zweckerklärung" hat daher eine Korrektur nach Maßgabe der gesetzlichen Bestimmungen zum AGB-Recht zu erfolgen. Dies ist der Fall, wenn sich die Grundschuldhaftung des Drittsicherungsgebers formularmäßig über den durch den konkreten Anlass des Geschäfts bestimmten Rahmen hinaus auf alle bestehenden und künftigen Ansprüche der Bank gegen den Kreditnehmer aus der gesamten Geschäftsverbindung beziehen soll. Nach der Rechtsprechung des BGH ist eine derartige Regelung grundsätzlich „überraschend" i.S.v. § 305 c BGB, weil man mit ihr nicht zu rechnen braucht. Darüber hinaus stellt sie wegen der Abweichung vom gesetzlichen Leitbild des § 767 Abs. 1 S. 3 BGB auch eine „unangemessene Benachteiligung" gemäß § 307 Abs. 1 und 2 BGB dar. Wird ein weiter Sicherungszweck vereinbart, obwohl nur der enge Sicherungszweck zulässig gewesen wäre, reduziert sich die Haftung des Drittsicherungsgebers auf den Anlasskredit. Man spricht auch in diesem Zusammenhang von der zu Bürgschaften ergangenen „Anlassrechtsprechung" des BGH. Hierzu sei ergänzend auf die Ausführungen im Kapitel 5.1.3 zum Recht der Bürgschaft verwiesen.

6.6.2.5. Zahlung auf die Grundschuld

Dem Zweck nach dient die Bestellung einer Grundschuld der Sicherung eines Kredites. Bei der Rückzahlung des Krediites ist aufgrund entsprechender vertraglicher Vereinbarungen in den jeweiligen Verträgen davon auszugehen, dass Zahlungen des Kreditnehmers auf die Forderung – und nicht auf die Grundschuld – erfolgen. Mit der vollständigen Zahlung erlischt daher die Forderung gemäß § 362 BGB. Das Recht zur Tilgungsbestimmung ergibt sich aus § 366 BGB. Weichen die Bestimmungen zur Tilgung von den im Sicherungsvertrag getroffenen Vereinbarungen erkennbar ab, steht dem Gläubiger ein Zurückweisungsrecht zu.

Die Rechtsfolge der – ausnahmsweisen – Zahlung auf die Grundschuld ergibt sich aus § 1143 BGB: Hat der Eigentümer der Grundschuld auf die Grundschuld gezahlt, der zugleich persönlicher Schuldner ist, so geht die Grundschuld kraft Gesetzes auf den Eigentümer über. Die Forderung erlischt. Die Grundschuld geht ebenfalls auf den Eigentümer über, wenn der Eigentümer auf die Grundschuld zahlt, der nicht persönlicher Schuldner ist. Dann jedoch erlischt die Forderung nicht. Allerdings darf der Grundschuldgläubiger aus der ihm verbliebenen Forderung nicht mehr vorgehen, sondern muss sie an den Eigentümer abtreten. Ein Übergang der Grundschuld auf den Eigentümer erfolgt auch, wenn der persönliche Schuldner auf die Grundschuld zahlt, der nicht der Eigentümer ist, es sei denn, die Zahlung ist als Leistung eines Dritten zu beurteilen. Die Forderung erlischt nicht.

Erfolgt die Zahlung auf die Grundschuld durch einen hinsichtlich der Grundschuld ablösungsberechtigten Dritten gemäß § 268 Abs. 1 S. 1 BGB, erwirbt dieser gemäß §§ 1192 Abs. 1, 1150, 268 Abs. 3 S. 1 BGB die Grundschuld. Zu beachten ist hierbei jedoch, dass die gesicherte Forderung nicht erlischt. Ist dagegen der Dritte nicht zur Ablösung berechtigt, erwirbt der Eigentümer sie als Eigentümergrundschuld. Auch in diesem Fall erlischt die Forderung jedoch nicht.

6.6.2.6. Zahlung auf die Forderung bei der Grundschuld

Wird – egal von wem – auf die Forderung gezahlt, erlischt diese durch Erfüllung, § 362 BGB. Nur bei Leistung durch einen ablösungsberechtigten Dritten geht die Forderung auf den Dritten über, § 268 Abs. 3 BGB. Wegen der Bestimmung des § 401 BGB geht die Grundschuld jedoch nicht auf den Dritten über. Vielmehr bleibt sie bestehen, ist aber ab diesem Zeitpunkt mit einer dauernden Einrede behaftet, weil der Grundschuldgläubiger aufgrund Vereinbarung oder kraft Gesetzes zur Rückgewähr verpflichtet ist. Hat der Eigentümer auf die Forderung gezahlt, kann er Rückgewähr der Grundschuld an sich verlangen. Hat der persönliche Schuldner auf die Forderung gezahlt, so kann er Rückgewähr an den Eigentümer verlangen.

Ist der Eigentümer dem Dritten gegenüber zur Zahlung verpflichtet, so kann der persönliche Schuldner vom Eigentümer die Abtretung des Rückgewähranspruchs verlangen.

Hat der ablösungsberechtigte Dritte auf die Forderung gezahlt, kann er die Abtretung der Grundschuld an sich verlangen, damit diese die kraft Gesetzes gemäß § 268 Abs. 3 BGB auf ihn übergegangene Forderung sichert. Der ablösungsberechtigte Dritte kann aber auch verlangen, dass die Rückgewähr an den Eigentümer erfolgt. Hinsichtlich der Erfüllung des Rückgewähranspruchs verpflichtet sich die Bank in der Regel dazu ausdrücklich in den vertraglichen Vereinbarungen.

6.6.2.7 Der Rückgewähranspruch

Ein schuldrechtlicher Rückgewähranspruch aus dem zwischen der Bank und den Sicherungsgeber abgeschlossenen Sicherungsvertrag entsteht neben dem soeben behandelten Hauptfall der Zahlung auf die Forderung auch bei einem unwirksamen Sicherungsvertrag oder bei einer endgültigen Nichtvalutierung des zu besichernden Darlehens. Bei teilweiser Erledigung des Sicherungszweckes besteht ein Anspruch auf eine Teilfreigabe der Grundschuld. Der Rückgewähranspruch steht dem Sicherungsgeber zu, der nicht mit dem Eigentümer identisch sein muss. Wird irrtümlicherweise die Grundschuld statt an den Sicherungsgeber an den Eigentümer zurückgewährt, besteht ein Schadensersatzanspruch des Sicherungsgebers gegen die Bank als Sicherungsnehmer.

Der Gläubiger des Rückgewähranspruchs hat ein Wahlrecht zwischen folgenden drei Formen von Rückgewähransprüchen:

- Er kann gemäß §§ 1168, 1192 Abs. 1 BGB einen *Verzicht* auf die Grundschuld verlangen.
- Er kann nach §§ 1183, 875, 1192 Abs. 1 BGB die Bewilligung der *Löschung* der Grundschuld verlangen.
- Er kann aufgrund von §§ 1154, 1192 Abs. 1 BGB eine *Abtretung* der Grundschuld an sich oder an einen Dritten verlangen.

In den Sicherungsverträgen der Banken wird der Rückgewähranspruch des Sicherungsgebers häufig auf die Löschung oder den Verzicht beschränkt.

6.6.2.8. Die Kündigung der Grundschuld

Das Grundschuldkapital wird erst nach vorheriger Kündigung fällig – § 1193 Abs. 1 S. 1 BGB. Das Kündigungsrecht steht sowohl dem Eigentümer als auch dem Gläubiger zu (§ 1193 Abs. 1 S. 2 BGB).

Die Kündigungsfrist beträgt nach § 1193 Abs. 1 S. 3 BGB sechs Monate.

Abweichende Bestimmungen sind gemäß § 1193 Abs. 2 BGB zwar grundsätzlich zulässig, nicht aber bei den banküblichen Sicherungsgrundschulden. Die in Grundschuldbestellungsurkunden früher übliche Formulierung „Die Grundschuld ist sofort fällig" ist daher nicht mehr zulässig, auch Banken müssen daher ihre Grundschulden vor einer etwaigen Verwertung stets mit einer Frist von sechs Monaten kündigen.

6.6.2.9. Die Verwertung der Grundschuld

Die Grundschuld ist ein Kreditsicherungsmittel. Liegen die entsprechenden Voraussetzungen vor, so erfolgt die Verwertung der Grundschuld durch Zwangsversteigerung oder Zwangsverwaltung nach §§ 704 ff. der Zivilprozessordnung (ZPO). Dazu bedarf es eines Titels, einer Klausel und der notwendigen Zustellung an den Sicherungsgeber. Den Titel erhält der Kreditgeber bereits mit der Bestellung der Grundschuld, da regelmäßig in der Bestellungsurkunde gleichzeitig eine Unterwerfung des Schuldners unter die sofortige Zwangsvollstreckung vereinbart ist (vgl. § 800 ZPO). Die Erteilung einer vollstreckbaren Ausfertigung der Bestellungsurkunde ist ebenfalls in der Urkunde von den Parteien vereinbart worden.

Das Zwangsversteigerungsverfahren beginnt mit der Beschlagnahme des Grundstücks und endet mit einer endgültigen Verwertung des Sicherungsgrundstücks und Auskehrung des Versteigerungserlöses an den Sicherungsnehmer. Die Anordnung der Zwangsversteigerung gilt zugunsten des Gläubigers als Beschlagnahme des Grundstücks. Die Beschlagnahme enthält ein Veräußerungs- und Belastungsverbot für den Sicherungsgeber. Zudem ist die Beschlagnahme, die sich auf alle durch die Grundschuld erfassten Gegenstände bezieht, im Grundbuch zu vermerken. Ist das Grundstück verwertet worden, so sind mit dem Verwertungserlös die Ansprüche in der eingetragenen Reihenfolge des Grundbuchs zu befriedigen. Vor Befriedigung der eingetragenen Gläubiger sind jedoch die Verfahrenskosten zu begleichen. Dies folgt aus § 109 des Gesetzes über die Zwangsversteigerung und die Zwangsverwaltung (ZVG). Auch Interessen des Sicherungsgebers sind in angemessener und zumutbarer Weise von der Bank zu beachten, sodass die Belange des Kreditnehmers entsprechende Berücksichtigung finden können. Im Insolvenzverfahren sind kreditgebende Gläubiger gemäß § 10 Abs. 1 Nr. 1 a ZVG zur Abführung eines Prozentsatzes des Erlöses verpflichtet. Der Vollständigkeit halber soll erwähnt werden, dass die Zwangsversteigerung gemäß § 150 ZVG einem Zwangsverwalter obliegt.

Das Zwangsverwaltungsverfahren dient dagegen der Verwertung laufender Erträge eines Sicherungsgrundstücks, wie z. B. Mieten und Pachten.

Zur Vertiefung empfohlene Literatur

Claussen, Carsten P., Bank- und Börsenrecht für Studium und Praxis, 3. Aufl. 2008

Derleder, Peter / Knops, Kai-Oliver / Bamberger, Heinz G., Handbuch zum deutschen und europäischen Bankrecht, 2003

Kümpel, Siegfried, Bank- und Kapitalmarktrecht, 4. Aufl. 2010

Finanz Colloquium Heidelberg, Kontoführung & Zahlungsverkehr, 3. Aufl. 2008

Fischer, Reinfrid / Klanten, Thomas, Bankrecht, Grundlagen der Rechtspraxis, 4. Aufl. 2010

Grill, Wolfgang / Perczynski, Hans, Wirtschaftslehre des Kreditwesens, 43. Aufl. 2010

Herbst, Gerhard / Lang, Volker, Legitimationsfragen in der Praxis, 11. Aufl. 2008

Krepold, Hans-Michael/ Fischbeck, Sandra, Bankrecht: Konto / Zahlungsverkehr / Darlehensvertrag / Kreditsicherheiten / Übungsklausuren, 1. Auflage 2009

Lwowski, Hans-Jürgen / Gößmann, Wolfgang, Kreditsicherheiten, Grundzüge für die Praxis, 8. Aufl. 2003;

Moldenhauer, Annette, Realsicherheiten, 4. Aufl. 2009

Reinicke, Dietrich / Tiedtke, Klaus, Kreditsicherung, 6. Aufl. 2011

Schwintowski, Hans-Peter, Bank- und Kapitalmarktrecht, 2. Aufl. 2007

Spindler, Gerald, Bank- und Kapitalmarktrecht case by case, 2005

Tobias, Stanislav, Bankrecht - schnell erfasst, 2009